MW01231826

Interkulturelle Studien

Reihe herausgegeben von
Wolf-Dietrich Bukow, Köln, Deutschland
Christoph Butterwegge, Köln, Deutschland
Gudrun Hentges, Köln, Deutschland
Julia Reuter, Köln, Deutschland
Hans-Joachim Roth, Köln, Deutschland
Erol Yildiz, Innsbruck, Österreich

Interkulturelle Kontakte und Konflikte gehören längst zum Alltag einer durch Mobilität und Migration geprägten Gesellschaft. Dabei bedeutet Interkulturalität in der Regel die Begegnung von Mehrheiten und Minderheiten, was zu einer Verschränkung von kulturellen, sprachlichen und religiösen Unterschieden sowie sozialen Ungleichheiten beiträgt. So ist die zunehmende kulturelle Ausdifferenzierung der Gesellschaft weitaus mehr als die Pluralisierung von Lebensformen und -äußerungen. Sie ist an Anerkennungs- und Verteilungsfragen geknüpft und stellt somit den Zusammenhalt der Gesellschaft als Ganzes, die politische Steuerung und mediale Repräsentation kultureller Vielfalt sowie die unterschiedlichen Felder und Institutionen der pädagogischen Praxis vor besondere Herausforderungen: Wie bedingen sich globale Mobilität und nationale Zuwanderungs- und Minderheitenpolitiken, wie geht der Staat mit Rassismus und Rechtsextremismus um, wie werden Minderheiten in der Öffentlichkeit repräsentiert, was sind Formen politischer Partizipationen von MigrantInnen, wie gelingt oder woran scheitert urbanes Zusammenleben in der globalen Stadt, welche Bedeutung besitzen Transnationalität und Mehrsprachigkeit im familialen, schulischen wie beruflichen Kontext? Diese und andere Fragen werden in der Reihe „Interkulturelle Studien" aus gesellschafts- und erziehungswissenschaftlicher Perspektive aufgegriffen. Im Mittelpunkt der Reihe stehen wegweisende Beiträge, die neben den theoretischen Grundlagen insbesondere empirische Studien zu ausgewählten Problembereichen interkultureller als sozialer und damit auch politischer Praxis versammelt. Damit grenzt sich die Reihe ganz bewusst von einem naiven, weil kulturalistisch verengten oder für die marktförmige Anwendung zurechtgestutzten Interkulturalitätsbegriff ab und bezieht eine dezidiert kritische Perspektive in der Interkulturalitätsforschung.

Weitere Bände in der Reihe http://www.springer.com/series/12594

Miriam Hill

Migrationsfamilien und Rassismus

Zwischen Ausschließungspraxen und Neuorientierung

Mit einem Geleitwort von Univ.-Prof. Dr. Hans Karl Peterlini

 Springer VS

Miriam Hill
Innsbruck, Österreich

Diese Dissertation wurde von der Fakultät für Kulturwissenschaften der
Alpen-Adria-Universität Klagenfurt im Juni 2018 angenommen.

Gefördert vom Institut für Erziehungswissenschaft der Universität Innsbruck.

Interkulturelle Studien
ISBN 978-3-658-30086-9   ISBN 978-3-658-30087-6   (eBook)
https://doi.org/10.1007/978-3-658-30087-6

Geleitwort

„Keine Ahnung, wie man es nennen soll" – von der Schwierigkeit und der Notwendigkeit, über Rassismus zu sprechen

In einem phänomenologischen Verständnis sind Erfahrungen unser Zugang zur Wirklichkeit, für Edmund Husserl ist Evidenz „nichts anderes als das ‚Erlebnis' der Wahrheit" (Husserl 2010: 98), beginnt für ihn Erkenntnis doch „mit der Erfahrung und verbleibt in der Erfahrung" (ebd.). Wie nun aber Erfahrung ins Bewusstsein gelangen kann und welche Deutungen und Umdeutungen sie dabei erfährt, ist zugleich Dilemma und Besonderheit jeder Forschung, die der Erfahrung selbst Sprache verleihen möchte. Erfahrung vollzieht sich unmittelbar, so dass sie der Wahrnehmung und Reflexion nur nachgängig und damit nur mehr mittelbar, medial zugänglich ist, wie Käte Meyer-Drawe (vgl. 2003) aus pädagogischer Perspektive die Grenzen, zugleich aber auch Möglichkeiten eines Lernens *als* Erfahrung darlegt: „Eine Rückkehr zum Unmittelbaren ist unmöglich. Das Schweigen der ‚sozusagen noch stumme[n] Erfahrung' (Husserl 1977: 40) ist nicht vollständig zu brechen" (Meyer-Drawe 2016: 21). Im Versuch, Erfahrungen zu bergen für ein intersubjektives Verstehen, ist die Sprache wohl unverzichtbares, aber zugleich trügerisches Medium, das Im-Zur-Sprache bringen die Wirklichkeit umgestaltet, über die gesprochen wird. „Was sich zeigt, deckt sich niemals völlig mit dem, was darüber zu sagen ist" (Waldenfels 2004: 31). Der Bruch, der zwischen dem, was wir erfahren, und dem Sprechen darüber klafft, „ist der Preis, den jedes Verstehen zahlt" (Meyer-Drawe 2016: 21). Zugleich liegt im Ausloten dieses Zwischenraums das Potenzial einer Forschung, die in der Erzählung des Erfahrenen Spuren zur Wirklichkeit sucht und daran ein Reflektieren des Gesagten, ein Lernen am Verstandenen versucht: „Dass Erfahrungen nur erzählt werden können und dass dabei Erfahrung und das, wovon die Rede ist, niemals zusammenfallen, bedeutet eine Not, die Möglichkeiten freigibt" (ebd.).

In der vorliegenden Publikation von Miriam Hill, „Migrationsfamilien und Rassismus. Zwischen Ausschließungspraxen und Neuorientierung", geht es genau darum, Erfahrungen – in diesem Fall von Rassismus und Diskriminierung – eine Sprache zu verleihen, teilweise jenseits des Gesagten oder diesem auch widerständig abgerungen. Für das Bergen von Verborgenem greift die Autorin zum Instrument des *Displaying*, also nicht des derzeit sehr gängigen, an diskur-

siven Praxen orientierten *Doing* (*Doing* Migration, *Doing* Family etc.), sondern
des *Pointing*, des *Showing*, des *Zeigens*, wie Lambert Wiesing (2013) sich auf
den Begriff einlässt. Dass dieses Zeigen mit der aus der Hermeneutik entwickelten Dokumentarischen Methode geschieht und zugleich dem eher phänomenologischen Ansatz des Hindeutens, des *pointing to* (Finlay 2009: 11) dient, bringt
die Nähe der hermeneutischen Wirklichkeitsannäherung und der phänomenologischen Ausfaltungen von Bedeutungsmöglichkeiten auf fruchtbare Weise zum
Ausdruck. Es geht um ein Zeigen von etwas, was gar nicht so sichtbar ist, wie es
auf den ersten Blick vielleicht erwartet wird, wenn Migration und Diskriminierung in den Blick genommen werden. Die Suche von Miriam Hill danach, wie
Familien mit Diskriminierung und Rassismus umgehen, gilt nicht so sehr ekla-
tanten Übergriffen und Erniedrigungen, denen Menschen migrantischer Herkunft
zweifellos oft in ihren Herkunftsländern ausgesetzt waren und dann noch einmal
in ihren Ankunftsländern ausgesetzt sind und werden. Die Suche zielt viel eher
auf subtile, diskursiv verschleierte, sprachlich relativierte, von den Betroffenen
bagatellisierte Erfahrungen ab, die eine Verfeinerung der Wahrnehmung von
Rassismus gleichermaßen erfordern wie einfordern. Ein solches Zur-Sprache-
Bringen ist ohne das Risiko von Zuschreibungen nicht zu haben, weil es in dem,
was von den Betroffenen gar nicht oder nur zögerlich als Rassismus benannt
werden will, doch Rassismus benennt. Dies ist ein heikler Moment im forschenden Verstehen-Wollen, denn wohl geschieht das Befragen der Betroffenen im
Sinne eines Sprechens *mit,* wie Gayatri Chakravorty Spivak (2008) es für das
subalterne, sprachlose Subjekt einfordert, im Aussprechen dessen, was in den
Antworten ungesagt oder vage bleibt, wird aber dann doch wieder *für* die Befragten gesprochen. So kann die Arbeit von Miriam Hill auf einer Metaebene
auch daraufhin gelesen werden, wie zwischen dem Gesagten und dem Gedeute-
ten ein Auslotungsprozess stattfindet, der immer mehrere Möglichkeiten des
Verstehens eröffnet.

Im Absuchen von Sprechweisen und Praxen wird damit auch die in einem
solchen Ansatz erforderliche und eingeforderte verfeinerte Wahrnehmung entwickelt und erprobt, wie an nachfolgendem Beispiel nachempfunden werden kann:
„Weil wir sind die Albaner in Mazedonien, immer ein bisschen diskriminiert von
denen […] da erlebt man richtigen Rassismus", sagt Frau Drita Miftari im Interview. Die Erfahrung im Herkunftsland, als Albaner in Mazedonien eben, wird
zwar als „richtige[r] Rassismus" benannt, aber vorab schon gemildert als „immer
ein bisschen diskriminiert". Zur Familie von Drita Miftari gehört auch der erwachsene Sohn Edwin Miftari, der auf die Frage nach rassistischen Erfahrungen
im Ankunftsland zunächst verneinend antwortet: „Man hört zwar in den Medien,
ja, Probleme mit den Ausländern und so weiter, aber ich habe nie Probleme mit
Österreichern gehabt." Im Erzählen verweist er dann auf die Erfahrungen bei der

Fußballmannschaft, „dass eher die Österreicher bevorzugt worden sind als ausländische Spieler, egal, ob sie aus Kroatien, Bosnien, aus der Türkei oder sonst wo waren. ... Und da habe ich das erste Mal gemerkt, den Rassismus gemerkt." Kaum ist das Unwort entschlüpft, folgt schon ein Nachsatz. „Oder ein bisschen Freunderlwirtschaft [...]." Und einige Sätze weiter: „Also ich fühle mich in Österreich schon zugehörig. Also ich hatte nie große Probleme jetzt, bis auf den Fußball, aber das war kein Rassismus, sondern eher, weil der Verein es irgendwie machen musste. (...) Aber das war eigentlich das einzige Mal, weil ich mich jetzt daran erinnert habe, wo man so eine Art Rassismus gespürt hat (.) oder Ausländerfeindlichkeit. (.) Nationalismus oder, keine Ahnung, wie man es nennen soll. Aber so rassistisch – Ich wurde schon beleidigt, ja logisch, als Jugo und so weiter. Scheiß Ausländer, das hört man, aber das ist jetzt nicht so, dass ich das als Rassismus empfinde. Richtigen Rassismus habe ich eigentlich noch nie erlebt." Und auf die Frage, was dann *richtiger* Rassismus sei, antwortet er, *richtiger* Rassismus sei, so wie Roma und Sinti in Mazedonien als Untermenschen behandelt würden. Also anderswo, doch nicht hier, andere betreffend, doch nicht uns, die Familie Miftari in Österreich.

Im Abwägen der Worte zeigt sich die Erfahrung sprachlos, entgleitet das Erfahrene der Benennbarkeit: „Keine Ahnung, wie man es nennen soll." Ja, wie soll man es nennen? Im Suchen von Antworten darauf, wie Rassismus erfahren wird, wie er sichtbar gemacht und benannt werden kann, so dass darüber auch ein gesellschaftlich geteiltes Sprechen möglich wird, liegt der Wert der Forschungsarbeit, die dieser Publikation voranging. Die Autorin sucht nicht den aufs Auge geklatschten Rassismus, sondern – im Gespräch mit den Betroffenen – jene Erfahrungen, die diese teilweise gar nicht als Rassismus erkennen oder erkennen wollen. Das Interesse gilt Lebenserfahrungen von Menschen, die von anderswo gekommen sind und Beheimatung suchen und auf ihre Weise auch gefunden haben, sofern Heimat nicht in einer Frage von immerwährender Angestammtheit betrachtet wird, sondern sich in einem Daheimsein dort äußert, worauf man/frau sich einlässt und einlassen kann. Die Arbeit beruht auf einer profunden theoretischen Auseinandersetzung mit der Rassismus- und Migrationsforschung, geht dann aber jenen wichtigen Schritt weiter, sich dem Risiko der Felderfahrung auszusetzen, es wissen zu wollen, wie das, was theoretisch und begrifflich klar erfasst ist, sich für die Betroffenen selbst anfühlt, wie es (vielleicht) erfahren wurde und wie es sich im Erzählen ins Ungefähre, ins kaum Benennbare wandelt, hinter schwer zu klärenden Mischungen aus Scham und Stolz versteckt. Mit Einfühlungsvermögen und Respekt vor subjektiven Empfindungen von Menschen, denen nicht Theoriebausteine über den Kopf geschlagen werden können, setzt sich die Arbeit mit drei in Österreich lebenden Familien auseinander, der genannten Familie Miftari aus Mazedonien, der Familie Demir aus der

Türkei, der Familie Lukic, die aus Serbien stammt und bereits vielfache Migrationserfahrungen gemacht hat. In den Gesprächen mit den Familienmitgliedern erscheinen auf dem Display der Vorstellungskraft Lebensbedingungen und Lebenserfahrungen voller Willen, am Ort der Ankunft auch wirklich anzukommen, sich eine neue Heimat zu schaffen, ohne die alte aufgeben zu wollen oder müssen, sich zurechtzufinden unter erschwerten Bedingungen, dem Verlust von Vertrautheit, Anstrengungen nicht scheuend, Anschluss zu finden und Zugehörigkeit, auch voller Mut, sich nicht entmutigen zu lassen. Die Vorstellung von Rassismus verliert in den Erzählungen der Familienmitglieder an Schärfe und Klarheit, wird zu einem Gespenst, das zwar den Mut, hier zu leben, annagen kann, aber nicht so leicht zu fassen ist, ein Gespenst, das erst sprachlich gefasst werden muss, damit es auch verscheucht werden kann, damit man ihm überhaupt begegnen kann. Die Umgangspraxen von Familien, ihre Strategien des Zurechtkommens und des Sich-Behauptens treten teilweise nur zwischen den Sprechpausen hervor und werden in den Fallgeschichten ins Licht, in das Display gehoben.

Die Publikation stellt damit einen wertvollen wissenschaftlichen Beitrag zum besseren Verstehen von erfahrenem Rassismus jenseits der Definitionen dar, auch jenseits der Diskurse des Anklagens und Abwimmelns. Ein Land wie Österreich, in dem ältere ethnische Feindbildkonstruktionen und nationale Grenzziehungen sowohl Potenziale als auch Barrieren für den Umgang mit *dem Anderen* darstellen, sind exemplarisch für die postmigrantische europäische Gesellschaft. Die Erfahrungsberichte der befragten Familien lassen dabei eine interessante Blickumdrehung zu: So schwer, wie sich Betroffene tun, ob aus Scham oder Gelassenheit, ob aufgrund fehlender Kategorien zur Einordnung oder aus Scheu vor Konfrontation, ob aus Sprachlosigkeit oder einer Gerichtetheit nach vorne, aufs Machbare und Mögliche, so schwer fällt es ja letztlich allen Menschen, den eigenen Rassismus zu erkennen. Rassismus tarnt sich gut, auch vor jenen, denen er in Sätzen wie „ich bin kein Rassist, aber ..." über die Lippen kommt, Rassismus kann schmeichlerisch und damit besonders tückisch sein, wie sich am teilweise ja auch positiven Rassismus gegenüber den angeblich besonders intelligenten, tüchtigen, erfolgreichen Juden gezeigt hat. Es bedurfte nur einer leichten Drehung der positiven Zuschreibungen, um daraus das todbringende Urteil zu fällen, wonach Juden besonders raffiniert, ausbeuterisch und profitgierig seien. Wenn junge Männer afrikanischer Herkunft als besonders potent imaginiert werden, ist das nur die Vorlage dafür, um sie als potenzielle Vergewaltiger unter Generalverdacht zu stellen. Wenn Menschen muslimischen Glaubens ein bewundernswerter Familiensinn und eine dem säkularisierten Europa verloren gegangene Gläubigkeit attestiert wird, ist dies nur der Aufschlag zur islamophoben Stereotypenbildung, dass *sie* das Abendland durch höhere Gebärfreudigkeit und religiösen Fundamentalismus islamisieren wollen. Rassismus hat viele Gesichter und Sprechweisen, die Definitionen konkurrieren in unübersichtlicher Vielfalt zwischen Engführungen und weiten Fassungen. Rassismus *als* Erfahrung aus der Sicht von Betroffenen erzählen zu lassen, macht die Bemühungen um theoretische Schärfungen nicht obsolet, sondern trägt ergänzend dazu bei, die Erfahrung anderer miterfahren zu können, eine Bedingung für jene Fähigkeit des Mitfühlens, sprich Empathie, die in den dominanten Diskursen über Migration, Flucht, Asyl vielfach verloren gegangen zu sein scheint und eine der drängendsten Herausforderungen auch für pädagogisches Denken und Handeln darstellt (vgl. Peterlini 2017). In der sichtbar und nachempfindbar gemachten Schwierigkeit, genaue Worte für Erfahrungen der Zurückweisung, der Kränkung, der Beschämung zu finden, liegt der besondere Erkenntniswert dieser Arbeit. Rassismus gerade in seinen diffusen, differenzierten, flüchtigen und wandlungsfähigen Erscheinungsformen besser und aus der Sicht von Betroffenen zu verstehen, wieder mitfühlen zu lernen, wie er Menschen verletzt und Gesellschaften spaltet, ist eine zivilgesellschaftliche und wissenschaftliche Priorität unserer Gegenwart, wenn wir ihm nicht erliegen wollen.

Dr. Hans Karl Peterlini, Univ.-Prof. an der Alpen-Adria-Universität Klagenfurt und Laudator bei der Vergabe des „Europa-Preis des Landes Kärnten" für diese Arbeit zum Thema Familie, Migration und Rassismus.

Literatur

Finlay, Linda (2009): Debating Phenomenological Research Methods. In: Phenomenology & Practice, 3 (1), 6–25.

Husserl, Edmund (1977): Cartesianische Meditationen. Eine Einleitung in die Phänomenologie. Herausgegeben, eingeleitet und mit Registern versehen von Elisabeth Ströker. Hamburg.

Husserl, Edmund (2010): Tatsache und Wesen. In: Husserl, Edmund: Die phänomenologische Methode. Ausgewählte Texte I. Mit einer Einleitung herausgegeben von Klaus Held. Stuttgart, S. 98–130.

Meyer-Drawe, Käte (2003): Lernen als Erfahrung. Zeitschrift für Erziehungswissenschaft 6 (4), S. 505–514.

Meyer-Drawe, Käte (2016): Über die Kunst des Erzählens. Vorwort. In: Baur, Siegfried/Peterlini, Hans Karl (Hrsg.): An der Seite des Lernens. Erfahrungsprotokolle aus dem Unterricht an Südtiroler Schulen – ein Forschungsbericht. Mit einem Vorwort von Käte Meyer-Drawe und einem Nachwort von Michael Schratz. Erfahrungsorientierte Bildungsforschung Bd. 2. Innsbruck/Wien/Bozen.

Peterlini, Hans Karl (2017): Erziehung nach Aleppo. Pädagogische Reflexionen zu Rechtspopulismus, Rassismus und institutioneller Kälte gegenüber Menschen in Not. In:

Gruber, Bettina/Ratković, Viktorija (Hrsg.): Migration. Bildung. Frieden. Perspektiven
für das Zusammenleben in der Postmigrantischen Gesellschaft. Münster, S. 175–200.
Spivak, Gayatri Chakravorty (2008): Can the Subaltern Speak? Postkolonialität und subalterne Artikulation. Mit einer Einführung von Hito Steyerl. Texte zur Theorie der
politischen Praxis Nr. 6. Wien.
Waldenfels, Bernhard (2004): Phänomenologie der Aufmerksamkeit. Frankfurt am Main.
Wiesing, Lambert (2013): Sehen lassen. Die Praxis des Zeigens. Frankfurt am Main.

Inhalt

Abbildungsverzeichnis

Einleitung

Die Hoffnung auf ein besseres Leben, ohne Armut und Hunger, ohne Gewalt und Verfolgung – dieser Wunsch ist es, der viele Migranten bewegt, wenn sie ihre Heimat verlassen. Für viele mag sich diese Hoffnung auch einlösen lassen. Und dennoch ist das Leben im neuen Land oft ganz anders als erwartet, ersehnt: Eine Grunderfahrung ist nämlich, daß von seiten der Mehrheitsgesellschaft die Migranten häufig nicht freundlich aufgenommen werden. [...] Sie stoßen auf Zurückweisung, Ablehnung, Diskriminierung. (Beck-Gernsheim 2007: 39)

Obwohl MigrantInnen und ihre Familien schon seit den ersten Anwerbeabkommen in den frühen 1960er Jahren nach Österreich kommen und sich die österreichische Gesellschaft damit zunehmend diversifiziert hat, wird auch heute, fast sechzig Jahre später, diese Realität kaum anerkannt – und wenn, dann wird sie meist in einem defizitären und problembehafteten Licht betrachtet. Dabei stellt der Prozess der Migration für viele Familien ein unvorhersehbares Wagnis dar und kann im Aufnahmeland, wie Elisabeth Beck-Gernsheim es im vorangestellten Zitat formuliert, mit Erfahrungen der „Zurückweisung, Ablehnung, Diskriminierung" (Beck-Gernsheim 2007: 39) einhergehen. Auch transnationale Bewegungen sowie Pendelmigration (zum Zwecke der Arbeit oder aus familiären Gründen) bleiben in der gesellschaftlichen Wahrnehmung nahezu unberücksichtigt. Sich zu einer Gesellschaft zu bekennen, in der Migration und Migrationserfahrungen als selbstverständliche Bestandteile gesehen werden, ist deshalb eher die Ausnahme als gängige Praxis. Dabei haben laut Erhebungen der Statistik Austria im Jahr 2016 über 22 Prozent der in Österreich lebenden Menschen einen Migrationshintergrund (vgl. Statistik Austria 2017). Somit lässt sich das Migrationsphänomen auch zunehmend an familialen Wirklichkeiten ablesen – wobei Migrationsfamilien häufig mit Negativzuschreibungen konfrontiert werden. Ihnen werden pauschal Integrationsunwilligkeit, das Festhalten an rückwärtsgewandten Traditionen sowie autoritäre Familienpraxen unterstellt. In diesem Sinne wird eine klare Differenzlinie zwischen „Wir" und „den Anderen" gezogen (vgl. Beck-Gernsheim 2007); es entwickeln sich einseitig geführte Diskurse über Migrationsfamilien, die im politischen, medialen, aber auch im wissenschaftlichen Feld breiten Zuspruch finden. Migrationsfamilien – so die hegemoniale Vorstellung – sind zum homogenen Gegenbild der einheimischen Familie geworden, die gleichzeitig zur Norm erhoben wird. Diese starren und binären

© Springer Fachmedien Wiesbaden GmbH, ein Teil von Springer Nature 2020
M. Hill, *Migrationsfamilien und Rassismus*, Interkulturelle Studien,
https://doi.org/10.1007/978-3-658-30087-6_1

Bilder sind sehr wirkmächtig, denn sie haben „Wirklichkeit erzeugende Effekte" (Yildiz 2014: 59). Migrationsfamilien selbst werden zu diesen Diskursen nicht befragt. Blickt man jedoch auf die Alltagserfahrungen dieser Familien, so zeigt sich, dass sich diese nur begrenzt mit den Bildern der hegemonialen Diskurse in Einklang bringen lassen. Viele Migrationsfamilien versuchen, ihr Leben unter erschwerten sozialen und ökonomischen Bedingungen zu meistern und ihren Kindern einen Weg in eine gute Zukunft zu ebnen, auch wenn sie dafür Umwege in Kauf nehmen müssen. Soziale Ungleichheitsverhältnisse, prekäre Arbeits- und Wohnbedingungen sowie die Erfahrung von Diskriminierung und Rassismus sind dabei jedoch als einschränkende Faktoren zu betrachten. Ausschließungspraxen und Diskriminierungen, auch im institutionellen und strukturellen Bereich, können sich deshalb in negativer Weise auf Bildungsverläufe und berufliche Perspektiven auswirken und Migrationsfamilien gesellschaftlich zurückwerfen (vgl. Gomolla/Radtke 2009).

In meiner Arbeit möchte ich mich deshalb mit der Frage beschäftigen, welche diskriminierenden Erfahrungen Angehörige von Migrationsfamilien im Alltag machen. Es geht dabei weniger um grobe und massive Ausprägungen von Rassismus als vielmehr um die kleinen, versteckten, subtilen und unterschwelligen Formen, die auch als Alltagsrassismen bezeichnet werden. Dabei ist zunächst von Interesse, ob Migrationsangehörige jene diskriminierenden Erfahrungen innerhalb der Familie überhaupt zur Sprache bringen und verhandeln. Im Weiteren soll eruiert werden, wie die Auseinandersetzung im familialen Raum aussieht und welches Wissen sich die Familienmitglieder im Umgang mit Rassismuserfahrungen aneignen. In diesem Zusammenhang ist die Frage danach relevant, welche Strategien sie im Umgang mit Rassismuserfahrungen entwickeln. Die Ausrichtung auf familiale Aushandlungsprozesse stellt hier eine neue Blickrichtung in der Forschung dar: Die Bedeutung der Rassismuserfahrungen für die Migrationsfamilie und das Wissen, das sich ihre Mitglieder über den Umgang damit angeeignet haben, rücken damit in den Mittelpunkt. Wie bereits einzelne empirische Studien aus der Migrationsforschung nachweisen konnten, nimmt die Familie im Migrationskontext eine wesentliche Rolle ein (vgl. Apitzsch 2006a; Beck-Gernsheim 2002), die jedoch in der Forschung lange Zeit vernachlässigt wurde. Hier galt es vornehmlich, auf das Individuum zu blicken und familial bedeutsame Netzwerke und Räume auszublenden (vgl. Baykara-Krumme 2015). Deshalb sollen in der vorliegenden Arbeit mithilfe der beschriebenen Perspektive familiale Aushandlungsprozesse und deren Bedeutung für die Familienmitglieder erhoben und analysiert werden.

Migrationsfamilien werden im öffentlichen Diskurs oft als Sonderform, als Abweichung von der „Normalfamilie", betrachtet. Dabei entwerfen Angehörige der Dominanzgesellschaft das starre und einseitige Bild der rückwärtsgewandten und bildungsfernen Migrationsfamilie, während sie zugleich kaum thematisieren, welche eigenen Bilder Migrationsfamilien über sich selbst entwickeln und welche Narrationen von ihnen selbst ausgehen. In diesem Zusammenhang ist auf die Notwendigkeit der Sichtbarmachung von familialen Praxen sowie von Erfahrungen und Umgangsweisen mit Rassismus aufmerksam zu machen. Eine besondere Rolle nimmt hier der Begriff „Displaying" ein: Er weist auf die Herstellungsleistung von Familie, aber auch auf die Sichtbarmachung von „Familienpraxen" hin. Vor diesem Hintergrund wende ich das praxeologische Konzept des Displaying Family (Finch 2007) an. Ziel ist es, zu analysieren, in welcher Weise sich die interviewten Familien gegenüber Rassismus positionieren und wie dies in den familialen Praxen sichtbar wird. Es wird danach gefragt, wie Familie unter Bedingungen von sozialen Ungleichheitsverhältnissen infolge von Migrationserfahrungen gelebt sowie nach außen dargestellt und verdeutlicht wird. Im Hinblick auf defizitär ausgerichtete Bilder und Diskurse über Migrationsfamilien soll mittels dieser Ausrichtung eine andere – alternative – Perspektive ermöglicht werden.

In meiner Arbeit nehme ich ganz bewusst eine subjektorientierte Forschungsperspektive ein: Dabei werden Angehörige von Migrationsfamilien in Gruppendiskussionen und Einzelinterviews zu ihrem Leben und ihren Erfahrungen in Österreich befragt. Mithilfe dieser Forschungsperspektive werden die AkteurInnen, also die Mitglieder von Migrationsfamilien selbst, in den Mittelpunkt gerückt. Gleichzeitig erfolgt eine Blickverschiebung: weg von hegemonial geführten Debatten *über* Migrationsfamilien hin zu subjektorientierten und alltagsweltlichen Sichtweisen – Migrationsfamilien kommen dabei selbst zur Sprache und werden als ExpertInnen ihres Alltags und ihrer Lebenswelt betrachtet.

Mithilfe dieser Forschungsperspektive ist es möglich, Erfahrungen mit Rassismus und Diskriminierung zu thematisieren und als gesellschaftliche Realität zu begreifen. Denn anstatt solche Erfahrungen zu negieren, zu verharmlosen oder abzuwerten, möchte ich mit meiner Arbeit darauf hinweisen, dass sie als Alltagsphänomene zu betrachten sind, die von Angehörigen der Dominanzgesellschaft jedoch meist nicht als solche identifiziert werden. Dies gilt vor allem für subtile und unterschwellige Formen von Rassismus und Diskriminierung, die häufig als vernachlässigbare, „normale" oder banale Alltagsrassismen beschrieben werden (vgl. Terkessidis 2004) und in besonderer Weise in den Blick zu nehmen sind.

Aufbau der Arbeit

Im *ersten Kapitel* widme ich mich der Auseinandersetzung mit dem Thema Rassismus. Hierbei stelle ich zunächst relevante Rassismustheorien vor und diskutiere sie im Hinblick auf ihre Ausrichtung und ihre Begründungszusammenhänge. In besonderer Weise wird auf die Rassismustheorie von Mark Terkessidis (2004) eingegangen, die ich für meine Arbeit als bedeutsam erachte. Im Weiteren beschreibe ich Rassismus als Phänomen, das auf mehreren Ebenen wirkt und sowohl strukturelle und institutionelle als auch individuelle Formen mit einschließt. Darüber hinaus werden neuere Entwicklungen der kritischen Rassismusforschung besprochen. Zudem wird eine Abgrenzung des Rassismusbegriffs zu häufig synonym verwendeten Begriffen wie „Ausländerfeindlichkeit" oder „Fremdenfeindlichkeit" vorgenommen. Im Anschluss daran wird auf Rassismuserfahrungen eingegangen und dargelegt, was konkret darunter zu verstehen ist und welche Umgangsweisen in Bezug auf Rassismus von den Betroffenen entwickelt werden.

Im *zweiten Kapitel* setze ich mich in begrifflicher und analytischer Hinsicht mit dem Forschungsgegenstand „Familie" auseinander. Hier ist zunächst der soziologische und alltagsweltliche Blick auf Familie im Allgemeinen von Interesse. Darüber hinaus wird die Wechselwirkung von Gesellschaft und Familie betrachtet, wobei normative Familienbilder zur Diskussion gestellt werden. Im Anschluss daran erfolgt eine Auseinandersetzung mit dem Begriff der Migrationsfamilie. Hierbei geht es zunächst um hegemoniale Diskurse und ihre Wirkungsweisen, bevor dann, in einem nächsten Schritt, auf Alltagspraxen und transnationale Familienbezüge eingegangen wird. Im Weiteren rücken praxeologisch orientierte Familienkonzepte (Family Practices, Doing Family und Displaying Family) in den Mittelpunkt. Sie dienen als Ausgangspunkt für eine andere Perspektive auf (Migrations-)Familien und die Deutung der Familie als Herstellungspraxis.

Das *dritte Kapitel* dient als Einführung in den empirischen Teil der Arbeit. Hier werden methodologische Implikationen und das Forschungsdesign dargelegt. Anschließend wird auf das Erkenntnisinteresse und konkrete Forschungsfragen eingegangen, bevor dann der Zugang zum Feld beschrieben wird. Im Wieteren wird die Wahl der Erhebungsmethoden, konkret der Gruppendiskussion und des teilnarrativen Interviews, begründet. Zum Abschluss dieses Teils werden die Auswertungsmethode und ihre Anwendung erläutert.

Die Analyse und Auswertung der empirischen Daten erfolgt im *vierten, fünften* und *sechsten Kapitel*. Dabei werden drei in Österreich wohnende Familien porträtiert, die über ihre Migrationsgeschichte, ihr Leben und ihren Alltag vor Ort berichten. Auf die Familienporträts folgt eine Beschreibung der in der jeweiligen Gruppendiskussion aufgeworfenen Themen, wobei beschriebene Rassismus- und Diskriminierungserfahrungen vertieft betrachtet werden. In einem nächsten Schritt wird das Konzept des Displaying Family (Finch 2007) herangezogen, um die Aussagen der einzelnen Familien bzw. Familienmitglieder zu analysieren und auf die kollektive und familiale Herstellungsleistung zu blicken. Ein wesentlicher Punkt dabei ist das Wissen der Familie über Rassismuserfahrungen, das von den AkteurInnen zur Sprache gebracht wird. In diesem Zusammenhang werden auch Familienressourcen und Praxen im Umgang mit Rassismus in die Analyse miteinbezogen.

Im *siebten Kapitel* erfolgt eine Zusammenschau des empirischen Teils, in dem wesentliche Erkenntnisse zusammengetragen werden. Die abschließenden Schlussfolgerungen bringen die gewonnenen Untersuchungsergebnisse sowohl aus dem theoretisch fundierten Teil als auch aus dem empirischen Teil zusammen. Diese werden schlussendlich vor dem Hintergrund einer kritisch-reflexiven Migrationsforschung betrachtet.

THEORETISCHER TEIL

1 Rassismus

Das vorliegende Kapitel dient als Einstieg in die Thematik des Rassismus. Hierbei werden relevante Rassismustheorien diskutiert und wesentliche Merkmale von Rassismus dargestellt. Es wird herausgearbeitet, dass Rassismus auf mehreren Ebenen wirkt und auch Systeme und Strukturen rassismusrelevante Effekte mit sich bringen können. Im Weiteren wird die neuere Entwicklung der kritischen Rassismusforschung aufgezeigt. Abschließend wird der Blick auf das Erleben von Rassismus, also auf Rassismuserfahrungen selbst, gerichtet. Dabei wird gefragt, wer von Rassismus betroffen sein kann, in welcher Form er sich materialisiert und welche Umgangsweisen diesbezüglich entwickelt werden.

Wenn Menschen die Erfahrung von Rassismus machen, muss es sich dabei nicht unbedingt um grobe und offene Formen von Rassismus handeln, die in tätlichen Übergriffen münden. Vielmehr sind es oft eher versteckte und subtile Formen von Rassismus, die Menschen mit Migrationsgeschichte bzw. Migrationsandere[1] im Alltag erfahren. Diese Erfahrungen werden von der Mehrheitsgesellschaft jedoch kaum als solche wahrgenommen und identifiziert. Dabei kann Rassismus – und das wird gegenwärtig am politischen und gesellschaftlichen Diskurs in Europa, konkret am Erstarken rechtskonservativer Kräfte, besonders deutlich – immer neue Formen und Ausprägungen annehmen, auch wenn bestimmte Darstellungsformen, etwa die koloniale Darstellung „des Afrikaners" (vgl. Miles 1991: 112) oder das Bild der Sinti und Roma (vgl. Jonuz 2009), über weite Zeiträume bestehen bleiben.

Während Rassismus in bestimmten Situationen also offen und massiv artikuliert und dadurch sichtbar werden kann, gibt es auch Situationen und Phasen, in denen er sich eher subtil und unterschwellig ausdrückt, je nach gesellschaftlichem und politischem Kontext. Wir haben es beim Phänomen Rassismus jedoch nicht ausschließlich mit individuellen Handlungen von Menschen zu tun, sondern können auch im institutionellen Bereich auf Rassismen stoßen: den soge-

---

1   Der Begriff „Migrationsandere" ist eine Bezeichnung von Paul Mecheril (2010) für Menschen, die im öffentlichen Diskurs als „Fremde", „Ausländer" oder „Andere" sozial konstruiert werden. Mit diesem Konstruktionsprozess werden gleichzeitig stigmatisierende Zuschreibungen wirkmächtig, indem beispielsweise eine imaginierte Andersartigkeit unterstellt wird. Das Kunstwort „Migrationsandere" möchte auf den sozial konstruierten Prozess des „Anders-Machens", des „Othering" hinweisen, mit dem gleichsam eine machtvolle Unterscheidung in der Gesellschaft zwischen „Wir" und „den Anderen" verbunden ist (vgl. Mecheril 2010: 17).

© Springer Fachmedien Wiesbaden GmbH, ein Teil von Springer Nature 2020
M. Hill, *Migrationsfamilien und Rassismus*, Interkulturelle Studien,
https://doi.org/10.1007/978-3-658-30087-6_2

nannten institutionellen Rassismus bzw. die institutionelle Diskriminierung. In Anlehnung an den in Großbritannien veröffentlichten Macpherson-Abschlussbericht[2] aus dem Jahr 1999, geht es beim institutionellen Rassismus um „das kollektive Versagen einer Organisation [...], die für Angehörige von bestimmten Gruppen ein angemessenes und professionelles Angebot *nicht* gewährleistet und entlang von sozialen Konstruktionen zu Hautfarbe, Kultur oder ethnischer Herkunft benachteiligt und/oder ausgrenzt" (Leiprecht 2006: 332; Hervorhebung im Original). Im Weiteren können auch Strukturen rassismusrelevante Effekte (vgl. Weiß 2001: 81) haben, sodass auch diese in die Analyse miteinbezogen werden müssen. Der Erziehungswissenschaftler Rudolf Leiprecht weist in diesem Zusammenhang darauf hin, dass es bei institutionellem Rassismus „um Prozesse, Einstellungen und Verhaltensweisen geht, die zwar auch durch Ignoranz, Gedankenlosigkeit und rassistische Stereotypisierung beeinflusst sind, deren benachteiligende und ausgrenzende *Effekte* jedoch nicht beabsichtigt sein und/oder wissentlich erfolgen müssen" (Leiprecht 2006: 332; Hervorhebung im Original).

Im Folgenden wird zunächst beschrieben, an welchen Definitionen von Rassismus sich meine Arbeit orientiert und welches Rassismusverständnis ihr zugrunde liegt.

Im Kontext der Forschungen zu Rassismus können generell zwei wesentliche Erklärungsansätze festgestellt werden (vgl. Mecheril/Scherschel 2009: 43ff.). Zunächst sind hier (sozial-)psychologische und sozialisationstheoretische Forschungen zu nennen, die auf individuelle und gruppenbezogene Prozesse fokussieren und nach Erklärungen dafür suchen, warum Menschen gegenüber anderen Mitgliedern der Gesellschaft, gegenüber sogenannten „Fremden", Vorurteile entwickeln, sich feindselig verhalten oder gar gewalttätig werden. Dabei wird mit dem Gegenstand des „Fremden" operiert, ohne diesen Begriff infrage zu stellen, wodurch indirekt die Konstruktion des „Anderen" reproduziert wird (vgl. Mecheril/Scherschel 2009: 47). In dieser Forschungsperspektive werden vor allem das Individuum, sein Handeln und seine Eingebundenheit in soziale Pro-

---

2 Der Macpherson-Abschlussbericht befasst sich mit der grob fehlerhaften polizeilichen Aufklärung des Mordes an dem Schwarzen Jugendlichen Stephen Lawrence. Dieser war im Jahre 1993 in London von Weißen Jugendlichen an einer Bushaltestelle niedergestochen worden und erlag kurz darauf seinen Verletzungen (vgl. Gomolla 2006: 98ff.). Trotz eindeutiger Hinweise ging die Polizei keiner rassistisch motivierten Straftat nach, sondern verschleppte die Ermittlungen, bis das Verfahrens vorerst eingestellt wurde. Erst auf das mehrfache Insistieren der Eltern des Ermordeten wurde das Verfahren wieder aufgenommen und infolgedessen auch der gesamte Polizeiapparat untersucht. Als Grund für die fehlgeschlagenen Ermittlungen wurde schließlich das kollektive Versagen der Institution Polizei auf allen Hierarchiestufen festgestellt und institutioneller Rassismus in den Bereichen Polizei, Politik und Verwaltung identifiziert (vgl. Gomolla 2006: 98ff.). Der Macpherson-Abschlussbericht findet sich online unter: https://assets.publishing.service.gov.uk/government/uploads/system/uploads/attachment_data/f ifi/277111/4262.pdf [Zugriff: 14.05.2019].

zesse untersucht (vgl. Mecheril/Scherschel 2009: 43). Dabei wird der Versuch unternommen, Sozialisationsprozesse und Erfahrungen in der Kindheit mit späteren Antipathien und Vorurteilen gegenüber „Fremden" in Verbindung zu bringen (vgl. etwa Allport 1971). Insgesamt ist diese Forschungsperspektive stark auf das Individuum ausgerichtet und nimmt hauptsächlich Einstellungs- und Wahrnehmungsphänomene in den Blick, was vor allem in der Kritischen Migrationsforschung als zu wenig Erkenntnis generierend betrachtet wird (vgl. Mecheril/Scherschel 2009: 43; Scherschel 2006: 15ff.), da gesellschaftliche Strukturen und Machtverhältnisse hier nicht einbezogen werden.

Dass das Phänomen Rassismus jedoch nur bedingt mit der Vorurteilsforschung und unter Rückbezug auf individuelles (Fehl-)Verhalten zu erklären ist, zeigt eine andere Perspektive. Hierbei werden auch gesellschaftliche Machtverhältnisse, Strukturen und Diskurse in die Analyse miteinbezogen. Das bedeutet, dass die individuelle Ebene des Rassismus nicht als alleinige Ausprägung betrachtet, sondern dass Rassismus als gesamtgesellschaftliches Phänomen verstanden wird – und demnach als etwas, das sich auf mehreren Ebenen vollzieht. In dieser zweiten, gesamtgesellschaftlichen Perspektive wird Rassismus „als Ideologie oder Diskurs" (Mecheril/Scherschel 2009: 46) verstanden, wodurch es möglich wird, ihn im strukturellen, institutionellen oder individuellen Bereich ausfindig zu machen und kritisch zu reflektieren. Rassismus wird damit zum Phänomen, das alle Gesellschaftsmitglieder betrifft und nicht auf ein Fehlverhalten von einzelnen Randgruppen zu reduzieren ist. Paul Mecheril und Karin Scherschel beschreiben diese Perspektive folgendermaßen: „Der zweite Typ von Erklärungsansätzen ist daran interessiert, die historischen, kulturellen, ökonomischen und politischen Voraussetzungen aufzuklären, die verständlich machen, warum in einer spezifischen Weise zwischen Menschen unterschieden wird" (Mecheril/Scherschel 2009: 46). Demnach werden auch gesellschaftliche Entwicklungen, politische Regime und ökonomische Bedingungen in den Blick genommen, um zu verstehen, wie Rassismus wirkt und welche Funktion er hat.

Ich möchte mich in meinen folgenden Ausführungen an jenen Theorien orientieren, die Rassismus als gesamtgesellschaftliches Phänomen begreifen und diskutieren.

1.1 Rassismus als Begriff

Bei Rassismus handelt es sich um ein wirkmächtiges Gefüge von Diskursen und Praktiken, das gesellschaftliche Ungleichheitsverhältnisse aufrechterhält und legitimiert. Dabei manifestiert sich Rassismus auf mehreren Ebenen und ist somit nicht nur ein Phänomen individuellen Handelns. Rassismus ist auch auf struktureller und institutioneller Ebene verankert, wird diskursiv verhandelt und kann in

Bildern, Erzählungen und Systemen seinen Ausdruck finden (vgl. Leiprecht 2006: 322).

Wie beschrieben, tritt das Phänomen Rassismus in unterschiedlichen Formen und Ausprägungen, in unterschiedlichen politischen Systemen und Gesellschaften und in unterschiedlichen Epochen zutage. Um all diese Aspekte zu berücksichtigen, die Rassismus ausmachen, bedarf es zunächst einer umfassenden Definition von Rassismus, die so detailliert wie nötig und so offen wie möglich ist. An dieser Stelle soll der Versuch unternommen werden, sich diesem komplexen Gebilde analytisch zu nähern. Gleichzeitig wird darauf hingewiesen, dass die folgenden Definitionsversuche und der Analyse-Fokus sich auf den deutschsprachigen Raum beziehen – im Bewusstsein darüber, dass Rassismusdebatten im US-amerikanischen Kontext oder bezüglich des südafrikanischen Apartheidsregimes eine andere Ausprägung und Ausrichtung haben.

Rassismus kann als ein machtvolles gesellschaftliches Phänomen betrachtet werden, bei dem Menschen entlang von Differenzlinien (Herkunft, Hautfarbe etc.) in Gruppen eingeteilt werden, denen (implizit oder explizit) eine bestimmte Wertigkeit und Hierarchie-Ebene zugeschrieben wird, womit es zur Konstruktion von „Rassen" oder auch Kulturen kommt. Benachteiligende, rassismusrelevante Praxen und Effekte werden somit legitimiert und aufrechterhalten. Bei der Auseinandersetzung mit Rassismus spielt das hegemonial verhandelte Wissen eine wesentliche Rolle: Rassismus ist immer auch mit Wissen und Wissensproduktion verwoben. Nach der Erziehungswissenschaftlerin Wiebke Scharathow leisten „Wissenschaft und Forschung einen nicht unerheblichen Beitrag zu einer Wissensproduktion [...], in der soziale Bedeutungskonstruktionen hervorgebracht werden, welche Eingang in ein rassistisches Unterscheidungs- und Erklärungswissen finden" (Scharathow 2014: 55). Insofern muss sich wissenschaftliche Forschung auch ihrer Macht und ihrer Bedeutung bewusst sein und so einen kritisch-selbstreflexiven Blick auf die eigenen Wissensproduktionen und ihre Effekte werfen.

Für den Rassismus ist die Einteilung in ein „Wir" und „die Anderen" bzw. ein „Nicht-Wir" konstitutiv. Während die Dominanzgesellschaft auf der einen Seite als „Wir" konstruiert wird, findet auf der anderen Seite die Konstruktion des „Nicht-Wir" statt. Das „Wir" verfügt in diesem Sinne über die Deutungshoheit und stellt die Norm dar, während das „Nicht-Wir" als Abweichung von der Norm imaginiert wird. Menschen mit zugeschriebenem oder tatsächlichem Migrationshintergrund werden in dieser Logik unter „den Anderen" subsumiert. Mit dieser Herstellung von Gruppen oder auch Kulturen, die immer als sozial konstruierte zu verstehen sind, ist gleichsam eine „Homogenitätsfiktion" (Welsch 2012: 34) verbunden. Das bedeutet, dass die so konstruierten Menschengruppen als statische, homogene und unveränderbare Größen vorgestellt werden. Rudolf

Leiprecht formuliert seine Definition von Rassismus, in der auch die Homogenitätsfiktion eine Rolle spielt, folgendermaßen:

> Bei Rassismus handelt es sich um individuelle, kollektive, institutionelle und strukturelle Praktiken der Herstellung oder Reproduktion von Bildern, Denkweisen und Erzählungen über Menschengruppen, die jeweils als statische, homogene und über Generationen durch Erbfolge verbundene Größen vorgestellt werden, wobei (explizit oder implizit) unterschiedliche Wertigkeiten, Rangordnungen (Hierarchien) und/oder Unvereinbarkeiten zwischen Gruppen behauptet und Zusammenhänge zwischen äußerer Erscheinung und einem „inneren" Äquivalent psycho-sozialer Fähigkeiten suggeriert, also in der Weise „Rassen", „Kulturen", „Völker" oder „Nationen" konstruiert werden. (Leiprecht 2006: 322)

Leiprecht spricht zum einen die unterschiedlichen Ebenen von Rassismus an und benennt zum anderen verschiedene Ausprägungen von Rassismus. Darüber hinaus verweist er darauf, dass Menschengruppen aufgrund ihres Abstammungsverhältnisses („über Generationen durch Erbfolge verbundene Größen") bestimmte Eigenschaften oder Wertigkeiten zugeschrieben würden. Im Weiteren beschreibt er den behaupteten Zusammenhang zwischen äußerem Erscheinen (Haarfarbe, Hautfarbe etc.) und den angenommenen psycho-sozialen Fähigkeiten, also eine Grundlage der Konstruktion von „Rassen", „Kulturen", „Völkern" etc.

Für Wiebke Scharathow stellt Rassismus „ein soziales und gesellschaftliches System von Diskursen und Praktiken der machtvollen Unterscheidung und Kategorisierung von Menschen [dar], mit welchen Ungleichbehandlung und ungleiche Machtverhältnisse legitimiert werden" (Scharathow 2014: 37). Im Weiteren spricht sie davon, dass Rassismus „als ein umfassendes, strukturierendes Prinzip gesellschaftlicher Wirklichkeit" (Scharathow 2014: 37) fungiere und somit nicht auf das Verhalten und die Einstellungen einzelner, am Rande der Gesellschaft befindlicher Individuen zu reduzieren sei (vgl. Scharathow 2014: 37). Hiermit suspendiert sie die nach wie vor gängige Argumentation, dass insbesondere Menschen am „Rand der Gesellschaft" (Arbeitssuchende, junge und bildungsferne Männer etc.) Affinitäten zu Rassismus und rechtsradikalen Tendenzen hätten.

Scharathow und Leiprecht nehmen somit eine gesamtgesellschaftliche Perspektive auf Rassismus ein und lehnen eine einseitige Betrachtung auf das Individuum ab. Rassismus ist nach ihrer Auffassung deshalb nicht lediglich am „Rand der Gesellschaft" und als individuelles Phänomen zu verorten.

Biologisch begründeter Rassismus

Für Robert Miles, der den Rassismusbegriff in seinen Ausführungen analytisch herleitet, sind für die Konstruktion von Rassismus folgende Aspekte wesentlich: Zunächst erfolge die Konstruktion von „Rassen", indem bestimmte körperliche Merkmale, wie beispielsweise die Hautfarbe, die Haarfarbe etc., als Grundlage dienen und diese „Rassifizierung" (*racialisation*) als naturgegebene Größe imaginiert wird. Diesem Merkmal werde daraufhin eine meist negative Bedeutung zugeschrieben, was Miles als Bedeutungskonstitution (*signification*) bezeichnet (Miles 1989: 354ff.). Er betont, dass durch diese Selektionspraxis, das heißt durch die willkürlich zugesprochene Bedeutung eines körperlichen Merkmales, implizit eine Differenzierung zwischen Menschen vorgenommen werde – also „Rassen" konstruiert würden – und somit eine Hierarchisierung entstehe (vgl. Miles 1989: 354ff.). Darüber hinaus sieht Miles die Rassenkonstruktion als einen „dialektischen Prozeß der Konstruktion von Bedeutungen" (Miles 1991: 101) und führt weiter aus: „Wenn man realen oder fiktiven biologischen Eigenschaften eine Bedeutung zuschreibt, um den Anderen zu definieren, definiert man damit notwendigerweise mittels des gleichen Kriteriums das Selbst, die je eigene Identität" (Miles 1991: 101). Für Miles ist der „Rassebegriff" daher analytisch nicht zu gebrauchen, weshalb er zu der Schlussfolgerung kommt, dass dieser „ein für alle Mal auf den Schutthaufen der analytisch nutzlosen Begriffe geworfen werden sollte" (Miles 1991: 97). Mecheril und Scherschel (2009) stellen in Bezug auf Miles' Rassismustheorie fest: „Die Bedeutung des Rassismus für Individuen und ihre Wahrnehmungsprozesse liegt darin, dass er Deutungen liefert, um gesellschaftliches Geschehen zu verstehen" (Mecheril/Scherschel 2009: 48).

Im Weiteren beschreibt Miles, dass die „Rassifizierung" bzw. „Rassenkonstruktion" eine Verknüpfung von phänotypischen Merkmalen (beispielsweise Hautfarbe) mit psycho-sozialen bzw. kulturellen Eigenschaften (träge, temperamentvoll, aufbrausend etc.) beinhalte. Menschen, die ein bestimmtes körperliches Merkmal aufweisen, wird auf diese Weise implizit eine spezifische Eigenschaft oder ein spezifisches Verhalten unterstellt. Somit entsteht ein selbstläufiger Prozess, den Miles als Determinismus bezeichnet (vgl. Miles 1989: 354). Darüber hinaus weist der Autor darauf hin, dass die Rassenkonstruktion einen dialektischen Prozess der Bedeutungskonstitution beinhalte. Erst durch die Konstruktion des Anderen, dem ein „Schwarz-Sein" bzw. ein „Nicht-Weiß-Sein" zugeschrieben wird, werde das eigene „Weiß-Sein" markiert, wodurch es zu einer Dichotomisierung kommt (vgl. Miles 1989: 354). Für Miles ist in diesem Zusammenhang entscheidend, dass die Gruppe der Anderen in negativer Weise dargestellt und damit der Anschein erweckt wird, als wirke sich schon die bloße

Existenz dieser Gruppe nachteilig auf die Lebensbedingungen der eigenen Gruppe aus (vgl. Miles 1989: 359). Das führe in weiterer Folge dazu, dass die Gruppe der Anderen einer Ausschließungspraxis (*exclusionary practice*) ausgesetzt sind und dass „eine bestimmte Gruppe bei der Verteilung von Ressourcen und Dienstleistungen benachteiligt oder in der Hierarchie der Klassenpositionen unter- bzw. überrepräsentiert ist" (Miles 1989: 358). Insbesondere, wenn es um die Verteilung knapper Ressourcen geht, wird folglich darauf geschaut, wer davon profitiert und wer bei der Verteilung ausgeschlossen bzw. benachteiligt wird (vgl. Miles 1991: 104). Dies kann beispielsweise an der SchülerInnenschaft (mit und ohne Migrationshintergrund) von weiterführenden Schulen (Hauptschulen, Gymnasien etc.), an (verdeckt) diskriminierenden Auswahlpraxen bei Stellenbesetzungen (Bevorzugung von Menschen mit „deutschem" Namen) oder auf dem Wohnungsmarkt (Vermietung nur an „Einheimische") sichtbar werden. Dennoch, und das ist ganz wesentlich in Miles' Argumentation, müssen solche Ausschließungspraxen nicht immer und nicht nur durch Rassismus verursacht sein (vgl. Miles 1989: 359). Deshalb plädiert er dafür, Ausschließungspraxen – sowohl vorsätzliche Handlungen als auch ungewollte Folgen dieser Handlungen –, die Strukturen der Ungleichheit schaffen, jeweils auf deren Gehalt hin zu prüfen (vgl. Miles 1989: 359; 362).

Der französische Soziologe Albert Memmi, der ganz wesentlich zu einer kritischen Auseinandersetzung mit dem Kolonialismus und dem Rassismus beigetragen hat und dessen Rassismusdefinition weite Verbreitung gefunden hat, betrachtet Rassismus folgendermaßen:

> Der Rassismus ist die verallgemeinerte und verabsolutierte Wertung tatsächlicher oder fiktiver Unterschiede zum Vorteil des Anklägers und zum Nachteil seines Opfers, mit der seine Privilegien oder seine Aggressionen gerechtfertigt werden sollen. (Memmi 1992: 103)

Memmi beschreibt hier, wie fiktive oder tatsächliche Unterschiede, demnach auch körperliche Merkmale, einer verabsolutierten Wertung ausgesetzt werden. So spielt in seiner Rassismusdefinition die Wertung, aber auch die Funktion eine wesentliche Rolle. Auffallend ist dabei die starre Dichotomisierung zweier Pole: auf der einen Seite der Ankläger, der versucht, einen Vorteil zu erlangen, und gleichzeitig sein Handeln legitimiert; auf der anderen Seite das Opfer, dem durch die „verallgemeinerte und verabsolutierte Wertung" (Memmi 1992: 103) ein Nachteil erwächst. Der Begriff des Anklägers suggeriert, dass sich dieser in einer Situation befände, die durch Unrecht verursacht worden ist – ein Unrecht, das er nun „anklagt" (vgl. Leiprecht 2005: 12f.).

In dieser Definition steht die Personalisierung im Vordergrund, somit wird Rassismus als individuelles Phänomen betrachtet, ohne institutionelle und strukturelle Formen miteinzubeziehen. Darüber hinaus wird Rassismus hier ausschließlich als intentionale Handlung verstanden. Insgesamt bleibt diese Rassismusdefinition zu dualistisch und zu sehr auf der individuellen Ebene, um alle Formen und Verflechtungen von Rassismus berücksichtigen zu können.

Kulturrassismus

Für Rassismusforscher wie Memmi (1992) oder Miles (1989, 1991) spielen die biologistischen Argumentationen im Rassismus eine ganz wesentliche Rolle. Für Miles etwa bedarf es unausweichlich der „Rassenkonstruktion", damit von Rassismus gesprochen werden kann (vgl. Miles 1989: 354). Beide Wissenschaftler sind der Auffassung, dass im Rassismus den fiktiven oder tatsächlichen körperlichen Merkmalen eine bestimmte Bedeutung zugesprochen werde und dadurch ein naturalisierender Begründungszusammenhang entstehe, der wiederum einen wesentlichen Aspekt von Rassismus darstellt.

Andere RassismusforscherInnen wie Étienne Balibar (1989: 373), Annita Kalpaka, Nora Räthzel (1994: 15), Stuart Hall (1994, 2000) und Rudolf Leiprecht (2005: 12ff.) sehen den Rückgriff auf die körperliche Dimension nicht als Voraussetzung dafür an, dass man von Rassismus sprechen kann. So weist etwa Balibar nicht nur auf die Konstruktion biologistisch begründeter Unterschiede, sondern auch auf die Konstruktion kulturell bestimmter Unterschiede hin. Demnach kann von einem „Rassismus ohne Rassen" (Balibar 1989: 373) gesprochen werden, von einem „Neo-Rassismus" (Balibar 1989: 373; 1990) oder auch von einem Kulturrassismus/Kulturalismus, bei dem „Kultur" an die Stelle des Begriffs „Rasse" tritt (vgl. Hall 2000). Theodor W. Adorno weist bereits Mitte der 1950er Jahre darauf hin, dass „[d]as vornehme Wort ‚Kultur' [...] anstelle des verpönten Ausdrucks ‚Rasse' [tritt]" (Adorno 1955: 277) und es dadurch zu einer Begriffsverschiebung komme.

Iman Attia (2014) betrachtet den Rückgriff auf die Kultur gleichsam als „Rassialisierung" bzw. „Rassenkonstruktion": „Heute werden die kulturellen und sozialen Aspekte gegenüber den biologischen betont. Die Kulturalisierung stellt demnach die gegenwärtige Form der Rassialisierung dar" (Attia 2014: 9). Das bedeutet, dass anstelle von „Rassen" nun vermehrt von „Kulturen" gesprochen wird, die jedoch ebenso als statisch, homogen und unveränderbar imaginiert werden. Auch Leiprecht weist in seiner bereits herangezogenen Rassismusdefinition auf die Herstellung von „Rassen", „Kulturen", „Völkern" oder „Nationen" hin, die allesamt im Prozess der homogenisierenden Unterscheidung sozial konstruiert werden (vgl. Leiprecht 2006: 322).

Balibar versteht unter „Neo-Rassismus" eine neu entwickelte Form des Rassismus, die er der postkolonialen Epoche zuschreibt. Er verweist darauf, dass das vorherrschende Thema dieses neuen Rassismus, des sogenannten Rassismus

ohne „Rassen", „nicht mehr die biologische Vererbung, sondern die Unaufheb-
barkeit der kulturellen Differenz" (Balibar 1990: 28) sei. Im Weiteren führt Balibar aus, dass dieser „Rassismus […] – jedenfalls auf den ersten Blick – nicht
mehr die Überlegenheit bestimmter Gruppen oder Völker über andere postuliert,
sondern sich darauf ‚beschränkt', die Schädlichkeit jeder Grenzverwischung und
die Unvereinbarkeit der Lebensweisen und Traditionen zu behaupten" (Balibar
1990: 28). In Anlehnung an den Philosophen und Soziologen Pierre-André
Taguieff spricht Balibar in diesem Zusammenhang von einem differentialisti-
schen Rassismus (vgl. Balibar 1990). Diesen „Neo-Rassismus" beschreibt die
Soziologin und Erziehungswissenschaftlerin Ulrike Hormel folgendermaßen:

> Dieser […] Rassismus bezieht sich nicht primär auf phänotypische Merkmale und
> distanziert sich von der hierarchisierenden Bewertung der über den Topos der ‚kul-
> turellen Differenz' konstruierten Gruppen. Charakteristisch für den modernisierten
> Rassismus ist, dass er vordergründig nicht mehr auf der Idee der Ungleichwertigkeit,
> sondern der Ungleichartigkeit, nicht mehr auf der Logik der Unterwerfung, sondern
> der Separation basiert. (Hormel 2018: 85)

Dieses Charakteristikum wird aktuell daran sichtbar, dass Nationen und Sprachen übergreifend Bündnisse rechtspopulistischer Bewegungen und politischer
Parteien geschlossen werden, die sowohl im europäischen als auch im globalen
Raum zunehmenden Einfluss gewinnen und im Hinblick auf gleiche Zielsetzun-
gen, etwa im Kontext von Migration und Flucht, agieren. Sowohl in Rassismustheorien, die in erster Linie von biologistischen Begründungszusammenhängen
sprechen, als auch in jenen, die Kulturalisierung als Prozess der „Rassenkonstruktion" deuten, sind „Othering-Prozesse" zentral, in denen unterschiedliche
Gruppen erst konstruiert und somit hervorgebracht werden. Wesentliches Merkmal von Rassismus ist demnach die Einteilung in unterschiedliche Gruppenzu-
gehörigkeiten, also in ein „Wir" (Mehrheitsgesellschaft, Menschen ohne vermeintliche Migrationsgeschichte) auf der einen Seite und in ein „Nicht-Wir"
bzw. in „Andere" (Menschen mit Migrationsgeschichte, People of Color etc.) auf
der anderen Seite. Das bedeutet, dass durch die Herstellung dieser sozialen Kon-
strukte, das heißt durch die Rassialisierung oder Kulturalisierung einer anderen
Gruppe, vermeintliche oder tatsächliche Unterschiede erst markiert werden und
ihnen im Weiteren eine bestimmte Bedeutung zugesprochen wird. Iman Attia
formuliert den Prozess des Othering im Zusammenhang mit Rassismus folgendermaßen:

> Sich im Gegenbild des konstruierten Anderen zu definieren und dabei als zivilisier-
> ter zu imaginieren, ist ein zentraler Aspekt der Rassialisierung, der als *Othering* be-
> zeichnet wird. Dabei werden vermeintliche oder tatsächliche Unterschiede zu Grup-
> penmerkmalen zusammengefasst und zum (kulturell, religiös oder biologisch be-
> dingten) „Wesen" dieser Gruppe erklärt. Alle Mitglieder einer so konstruierten

Gruppe werden als prinzipiell gleich angesehen und homogenisiert. Die auf diese
Weise als wesenhaft anders, also als essenzialistisch hervorgebrachte Fremdgruppe
wird der Eigengruppe gegenübergestellt. (Attia 2014: 9; Hervorhebung im Original)

Im Weiteren erläutert die Autorin, dass erst durch den Prozess des „Othering",
durch die binäre Unterscheidung in ein „Wir" und „die Anderen", dichotome
Gruppen erzeugt und „Rassen" hervorgebracht würden. Sie nennt in diesem Zusammenhang „biologische, kulturelle, religiöse und andere Merkmale und Zuschreibungen", die dazu dienen, „Andere zu rassialisieren" (Attia 2014: 9) und
dadurch imaginierte homogene Gruppen entstehen zu lassen.

Auch die Soziologin Elisabeth Beck-Gernsheim hat sich in ihren vielfachen
Studien mit „den Anderen", mit Menschen mit Migrationshintergrund oder jenen, die als „Andere" markiert werden, auseinandergesetzt. 2007 hat sie das –
seither viel zitierte – Buch „Wir und die Anderen. Kopftuch, Zwangsheirat und
andere Mißverständnisse" veröffentlicht; in der Einleitung schreibt sie:

> Dieses Buch handelt von den Bildern, die in Deutschland über Migranten und ethni-
> sche Minderheiten kursieren. Es handelt von den Bildern, die in den Medien und Öf-
> fentlichkeit, in Politik und Wissenschaft hierzulande präsent sind, wo immer es um
> „Fremde", „Ausländer", „Andere" geht. Es handelt nicht zuletzt von Mißverständ-
> nissen und Mythen, von vertrauten Symbolen und festen Gewohnheiten, von Traditi-
> onen im Kopf und Schubladen im Denken. (Beck-Gernsheim 2007: 9)

In diesem Buch entwirft Beck-Gernsheim einen Perspektivenwechsel in Bezug
auf Migration und versucht, gängige, meist defizitär ausgerichtete Bilder über
„die Ausländer" oder über die viel beschworene Rückständigkeit von Migrationsfamilien zu dekonstruieren. In diesem Sinne gilt die Publikation als Plädoyer
für die Dekonstruktion von Mythen im Kontext von Migration.

1.2 Rassismus in der Gesellschaft

In Abgrenzung zu Robert Miles definiert der Migrationsforscher Mark Terkessidis Rassismus als „Apparat" (2004) und nicht als Ideologie. Zugleich orientiert
sich Terkessidis an der Rassismusdefinition von Miles und stellt drei Komponen-
ten heraus, die seines Erachtens wesentlich seien, damit von Rassismus gesprochen werden kann: die Rassifizierung, die Ausgrenzungspraxis und die differenzierende Macht (vgl. Terkessidis 2004: 98). Terkessidis benutzt den Begriff der
Rassifizierung, um auf die Prozesshaftigkeit von Rassismus hinzuweisen, und
orientiert sich dabei an dem englischsprachigen, von Miles (1989) geprägten
Begriff *racialisation* („Rassenkonstruktion"). Terkessidis versteht den Prozess
der Rassifizierung als Einteilung von Menschen in verschiedene, als natürlich
imaginierte Menschengruppen anhand bestimmter Merkmale (vgl. Terkessidis

2004: 98). Dabei werde die Rassifizierung, die Herstellung einer Gruppe als natürliche Gruppe, sowohl über biologische als auch über soziologische Merkmale vorgenommen, wodurch eine „Naturalisierung von Unterschieden" (Terkessidis 2004: 98) erfolge. Demnach können auch Kulturen oder Ethnien durch Rassifizierung erzeugt werden. In diesem Sinne kann die Herstellung bzw. Konstruktion einer „Rasse", Kultur etc. auch bei Terkessidis als ein „Othering-Prozess" verstanden werden. Wichtig ist in diesem Zusammenhang, darauf hinzuweisen, dass bereits durch die Herstellung einer „anderen" Gruppe immer auch eine (negative) Wertung dieser Gruppe gegeben ist (vgl. Terkessidis 2004: 98f.). Miles spricht hier von der *signification*, der Bedeutungskonstitution (1989: 354ff.). Die zweite Komponente, beschrieben mit dem Begriff der Ausgrenzungs-/Ausschließungspraxis (*exclusionary practice*), umfasst die konkreten Handlungen und Prozesse, wonach „eine bestimmte Gruppe bei der Verteilung von Ressourcen und Dienstleistungen benachteiligt oder in der Hierarchie der Klassenpositionen unter- bzw. überrepräsentiert ist" (Miles 1989: 358). Mit dem Begriff der differenzierenden Macht, den Terkessidis selbst als „etwas diffusen Begriff" (Terkessidis 2004: 99) beschreibt, weist er darauf hin, dass eine Gruppe erst dann eine andere unterdrücken könne, wenn sie die Gewalt oder Macht dazu hat (vgl. Terkessidis 2004: 99f.), etwa in Form von Gesetzen etc. Die differenzierende Macht, die erst die Ausschließungspraxen wirksam macht, kann nach Terkessidis' Auffassung je nach Kontext (Kolonialismus, Einwanderungsgesellschaft) unterschiedlich ausfallen und sich beispielsweise gegenwärtig in der Abschiebung eines Geflüchteten ausdrücken (vgl. Terkessidis 2004: 100). Rassismus als „Apparat" sei dadurch gekennzeichnet, dass es sich dabei nicht um eine bestimmte, offensichtliche Herrschaftsform „im traditionellen Sinne" (Terkessidis 2004: 100) handelt, sondern dass Machtverhältnisse eher unscheinbar und nicht für alle sichtbar durchgesetzt werden. Dies wird auch an den einzelnen Narrationen der InterviewpartnerInnen deutlich, die im empirischen Teil dargelegt und analysiert werden.

Die vorangegangenen Ausführungen haben gezeigt, in welcher Weise Terkessidis Rassismus als „Apparat" (2004) definiert. Er stellt folgende Aspekte als wesentlich für Rassismus dar:

a. *Die Herstellung/Konstruktion einer „Rasse"/Kultur („Othering-Prozess").* Damit einher geht die Hierarchisierung (und gleichzeitige Bewertung) von Gruppen, die nicht als gleichwertig imaginiert werden.

b. *Die differenzierende Macht.* Um die Herstellung einer „Rasse" durchzusetzen, muss die Machtkomponente gegeben sein.

c. *Die Ausschließungspraxis.* Ausschließung und Ausgrenzung stellen die „praktische Seite des Rassismus" (Terkessidis 2004: 99) dar, welche für die Betroffenen mit benachteiligenden Effekten verbunden sind.

Als „Apparat" verstanden, kann Rassismus demnach nicht auf die bloße Verbalisierung von rassistischen Einstellungen reduziert werden. Ebenso wenig kann erst dann von Rassismus gesprochen werden, wenn AnhängerInnen rechts gerichteter Gruppierungen gegen vermeintliche „AusländerInnen" gewalttätig werden, sie also offen rassistisch handeln. Vielmehr kann Rassismus auch strukturell und/oder institutionell bedingt sein, sodass er auf verdeckte, subtile Weise wirken kann. Das kann beispielsweise auf Ämtern, bei der Arbeits- oder Wohnungssuche, in Bildungseinrichtungen oder in den Medien der Fall sein. Rassismus tritt also in wiederkehrenden, alltäglichen Situationen zutage: In diesem Zusammenhang kann von Alltagsrassismus (vgl. Essed 2002; Leiprecht 2001) gesprochen werden.

Terkessidis hat in seiner Studie zu Jugendlichen der zweiten Einwanderungsgeneration (2004) auf die unterschwelligen, aber alltäglichen und wiederkehrenden Erfahrungen mit Rassismus hingewiesen. In der Auseinandersetzung mit dem Thema geht er auf die Frage der Deutungshoheit bezüglich der erlebten Rassismuserfahrungen ein: „Gewöhnlich werden die Mechanismen des Rassismus in Alltagssituationen ausgehend vom Handeln der ‚Mehrheit' kategorisiert – es werden also die ‚Akte' benannt, welche Mitglieder der ‚Mehrheit' ausführen und die sich als rassistisch qualifizieren lassen" (Terkessidis 2004: 172). Terkessidis, der den Fokus weg von den VerursacherInnen hin auf die Betroffenen richtet – wobei er den Rassismus nicht nur auf der individuellen, sondern auf allen Ebenen (individuell, institutionell und strukturell) betrachtet –, nimmt in seiner Studie eine neue Perspektive ein, indem er das Schema des „Inventar[s] der rassistischen Situationen" (Terkessidis 2004: 172) entwickelt. In diesem Zusammenhang entwirft Terkessidis vier sogenannte „Akte": Entfremdung, Verweisung, Entantwortung und Entgleichung. Alle diese Begriffe sind Wortneuschöpfungen und durch eine Verschiebung des Blicks auf die Deutungshoheit in Bezug auf Rassismuserfahrungen entstanden. Terkessidis geht es dabei um die Bedeutung von Rassismus für die Betroffenen; die Sicht und die Deutungshoheit der Dominanzgesellschaft bleiben hier irrelevant. Die vier „Akte" weisen vielmehr darauf hin, dass die Subjektivierungsprozesse der Betroffenen, in diesem Fall der Jugendlichen, im Zentrum der Betrachtung stehen (vgl. Terkessidis 2004: 172). Ergänzend fügt Terkessidis diesen vier „Akten" noch den Begriff der Spekularisation hinzu, der ausdrücken soll, dass Menschen mit Migrationsgeschichte meist im Spiegel der Dominanzgesellschaft betrachtet und somit als abweichend konstruiert werden. Insgesamt machen diese fünf „Akte" deutlich, dass Migrationsandere gesellschaftliche Diskriminierungs- und Rassismuserfahrungen im Alltag machen, die von der Mehrheitsgesellschaft aber kaum als solche identifiziert werden. Vielmehr fasst die Mehrheitsgesellschaft die Reaktionen auf Diskriminierung und Rassismus oftmals als Überempfindlichkeit auf und deren Deutungen als Überinterpretation, womit die Existenz von Rassismus negiert wird.

Wie im empirischen Teil noch aufgezeigt wird, berichten auch meine InterviewpartnerInnen von verschiedenen Situationen, in denen sie Rassismus erfahren haben. Hierbei ging es nur selten um massive Ausprägungen von Rassismus in Form von physischer Gewalt. Vielmehr erzählen sie von versteckten, subtilen, aber durchaus wiederkehrenden Formen von Rassismus, sei es durch abfällige Äußerungen, Beschimpfungen oder ausschließende Praxen.

Bevor die insgesamt fünf „Akte" der Entfremdung, Verweisung, Entantwortung, Entgleichung und Spekularisation im Folgenden beschrieben werden, ist hervorzuheben, dass Terkessidis diese „Akte" als sogenannte Idealtypen skizziert, die nicht immer klar voneinander zu unterscheiden sind und sich vielfach überlappen (vgl. Terkessidis 2004: 195).

Entfremdung

Mit dem Akt der Entfremdung bezeichnet Terkessidis das plötzliche Bewusstwerden einer Person mit Migrationsgeschichte darüber, nicht als „Einheimische/r" betrachtet zu werden. Terkessidis bezieht sich in seiner Studie auf Migrationsjugendliche der zweiten Generation, die in Deutschland geboren und aufgewachsen sind und sich durchaus als Deutsche verorten, dann aber durch ihr soziales und gesellschaftliches Umfeld als nicht dazugehörig und „anders" markiert werden.[3] Ein solcher Prozess der Entfremdung wird beispielsweise durch LehrerInnen oder Institutionen in Gang gesetzt und hat den Effekt, dass die Betroffenen ihre zuvor als selbstverständlich empfundene Zugehörigkeit infrage stellen. Diese Erschütterung des Zugehörigkeitsgefühls erfolgt bei den Jugendlichen meist durch ein erstes markantes Erlebnis, das Terkessidis als „Urszene" bezeichnet (vgl. Terkessidis 2004: 173ff.). In diesem Zusammenhang erläutert der Autor auch die Ausführungen Frantz Fanons, der in seinem Buch „Schwarze Haut, weiße Masken" (1985) in präziser Weise seine massiven Entfremdungser-

---

3   Zwar fokussiert Terkessidis in seiner Studie ausdrücklich auf die Erfahrungen von Jugendlichen der zweiten Generation, aber die von ihm benannten Akte betreffen meines Erachtens in ähnlicher Weise auch Erwachsene mit (zugeschriebener) Migrationsgeschichte.

fahrungen als Schwarzer[4] „Neuankömmling" in Frankreich schildert und von groben Rassismuserfahrungen berichtet.

Obwohl Terkessidis die angesprochenen „Urszenen" hervorhebt, die den Prozess der Entfremdung in Gang setzen, weist er auch darauf hin, dass es nur selten bei einmaligen „Urszenen" bleibe und die meisten immer wieder ähnliche Erfahrungen machen würden: Erfahrungen, in denen Jugendliche als nicht dazugehörig, als nicht einheimisch, als anders und fremd markiert werden. In der Erzeugung von Differenz, die den entsprechenden Markierungen und Zuschreibungen zugrunde liegt, spielen laut Terkessidis vor allem körperliche Merkmale, aber auch Namen oder Kleidungsstücke eine wesentliche Rolle (vgl. Terkessidis 2004: 179) bei der Ausklammerung jener Jugendlicher aus dem „Wir".

Der Akt der Entfremdung kann auch an ausgewählten Aussagen meines Interviewpartners Edwin Miftari – eines jungen Mannes, der als Kind mit seiner Familie von Mazedonien nach Österreich migriert ist – abgelesen werden.[5] Im Jugendalter ist ihm immer wieder die Zugehörigkeit zur österreichischen Gesellschaft entzogen worden. Unter anderem beschreibt er, dass er sich sehr wohl *auch* als Österreicher fühle, jedoch gemerkt habe, dass er beispielsweise im Fußballverein als „Ausländer" markiert und dadurch benachteiligt worden ist. So wird Edwin Miftari durch den Prozess der Entfremdung aus dem österreichischen „Wir" systematisch ausgeklammert.

Verweisung

Im Akt der Verweisung geht es laut Terkessidis darum, dass Menschen mit Migrationsgeschichte an einen anderen Ort verwiesen werden, was sich etwa in Herkunftsdialogen äußert. Anlass für eine Verweisung kann ein ausländisch klingender Name, das Aussehen oder die Sprachkompetenz im Deutschen sein. Dabei können scheinbar banale Aussagen wie etwa die Frage „Woher kommst du?" von Menschen mit Migrationsgeschichte als Verweisung betrachtet werden – zumal, wenn diese Frage immer wieder von verschiedenen Personen und in unterschiedlichsten Situationen und Kontexten gestellt wird (vgl. Terkessidis 2004: 180ff.). Dadurch, dass die Befragten von vornherein als nicht an diesen Ort gehörend angesprochen werden und ihnen wie selbstverständlich ein anderer, im Ausland befindlicher Herkunftsort zugewiesen wird, wird eine verweigerte Zugehörigkeit deutlich. Besonders gravierend ist diese Verweisung für jene Men-

---

4   Die Einteilung in Schwarze und Weiße Menschen ist eine sozial konstruierte und findet keine Entsprechung in der Wirklichkeit. Um auf diese Konstruktion hinzuweisen, werden scheinbar beschreibende Adjektive wie Schwarz oder Weiß hier großgeschrieben.

5   Die ausführliche Analyse dieses Interviews sowie der anderen Interviews, aus denen die nun folgenden Beispiele stammen, findet sich im empirischen Teil.

schen, die ihren Lebensmittelpunkt seit jeher im „Aufnahmeland" haben, da sie dort geboren und aufgewachsen sind, also für Jugendliche der zweiten und dritten Generation oder für Kinder von binationalen Eltern. Für sie bedeutet der Ausschluss aus dem hiesigen „Wir" eine Neujustierung ihres – von außen infrage gestellten – Zugehörigkeitsverständnisses.

Den Akt der Verweisung sprechen in meiner Untersuchung mehrere InterviewpartnerInnen an. Herr Kaya Demir berichtet beispielsweise über immer wiederkehrende alltägliche Differenzerfahrungen, die er aufgrund der ihm zugeschriebenen Herkunft gemacht habe. Als „Ausländer" bezeichnet und teilweise auch beschimpft zu werden – davon sprechen darüber hinaus zahlreiche von mir Befragte als von einer „normalen" Alltagserfahrung.

Entantwortung

Mit dem Begriff der Entantwortung beschreibt Terkessidis jene Akte, in denen Jugendliche nicht als Individuen oder handelnde Subjekte betrachtet werden, sondern vielmehr als ein unspezifiziertes, migrantisches „Es" (vgl. Terkessidis 2004: 186ff.). Hierbei konstruiert die Mehrheitsgesellschaft beispielsweise „den Türken", dem allein aufgrund seiner vermeintlichen Herkunft ein bestimmtes Verhalten (aufbrausend, laut etc.) zugeschrieben wird. Das Subjekt tritt dabei so weit in den Hintergrund, dass es gänzlich an Bedeutung verliert. Der Akt der Entantwortung entzieht nach Terkessidis dem Gegenüber zum einen die Verantwortung für sein Handeln und lässt ihm zum anderen keinen Spielraum für eine individuelle Antwort. Diesen Prozess nennt Terkessidis daher auch die „doppelte Enteignung" (Terkessidis 2004: 187). Menschen mit Migrationsgeschichte werden folglich zu einem Kollektiv und zu einem „Objekt" generiert, dem jedwede Positionierung, Eigenständigkeit und Individualität abgesprochen wird. Interessant ist, dass Terkessidis' InterviewpartnerInnen fast durchgängig davon sprachen, dass ihnen in Gesprächen mit Angehörigen der Mehrheitsgesellschaft attestiert worden sei, ein/e untypische/r AusländerIn oder MigrantIn zu sein, und sie somit als Ausnahme deklariert worden seien (vgl. Terkessidis 2004: 186). Diese Entantwortung, in der nicht auf das Individuum eingegangen wird, sondern gängige Zuschreibungen über „die Ausländer", „den Südländer" etc. wirksam werden, ruft bei vielen Betroffenen Unbehagen sowie Wut und Aggressionen hervor (vgl. Terkessidis 2004: 187), da über ihre Köpfe hinweg ein Bild ihrer selbst kreiert wird und sie dieses Bild nicht aktiv mitgestalten können.

Der Akt der Entantwortung wird auch von einigen meiner InterviewpartnerInnen angesprochen. Vor allem junge Erwachsene der zweiten Generation berichten von alltäglichen Beschimpfungen wie beispielsweise „Scheiß Jugo". Obwohl die Befragten diese Bezeichnung als Kränkung empfinden, deuten sie diese jedoch teilweise nicht als rassismusrelevant. Daran lässt sich ablesen, dass solche diskriminierenden Aussagen sogar von den unmittelbar davon Betroffenen als normalisierte und selbstverständliche Praxis betrachtet werden. Durch den repetitiven Charakter sind sie besonders hartnäckig und können in negativer und nachhaltiger Weise auf die AdressatInnen wirken.

Entgleichung

Den vierten Akt bezeichnet Terkessidis als Entgleichung. Hierbei beschreibt er den Prozess, in dem Menschen mit Migrationsgeschichte vermittelt wird, sie würden von der Norm abweichen und ein Defizit in sich tragen. Auf diese Weise wird ihnen Gleichheit verwehrt und darüber hinaus in Abrede gestellt, dass sie mit Angehörigen der Mehrheitsgesellschaft konkurrieren könnten (vgl. Terkessidis 2004: 195). Jene, die dieses Defizit kreieren, befinden sich in der Hierarchie demnach immer über den Betroffenen und fungieren, wie Terkessidis es bezeichnet, als Richter, der ohne Gegenüber über die Qualitäten und Kompetenzen der „Anderen" urteilt. Als ein wichtiges Element der Entgleichung betrachtet Terkessidis „die Sprache und ihre Beherrschung" (Terkessidis 2004: 195). Dabei sei irrelevant, ob jemand perfekt Deutsch spreche oder nicht, ein Defizit scheint in jedem Fall unausweichlich: Entweder wird der Fokus trotz perfekter Sprachbeherrschung auf einen Mangel, etwa in Form eines Akzentes etc., gerichtet oder es besteht Verwunderung ob der perfekten Sprachbeherrschung – denn einem Menschen mit Migrationshintergrund werden von vornherein fehlende oder zumindest eingeschränkte Deutschkompetenzen unterstellt (vgl. Terkessidis 2004: 195f.).

Ein weiteres wichtiges Element der Entgleichung, das Terkessidis in seiner Studie herausgearbeitet hat, ist „das Moment der Kultur" (Terkessidis 2004: 196): Menschen mit Migrationsgeschichte werden meist als RepräsentantInnen und ExpertInnen ihrer (vermeintlichen) Kultur betrachtet. Zu beobachten ist dies etwa im Zusammenhang mit sogenannten interkulturellen Feierlichkeiten, zum Beispiel in Form von Straßen- oder Schulfesten, bei denen SchülerInnen für ein „interkulturelles Frühstück" hübsch garnierte Speisen „ihrer" Kultur präsentieren; oder wenn Menschen mit Migrationsgeschichte Fragen nach politischen Ereignissen in ihrem (vermeintlichen) Herkunftsland gestellt werden – in der Annahme, sie seien ExpertInnen „ihres" Landes. Festzuhalten ist, dass der Prozess der Entgleichung für Menschen mit Migrationsgeschichte bedeutet, mit einer – wie auch immer gearteten – defizitären Sichtweise konfrontiert zu werden.

Dass der deutschen Sprache im Hinblick auf gesellschaftliche Anerkennung eine zentrale Rolle zukommt, erwähnt vor allem das Ehepaar Demir, das ich im Zuge meiner Untersuchung befragt habe: Die beiden betonen, wie notwendig es sei, die deutsche Sprache gut zu beherrschen, da man ansonsten mit Diskriminie-rungen rechnen müsste. Gleichzeitig wird aber auch anhand ihrer Narrationen deutlich, dass das Beherrschen der deutschen Sprache nicht vor Diskriminierung schützt und den Befragten im Sinne von Terkessidis Gleichheit verwehrt wird und Defizite unterstellt werden.

Spekularisation

Unter Spekularisation versteht Terkessidis in Anlehnung an Luce Irigaray (1980) den Prozess, in dem die Mehrheitsgesellschaft Migrationsjugendliche in ihrem Handeln und ihrer Subjektivität zu einem migrantischen „Wir" konstruiert und dieses „Wir" als Gegenbild zur Mehrheitsgesellschaft erzeugt (vgl. Terkessidis 2004: 198ff.). Dabei werden dem Gegenbild bzw. der Spiegelung defizitäre Ei-genschaften unterstellt. Die Migrationsjugendlichen bilden somit das „Negativ-bild" der Mehrheitsgesellschaft. Während die Mehrheitsgesellschaft für sich also ein „Wir" mit positiven Attributen wie beispielsweise intelligent, fleißig etc. erzeugt, imaginiert sie Migrationsangehörige als gegenteilig, ihnen werden somit negative Attribute unterstellt. Doch bleibt es nicht allein bei der Konstruktion dieser negativen Andersartigkeit; die Migrationsjugendlichen werden darüber hinaus als undifferenziertes Gegenüber vorgestellt – und damit zugleich als dif-fuses Gegenbild der Mehrheitsgesellschaft. Dabei verliert das Subjekt jegliche individuelle Kontur und verschwindet im Meer des migrantischen „Wir".

Die vorangegangenen Ausführungen haben gezeigt, dass Menschen mit Migrationsgeschichte vor allem im Alltag Erfahrungen mit eher unterschwelli-gen und subtilen Formen von Rassismus machen, die für Mehrheitsangehörige nicht immer als solche identifiziert werden. Zu fragen ist in diesem Zusammen-hang, welche Auswirkungen diese ausschließenden Prozesse und Praktiken für Migrationsangehörige und ihre Familien haben und welche Umgangsweisen diese damit entwickeln.

In diesem Kontext muss der veralltäglichte und eher unterschwellige Ras-sismus genau in den Blick genommen werden. Stuart Hall misst dem weniger sichtbaren Rassismus eine große Bedeutung bei und bezeichnet ihn als „implizi-ten" Rassismus (vgl. Hall 1989: 156f.). Damit meint er „jene scheinbar naturali-sierte Repräsentation von Ereignissen im Zusammenhang mit ‚Rasse' – ob in Form von ‚Tatsachen' oder ‚Fiktion' –, in die rassistische Prämissen und Be-hauptungen als ein Satz *unhinterfragter Vorannahmen* eingehen" (Hall 1989: 156; Hervorhebung im Original). Hall ist der Auffassung, dass der implizite Rassismus weit verbreitet und aufgrund seiner subtilen und kaum wahrnehmba-ren Form „heimtückischer" sei als der offene Rassismus (vgl. (Hall 1989: 156f.).

Demnach hat sich der implizite Rassismus in das Alltagsleben vieler Menschen eingeschrieben, ohne dass er unbedingt als solcher wahrgenommen wird. In der theoretischen Auseinandersetzung mit Rassismus ist es wichtig zu betonen, dass es nicht den *einen* Rassismus gibt, der sich immer gleichbleibend äußert. Vielmehr kann Rassismus, der jeweiligen Epoche, der konkreten Situation und dem Kontext entsprechend, seine Form und seine Begründungstheorie verändern (vgl. Miles 1989: 361). Er ist also form- und wandelbar. Aus diesem Grund schlagen einige RassismusforscherInnen vor, anstatt von Rassismus von *Rassismen* im Plural zu sprechen (vgl. Hall 1989; Miles 1991; Leiprecht 2005). Für Terkessidis ist Rassismus „ein zusammenhängendes und durchaus auch kontinuierliches Phänomen, das aber je nach historischem Zeitpunkt, Gesellschaftstyp und nationaler Ausprägung sehr unterschiedliche Spezifika aufweist" (Terkessidis 2004: 100). In diesem Sinne spricht auch er die Vielschichtigkeit von Rassismus an, wobei er darauf hinweist, dass die Struktur des Gesamtphänomens Rassismus „mit den jeweiligen historischen oder lokalen Realisierungen zusammenzubringen" (Terkessidis 2004: 100) sei. Dies könne mithilfe seiner – bereits weiter oben beschriebenen – Rassismustheorie vollzogen werden, die er als „flexiblen Rahmen" betrachtet: Sie ermögliche es, „zwischen den Rassifizierungen und Ausgrenzungspraxen in verschiedenen Epochen, Entwicklungszuständen, Staaten" (Terkessidis 2004: 100) zu unterscheiden.

1.3 Rassismus im Alltag

Neue Forschungen zu Rassismus und Rassismuserfahrungen im deutschsprachigen Raum haben erst in den letzten zehn Jahren allmählich an Bedeutung gewonnen. Bis Ende der 1980er Jahre gab es noch so gut wie keine Forschung zu diesem Themenkomplex. Erst in den 1990er Jahren rückten Arbeiten mit dem Fokus auf Rassismus (oftmals aber mit einer anderen Gegenstandsbezeichnung wie „Fremdenfeindlichkeit", „Ausländerfeindlichkeit", „Rechtsextremismus" etc.) in den wissenschaftlichen Diskurs. Zu den ersten WissenschaftlerInnen, die sich im deutschsprachigen Raum dezidiert, adäquat und kritisch-reflexiv mit Rassismus und seinen Wirkweisen (im pädagogischen Kontext) beschäftigten, zählen unter anderem Annita Kalpaka und Nora Räthzel (1994), Rudolf Leiprecht (1990), Paul Mecheril (1997) und Mark Terkessidis (2004). Mittlerweile ist die wissenschaftliche Auseinandersetzung mit Rassismus und Rassismuserfahrungen intensiver geworden und schließt auch empirische Studien mit ein (siehe etwa Scharathow 2014; Rose 2012; Scherschel 2006; Melter 2006). Im Nachkriegsdeutschland schien die Verwendung des Rassismusbegriffs sowohl in der Öffentlichkeit als auch im wissenschaftlichen Bereich ungeeignet, um die von Migration geprägte gesellschaftliche Situation zu beschreiben. Vielmehr blieb nach Terkessidis „der Begriff Rassismus noch bis zum Beginn der neunziger Jahre weitgehend verpönt" (Terkessidis 2004: 13), da er stets in Verbindung mit den Gräueltaten des Nationalsozialismus gebracht wurde. Auch Iman Attia konstatiert, dass der Rassismusbegriff „[b]is in die 1990er Jahre hinein [...] in bundesdeutschen Debatten primär im Zusammenhang mit der Verfolgung und Ermordung von Juden und Jüdinnen im Nationalsozialismus, den ‚Rassenunruhen' in den USA und dem Apartheidregime in Südafrika verwendet" (Attia 2014: 8) worden sei. Sie sieht in der Verlagerung von Rassismus „in die Vergangenheit und in andere Kontinente" (Attia 2014: 8) den Grund für die kaum stattgefundene Auseinandersetzung mit der eigenen gesellschaftlichen und historischen Involviertheit. Mit der Frage – und ihrem gleichnamigen Artikel – „Was ist eigentlich Rassismus?" wendet sich auch die Erziehungswissenschaftlerin und Psychologin Birgit Rommelspacher (2009: 25ff.) diesem Phänomen zu und beleuchtet, warum in Deutschland die Thematisierung von Rassismus nach wie vor so schwerfällt. Dabei verweist sie in gleicher Weise wie Terkessidis und Attia auf den „engen Zusammenhang mit dem *Nationalsozialismus*" (Rommelspacher 2009: 33; Hervorhebung im Original) sowie auf die Verbindung zum Kolonialismus, dessen historische Kontinuität und Bedeutung sie jedoch in Deutschland bisher kaum aufgearbeitet sieht. Rommelspacher benennt darüber hinaus weitere wesentliche Gründe für die Vermeidung des Rassismusbegriffs: Zum einen sei dieser „sehr komplex und schwer abzugrenzen", zum anderen handle es sich um einen „hoch politisierte[n] Begriff", der auf individueller und gesellschaftlicher Ebene Widerstände hervorrufe (vgl. Rommelspacher 2009: 25ff.) und mit dem Selbstverständnis einer Demokratie nur schwer in Einklang zu bringen sei (vgl. Rommelspacher 2009: 34). Auch Terkessidis stellt fest, dass Rassismus „für Gewalttaten gegen Migranten, Juden oder andere Minderheiten oder für Extremismus im Sinne der politischen Ideologie" (Terkessidis 2004: 7) reserviert sei. Somit werden die VerursacherInnen von Rassismus „am Rande der Gesellschaft" imaginiert. Das führt dazu, dass subtile und latente Formen von Rassismus genauso wenig wahrgenommen werden wie strukturelle und institutionelle Formen. In ähnlicher Weise beschreiben Espahangizi et al. (2016) die Tabuisierung von Rassismus in der postmigrantischen Gesellschaft. Zwar sehen die WissenschaftlerInnen Veränderungen in der Auseinandersetzung mit Rassismus, allerdings habe es „in vielen Fällen nicht dazu [geführt], dass das Sprechen über Rassismus, ihn politisch und wissenschaftlich zu verhandeln und nicht zuletzt Ressourcen und Kräfte gegen ihn zu mobilisieren, erleichtert wird. Eher lässt sich beobachten, wie sich die Gründe und die Art und Weise, wie sich Rassismus *nicht* thematisieren lässt, verändern" (2016: 16; Hervorhebung im Original).

Noch immer hält sich die weit verbreitete Auffassung, dass Rassismus ein Phänomen sei, das vornehmlich bei „Problemgruppen" vorzufinden sei. Dabei werden vielfach Jugendliche, die in rechten Milieus verortet werden, oder auch Menschen mit geringem ökonomischem, sozialem oder kulturellem Kapital als alleinige VerursacherInnen und AkteurInnen gedeutet. Die eigene Involviertheit in rassistische gesellschaftliche Strukturen wird somit negiert. Auch Terkessidis sieht diesen weitläufigen Trend zur Dethematisierung von Rassismus in Deutschland und beschreibt den Begriff Rassismus als „rotes Tuch" (Terkessidis 2004: 7). Indem die VerursacherInnen als Jugendliche mit „abweichendem Verhalten" oder als AnhängerInnen einer überholten Ideologie definiert werden, werde dem Phänomen Rassismus eine Sonderposition zugeschrieben. Damit solle ausgedrückt werden: Rassismus gehört nicht zu Deutschland und hat nichts mit der gesellschaftlichen Wirklichkeit zu tun. Mit dieser Negierung gesellschaftlicher Realität, die darüber hinwegtäuschen möchte, dass Rassismus gesellschaftlich, strukturell und institutionell verankert ist, wird Rassismus als Ausnahmeerscheinung gedeutet (vgl. Terkessidis 2004: 8). Die „Mitte der Gesellschaft" (vgl. Markom 2014) wird damit von jeglichem Rassismusvorwurf freigesprochen. Auch wenn in den letzten Jahren wichtige Debatten im Kontext von Rassismus und Diskriminierung geführt wurden und sowohl in Deutschland (im Jahre 2006) als auch in Österreich (im Jahre 2004) die Antidiskriminierungsrichtlinien der EU in nationalen Gesetzgebungen umgesetzt wurden, darf nicht darüber hinweggesehen werden, dass es immer noch große Tendenzen zur Nichtbenennung und Tabuisierung von Rassismus gibt und somit eine kritisch-reflexive Auseinandersetzung mit Rassismus weiter vorangetrieben werden muss.

Warum hier nicht von Ausländer- oder Fremdenfeindlichkeit gesprochen wird

Während der Begriff des Rassismus im gesellschaftlichen Diskurs weithin gemieden wird, wurden und werden immer wieder andere Begriffe benutzt, die zwar den Tatbestand einer Ungleichbehandlung beschreiben, dabei aber keinen explizit rassistischen oder rassismusrelevanten Zusammenhang herstellen. So haben Bezeichnungen wie „Ausländerfeindlichkeit" oder „Fremdenfeindlichkeit" Eingang in öffentliche Diskurse gefunden. Der Begriff der Ausländerfeindlichkeit suggeriert, dass sich einige wenige Angehörige der Mehrheitsgesellschaft gegen vermeintliche „AusländerInnen" positionieren, sie verbal oder tätlich angreifen. Dabei muss die Frage aufgeworfen werden, wer denn überhaupt mit „AusländerIn" gemeint ist: Menschen ohne Staatsangehörigkeit des Aufnahmelandes oder all jene, die zu „Anderen" gemacht werden?

Ähnlich verhält es sich mit dem Begriff der Fremdenfeindlichkeit. Mark Terkessidis konstatiert, dass dieser in Deutschland bereits zu Beginn der 1990er Jahre Hochkonjunktur gehabt habe und vor allem dafür verwendet worden sei, um eine Abgrenzung zu den am meisten als „fremd" betrachteten Menschen bzw. MigrantInnen vorzunehmen: zu AsylbewerberInnen, die unter anderem aus Afrika kamen (vgl. Terkessidis 2004: 44f.). Der synonyme Gebrauch der Begriffe „Rassismus", „Fremdenfeindlichkeit" und „Ausländerfeindlichkeit" ist also aus verschiedenen Gründen problematisch: So werden die beiden letzteren fälschlicherweise auch dann verwendet, wenn eindeutig von rassistisch motivierten Handlungen gesprochen werden kann (beispielsweise bei den NSU-Morden in Deutschland). Das führt jedoch dazu, dass in diesem Zusammenhang Rassismen oft dezidiert ausgeblendet und somit verschwiegen werden.

Schaut man sich aber die Gruppen jener Menschen an, um die sich Ausländer- oder Fremdheitsdiskurse drehen, so wird deutlich, dass es sich hier nicht unweigerlich oder ausschließlich um Menschen mit einer ausländischen Staatsangehörigkeit, also AusländerInnen im juristischen Sinne, handelt, sondern um all jene, die als „fremd" oder „ausländisch" markiert werden. Hier spielen Zuschreibungen, Herkunftsdialoge und Fremdwahrnehmungen eine viel größere Rolle als die Frage, ob ein Mensch tatsächlich „fremd" oder „ausländischer" Herkunft ist. Denn „fremd", im Sinne von „unbekannt", kann uns jeder Mensch sein, den wir nicht kennen, also auch der Sitznachbar in der Straßenbahn oder eine Passantin auf der Straße. Mit „Fremdenfeindlichkeit" ist aber nicht die feindselige Haltung oder Handlung gegenüber allen Fremden gemeint, der Begriff impliziert ganz bestimmte „Fremde", nämlich People of Colour oder Menschen mit einem (zugeschriebenen) Migrationshintergrund. Somit verweisen die Begriffe „Fremdenfeindlichkeit" und „Ausländerfeindlichkeit" vielmehr auf Menschen, die phänotypisch (Hautfarbe, Haarfarbe etc.), aber auch sozial (Sprache, Kleidung etc.) als „fremd" oder „ausländisch" markiert werden. Das bedeutet, dass bestimmte Menschen mit einem (vermeintlich) „fremden" Herkunftsland zu „Anderen" konstruiert werden, ungeachtet der Tatsache, ob sie de facto Staatsangehörige des ‚eigenen' Landes sind oder nicht. Die Staatsangehörigkeit einer Person, gegen die sich „ausländerfeindliche" oder „fremdenfeindliche" Handlungen richten, spielt damit eine untergeordnete Rolle.

Der Zuschreibungskontext innerhalb der Dominanzgesellschaft ist demnach wesentlich dafür, ob ich als zugehörig oder eben als nicht zugehörig betrachtet werde. Das führt dazu, dass das Konstrukt „Fremde/r" oder „AusländerIn" darüber entscheidet, ob und in welchen Situationen ich Rassismus- oder Diskriminierungserfahrungen mache. Ein Mensch skandinavischer Herkunft und mit „weißer" Hautfarbe wird in Deutschland oder Österreich demnach sicherlich andere Erfahrungen machen als eine Person nigerianischer Herkunft und mit „dunkler" Hautfarbe. Dies wird auch daran deutlich, dass viele Menschen mit Migrationsgeschichte, die bereits seit Jahren in Deutschland oder Österreich leben und arbeiten, deren Kinder und Enkel hier geboren und aufgewachsen sind, die die deutsche bzw. österreichische Staatsangehörigkeit besitzen, noch immer wiederholt als „anders", „fremd" und „ausländisch" betrachtet und behandelt werden. Auch sie müssen die Möglichkeit in Betracht ziehen, Zielscheibe von Rassismus zu werden, unabhängig davon, ob sie de jure Staatsangehörige sind oder nicht. Deshalb weist die Sozialwissenschaftlerin Jutta Goltz in ihrem Artikel „Der klebrige Migrationshintergrund" (2015) auch treffend auf die Schwierigkeiten hin, die mit der Benennungspraxis und Etikettierung von sogenannten MigrantInnen oder Menschen mit Migrationsgeschichte verbunden sind: Angehörige der Mehrheitsgesellschaft entscheiden über meist defizitär ausgerichtete Zuschreibungsprozesse im Sinne von „Wir und die Anderen" (vgl. Goltz 2015: 10ff.).

Die Rassismusforscherinnen Annita Kalpaka und Nora Räthzel weisen im Zusammenhang mit dem Begriff „Ausländerfeindlichkeit" zudem auf die Beziehungskomponente hin, die nicht immer durch eine „Feindlichkeit" gegenüber markierten „AusländerInnen" charakterisiert sein müsse. Somit könne nicht durchgängig von „Ausländer*feindlichkeit*" gesprochen werden. Vielmehr können nach Kalpaka und Räthzel auch paternalistische Handlungen gegenüber „AusländerInnen" als rassistisch gedeutet werden, wenn sie als hilfsbedürftige und handlungsunfähige Objekte betrachtet werden (vgl. Kalpaka/Räthzel 1994: 12). Auf diese Weise werde „sowohl das Objekt wie auch der Mechanismus von Ausschließungspraxen und Diskriminierungen verschleiert" (Kalpaka/Räthzel 1994: 12).

Die Begriffe „Fremdenfeindlichkeit" und „Ausländerfeindlichkeit" sind demnach nicht geeignet, um das vielschichtige und auf mehreren Ebenen wirkende Phänomen Rassismus zu beschreiben. Sie zielen zu sehr auf die vermeintliche Herkunft und Zugehörigkeit der Betroffenen und machen diese selbst somit zur Ursache und zum Auslöser einer Handlung, wodurch diese wiederum gleichzeitig legitimiert wird. Ein weiterer Kritikpunkt ist, dass sich die „Feindlichkeit" auf das als „ausländisch", „fremd" oder schlicht „anders" Markierte zu stützen versucht und somit eine Legitimation der Handlung vollzogen wird. Aus rassismuskritischer Perspektive sind die Begriffe deshalb irreführend. Zudem greifen sie zu kurz, da sie nicht in der Lage sind, Praxen der Ausschließung, der rassistischen Diskriminierung und der Abwertung – die auch immer mit ungleichen gesellschaftlichen Machtverhältnissen verbunden sind – zu beschreiben.

Institutioneller Rassismus/Institutionelle Diskriminierung

In der bisherigen Auseinandersetzung mit Rassismus wurde darauf hingewiesen, dass auch strukturelle und institutionelle Formen von Rassismus wirkmächtig sind. Im Folgenden sollen deshalb die Institutionen in den Blick genommen und, hier am Beispiel der Schule, herausgearbeitet werden.

Von institutionellem Rassismus oder institutioneller Diskriminierung kann etwa dann gesprochen werden, wenn eine Schule ein Kind mit Migrationsgeschichte aufgrund seiner Herkunft und damit einhergehender vermuteter Deutsch-Sprachdefizite oder aufgrund vermeintlicher genereller „Bildungsdefizite" ein Jahr zurückstellt bzw. nicht in die erste Klasse aufnimmt, obwohl es in seiner körperlichen und geistigen Entwicklung keine Auffälligkeit zeigt; oder wenn eine nicht erfolgreiche Schullaufbahn eines Kindes mit seiner „Herkunftskultur" und den bildungsfernen familialen Verhältnissen begründet wird. Solche Praktiken konnten in zahlreichen Studien, die im schulischen Kontext durchgeführt wurden, festgestellt werden. Dabei wurde sichtbar, dass gerade im Bildungsbereich Mechanismen und Strukturen (wie etwa Selektion und Segregation) wirkmächtig werden, die zu einem institutionellen Rassismus beitragen können (vgl. etwa Hormel/Scherr 2004; Herzog-Punzenberger 2017).

Vor allem die BildungswissenschaftlerInnen Mechthild Gomolla und Frank-Olaf Radtke (2009) konnten durch ihre umfangreiche und breit angelegte Studie in einer deutschen Großstadt belegen, dass Ungleichheitsverhältnisse auch und gerade im Schulkontext bestehen und dass SchülerInnen und Eltern mit Migrationsgeschichte von institutionellem Rassismus betroffen sein können. Konkret konnten die beiden ForscherInnen mithilfe statistischer Indikatoren und qualitativer Untersuchungsmethoden belegen, dass beispielsweise beim Eintritt in die Schule oder beim Übergang von der Grundschule in eine weiterführende Schule diskriminierende Strukturen und Praktiken wirksam werden (Rückstellungen, Empfehlung für die Sonderschule etc.), die sich nachteilig auf bestimmte SchülerInnen auswirken und somit die Schullaufbahn negativ beeinflussen (vgl. Gomolla/Radtke 2009). Dabei weist Gomolla darauf hin, dass nicht das isolierte Erforschen einer bestimmten Organisation in Bezug auf rassismusrelevante Praxen zielführend sei (vgl. Gomolla 2006: 100). Vielmehr müssten bei dem Versuch, institutionelle Diskriminierung zu erklären, mehrere Aspekte miteinbezogen werden. Deshalb formuliert sie folgende These: „Um mit dem Begriff der institutionellen Diskriminierung arbeiten zu können, sind die Zusammenhänge zwischen *politischen Strategien, institutionalisiertem Wissen* und *öffentlichen Diskursen* sowie der *Praxis in Organisationen* sichtbar zu machen" (Gomolla 2006: 100; Hervorhebung im Original).

Institutionelle Diskriminierung besteht also nicht in einem bewusst diskriminierenden Verhalten, ebenso wenig stehen hier „individuelle[] Absichten oder Motive" (Leiprecht 2006: 332) im Fokus. Vielmehr geht es um das organisatorische Handeln (beispielsweise im Bildungssektor, auf dem Wohnungs- und Arbeitsmarkt), das den Effekt einer rassistischen Diskriminierung mit sich bringen kann (vgl. Gomolla 2006: 98; Leiprecht 2006: 319). Deshalb plädiert Leiprecht dafür, viel mehr auf die Effekte derartiger Denk- und Handlungsweisen inner-

halb einer Institution zu achten und Prozesse, Einstellungen und Verhaltensweisen zu eruieren, die diskriminierende und ausgrenzende Effekte mit sich bringen,
die aber nicht beabsichtigt oder wissentlich vollzogen werden müssen (vgl. Leiprecht 2006: 332).

In der Analyse institutioneller Diskriminierung im schulischen Kontext geht
es demnach nicht darum, wie die einzelnen LehrerInnen handeln und wie Benachteiligung gegebenenfalls zum Ausdruck kommt. Zentral ist es, die Organisation – hier die Schule – als Ganzes in den Blick zu nehmen und gängige Praxen,
Strukturen und Diskurse kritisch zu beleuchten. Die analytische Auseinandersetzung mit institutioneller Diskriminierung in diesem Zusammenhang ist insofern
besonders bedeutsam, als dass im System Schule der Grundstein für eine erfolgreiche Bildungskarriere gelegt wird: Kommt es hier zu einer institutionellen
Diskriminierung, müssen SchülerInnen mit Migrationsgeschichte und ihre Familien immense Anstrengungen vollziehen und eventuell Umwege in Kauf nehmen
(zum Beispiel durch einen Schulwechsel, durch Wiederholung einer Klasse oder
durch das Nachholen von Abschlüssen auf dem zweiten Bildungsweg), um dennoch bildungserfolgreich zu sein.

Blicken wir auf den aktuellen Bildungsdiskurs, so wird immer wieder auf
das relativ niedrige Prozentual erfolgreicher Bildungskarrieren von SchülerInnen
mit Migrationsgeschichte hingewiesen. Der Grund für diese Entwicklung wird
meist bei den SchülerInnen selbst oder ihren Familien gesucht: fehlende
Deutschkenntnisse, die sogenannte doppelte Halbsprachigkeit oder bildungsferne
Elternhäuser. Dies sind nur einige der hegemonial verhandelten Begründungen,
in denen das schulische „Scheitern" den Migrationsfamilien selbst zugeschrieben
wird. Das Schulsystem selbst wird nur zögerlich in die Verantwortung genommen, wird doch eine Gleichbehandlung aller im Bildungssystem postuliert. Auch
gelingt es bisher nur punktuell, Konzepte einer inklusiven Schule im Bildungs-
alltag nachhaltig zu verankern.

1.4 Rassismuserfahrungen

Die Tatsache, dass Rassismus auf sozialen Konstruktionen basiert und ein gesellschaftliches Verhältnis darstellt, hat zur Folge, dass er in Form von Rassismuserfahrungen für Menschen direkt oder indirekt spürbar wird (vgl. Scharathow
2014). Rassismuserfahrungen können aufgrund von unterschiedlichen Handlungen, Gesten, Verhaltensweisen etc. gemacht werden, die nicht unbedingt offen
rassistisch motiviert sein müssen (vgl. Mecheril 1994: 59ff.). Darüber hinaus
können strukturelle und institutionelle Systeme, aber auch Diskurse dazu führen,
dass Subjekte von Rassismus betroffen sind. Wenn es sich bei einer Rassismuserfahrung nicht um ein einmaliges Erlebnis handelt, sondern sich ein solches

Erlebnis öfter und in verschiedenen alltäglichen Situationen wiederholt, dann kann von Alltagsrassismus gesprochen werden. Nach Dimitria Clayton und Maria do Mar Castro Varela beinhaltet Alltagsrassismus „die Übernahme und Produktion von Rassismus in alltäglichen Situationen durch Denk- und Handlungsformen, die die dahinterliegenden Machtstrukturen stabilisieren und verfestigen" (Clayton/Castro Varela 2002: 37). Alltagsrassismus kann nicht nur in offener und extremer Weise zutage treten, sondern auch subtil und latent vermittelt werden (vgl. Leiprecht 2006: 319). Philomena Essed beschreibt den Gehalt von Alltagsrassismus folgendermaßen: „Everyday racism is racism, but not all racism is everyday racism" (Essed 2002: 177). Dadurch, dass Alltagsrassismus in routinierten und alltäglichen Mechanismen und Praxen in Erscheinung tritt, ist er für Angehörige der Mehrheitsgesellschaft nicht immer als solcher identifizierbar, sondern wird als Selbstverständlichkeit wahrgenommen (vgl. Leiprecht 2006: 319). Nach Leiprecht sind im Alltagsrassismus weniger „‚[g]eschlossene' Welt- und Menschenbilder" (Leiprecht 2006: 319) vorzufinden. Jedoch kann dessen Artikulation als „flexible symbolische Ressource" (Scherschel 2006: 54ff.) betrachtet werden, die in alltäglichen Situationen willkürlich als Argumentationshilfe oder zur Rechtfertigung sozialer Ungleichheit einsetzbar ist.

Versuch einer Beschreibung

Was aber kann konkret unter „Rassismuserfahrung" verstanden werden? Rassismus kann auf unterschiedliche Weise erlebt und interpretiert werden. Beim Versuch einer Beschreibung von Rassismuserfahrungen muss bedacht werden, dass die (tatsächliche oder vermeintliche) Zugehörigkeit zu einer privilegierten oder nichtprivilegierten Gruppe wesentlich dafür ist, ob und wie Rassismus erfahren wird. Während Menschen, die der privilegierten Gruppe innerhalb einer Gesellschaft angehören (Angehörige der Mehrheitsgesellschaft), kaum spürbar mit Rassismuserfahrungen konfrontiert werden, diese Erfahrungen aber auch weniger wahrnehmen, können Angehörige der nichtprivilegierten Gruppe (Menschen mit Migrationsgeschichte etc.) sich ihnen nicht entziehen. Sie erleben Rassismus auf unterschiedlichen Ebenen und sind gezwungen, sich damit auseinanderzusetzen (vgl. Scharathow 2014). Dies betrifft auch die im Rahmen meiner Studie befragten Migrationsfamilien, die sich zu ihren expliziten und impliziten Rassismuserfahrungen positionieren (müssen).

Wie kann über eine Erfahrung gesprochen und geschrieben werden, die nur schwer zu identifizieren ist? Wer hat das Recht oder die Macht, eine Erfahrung der Ausgrenzung, der Benachteiligung, der Abwertung oder der Ausschließung als Rassismuserfahrung zu deuten? Und ab wann kann überhaupt von einer Rassismuserfahrung gesprochen werden?

In den vorangegangenen Ausführungen wurde festgestellt, dass Rassismus niemals starr und gleichbleibend ist. Vielmehr haben wir es mit einem Phänomen zu tun, dem Form- und Wandelbarkeit immanent sind und das somit an verschiedenen Orten, zu verschiedenen Zeiten, in verschiedenen (Artikulations-)Praxen, aber auch in unterschiedlichen Kontexten und Vermittlungsweisen (vgl. Mecheril 2006: 469f.) in Erscheinung tritt, weshalb auch von Rassis*men* gesprochen wird (vgl. Hall 1989; Miles 1991). Mindestens so vielfältig wie das Phänomen selbst sind deshalb auch die Erfahrungsmodi von Rassismus. Mecheril fasst Rassismuserfahrung als „eine Kategorie, in der gesellschaftlich vermittelte Erfahrungen und auch der gesellschaftlich vermittelte Umgang mit diesen Erfahrungen in den Blick" (Mecheril 2006: 468) genommen werden. Weiter konstatiert er:

Rassismuserfahrungen sind sozial bedingte und sozial gerahmte, subjektive Zustände. Unter der Erfahrung von Rassismus kann jede Erfahrung von Angriff oder Geringschätzung der eigenen Person oder nahe stehender Personen durch Andere verstanden werden, die physiognomische Merkmale (wie Haarfarbe, Hautfarbe) oder soziale Merkmale (wie Kleidung, Sprache) vor dem Hintergrund von Abstammungs- oder Herkunftskonstruktionen als Hinweise auf moralische oder intellektuelle Unterschiede lesen, die zu ihren Gunsten laufen und die bei dieser Art von Unterschieden das Recht auf Angriff oder Geringschätzung zu haben meinen. (Mecheril 2006: 468f.)

Nachfolgend beschreibt Mecheril Rassismuserfahrungen noch konkreter, indem er zunächst auf die Ausprägungsart, den Vermittlungskontext und die Vermittlungsweise hinweist. Die Ausprägungsart kann nach Mecheril entweder massiv oder subtil sein, der Vermittlungskontext institutionell oder individuell und die Vermittlungsweise kommunikativ, imaginativ oder medial (vgl. Mecheril 2006: 469). Darüber hinaus hat Mecheril, in Anlehnung an Philomena Esseds Kategorisierung von Rassismuserfahrungen (vgl. Essed 1991: 58), vier verschiedene Erfahrungsmodi von Rassismus definiert: die persönliche, die identifikative, die vikarielle und die kategorielle Rassismuserfahrung. Ist eine Person direkt von Rassismus betroffen, so spricht Mecheril von einer persönlichen Erfahrung. Eine identifikative Rassismuserfahrung steht für eine Erfahrung von Rassismus, die eine nahestehende Person macht. Ebenso ist es möglich, dass Rassismus von einer Person erlebt wird, die als StellvertreterIn der eigenen Person betrachtet wird, in diesem Zusammenhang spricht Mecheril von einer vikariellen Erfahrung. Eine kategoriale Rassismuserfahrung ist für Mecheril dann gegeben, wenn sich eine Person jener Gruppe zugehörig fühlt, die mit Rassismus konfrontiert wird (vgl. Mecheril 2006: 469f.). Im konkreten Erleben von Rassismus sind jene Kategorien sicherlich zweitrangig, sie können aber als Analyserahmen herangezogen werden und dazu dienen, Rassismuserfahrungen zu identifizieren sowie Rassismus auf seine Wirkungsweisen und möglichen Effekte hin zu untersuchen.

Mecheril weist im Weiteren darauf hin, dass Rassismuserfahrungen, die mit Abwertung und Geringschätzung einhergehen, sich in negativer Weise auf das Selbstverständnis der Betroffenen auswirken können. Allerdings sieht er auch das Potenzial, das sich durch den Subjektivierungsprozess herausbildet und wodurch sich die Betroffenen Kompetenzen – Mecheril nennt es „Fertigkeiten" – aneignen, um sich von den negativen Erfahrungen abzugrenzen (vgl. Mecheril 1997: 180):

> Die Konsequenz dieser biographisch früh einsetzenden Konfrontation mit massiver Gewalt oder subtiler Ablehnung kann in früh erworbenen – und durch die Kontinuität von Rassismuserfahrungen konservierten – negativen Selbstverständnissen als auch in Fertigkeiten bestehen, sich von den Defizitbotschaften des Rassismus in bezug auf den Wert der eigenen Person abzusetzen und damit psychisch in Sicherheit zu bringen. (Mecheril 1997: 180)

Nach Paul Mecheril ist die Erfahrung von Rassismus „eine psychologische Kategorie, in der gesellschaftlich vermittelte Erfahrungen und der gesellschaftlich vermittelte Umgang mit diesen Erfahrungen in den Blick kommen" (Mecheril 1997: 179). Für ihn sind Rassismuserfahrungen folglich „sozial kontextualisierte, subjektive Zustände" (Mecheril 1997: 179). Mecheril spezifiziert die Rassismuserfahrungen, indem er sie drei unterschiedlichen Formen zuteilt: erstens grobe Rassismuserfahrungen; zweitens subtile Rassismuserfahrungen; und drittens antizipierte Rassismuserfahrungen. Unter groben Rassismuserfahrungen versteht Mecheril erlebte physische Gewalt, während er mit subtilen Rassismuserfahrungen eher die Erfahrung von unterschwelligen, kaum sichtbaren Handlungen, wie abfällige Blicke oder das Sich-Wegsetzen in der Straßenbahn aufgrund äußerer Merkmale (Hautfarbe etc.) einer Person, meint. Mit antizipierten Rassismuserfahrungen bezieht sich Mecheril auf die vorweggenommene Erfahrung von Rassismus. Die Angst, gegebenenfalls Rassismuserfahrungen in bestimmten Situationen (auf Ämtern, bei der Polizei etc.) machen zu müssen, wird mit dem Begriff der antizipierten Rassismuserfahrung ausgedrückt (vgl. Mecheril 1997: 180).

Allerdings bedeutet dies nicht, dass nur körperlich gewalttätige Handlungen physischen Schmerz auslösen können. Studien zu Auswirkungen von Rassismuserfahrungen (vgl. Velho 2010; Ferreira 2003) haben gezeigt, dass diese negativen Erlebnisse bei einigen Menschen zu Unsicherheiten, Ängsten, aber auch zu gravierenden psychischen Belastungen führen und sich somit immens auf das Selbstwertgefühl und die psychische Gesundheit der Betroffenen auswirken können. Grada Ferreira beschreibt in ihrem Artikel „Die Kolonisierung des Selbst – der Platz des Schwarzen" (2003), dass mitunter Worte, die in einem rassismusrelevanten Kontext ausgesprochen werden, eine derartige Kraft besitzen, dass sie bis in die Körperlichkeit hineinwirken und somit Schmerzen verursachen können. Sie bezieht sich hierbei auf eine Aussage einer Schwarzen Frau namens Kathleen,

die in Deutschland wohnt und über ihr Leben berichtet. Im Folgenden erzählt
Kathleen von einer für sie einschneidenden Begebenheit, als sie von einem Mädchen als „anders", als „Negerin" markiert und gleichzeitig mit vordergründig
bewundernden Worten für die Schönheit ihrer Augen gelobt wurde:

> Das kleine Mädchen fing an zu reden: „Die schöne Negerin, und wie toll die Nege-
> rin aussieht, und die schönen Augen [...]." Ich verstand nichts von dem, was sie sag-
> te, ich hörte immer nur dieses eine Wort: Neger, Neger, Neger, Neger, wieder und
> wieder [...]. Und [...] ich erinnere mich, dass ich es das erste Mal fühlte, [...] diese
> Art von physischem Schmerz, weil jemand etwas tat oder sagte. Es gibt diesen [...]
> Schmerz in den Fingern, es gibt etwas [...]. Ich hatte das noch nie in meinem Körper
> gefühlt [...]. (Ferreira 2003: 154)

Diese Erzählung verdeutlicht, dass nicht nur offensichtlich herabwürdigende
Handlungen und Aussagen als Rassismus interpretiert werden können, sondern
dass auch positiv besetzte Worte, die den Anschein eines Kompliments oder der
Bewunderung machen, als Elemente von Rassismus betrachtet werden können.
Deshalb kommt Ferreira auch zu folgender Erkenntnis: „Nicht nur süße und
bittere Worte machen es schwer, Rassismus zu identifizieren; sondern das Spiel
süßer und bitterer Worte *ist* eine Form, in der Rassismus produziert wird. Die
Schwierigkeit, Rassismus zu identifizieren, ist nicht nur funktional für Rassismus, sondern ein Teil des Rassismus selbst" (Ferreira 2003: 156; Hervorhebung
im Original).

Somit kann festgehalten werden, dass sich auch durch Sprache oder Diskurse hervorgerufene Rassismuserfahrungen bis in die Körperlichkeit hinein auswirken können. Allerdings konstatiert Paul Mecheril, dass Menschen, die Rassismuserfahrungen ausgesetzt sind, nicht zwangsläufig ein vermindertes Selbstwertgefühl entwickeln, verzweifelt, schreckhaft oder handlungsunfähig werden
(vgl. Mecheril 1997: 195), auch wenn es Betroffene gibt, die aufgrund von (wiederkehrenden) Rassismuserfahrungen in ihrem Handlungsraum oder gesundheit-
lich stark eingeschränkt sind. Vielmehr kommt Mecheril zu dem Ergebnis, dass
die Betroffenen lernen, mit solchen Erfahrungen adäquat umzugehen, und entsprechende Strategien entwickeln:

> Menschen, die in einem Erfahrungsklima von Rassismus aufwachsen, lernen mit
> diesen Erfahrungen in einer Weise umzugehen, die für ihre Lebenssituation, für ihr
> Selbstverständnis und für ihre sozialen Bezüge funktional und angemessen sein
> kann, zumindest wenn [...] eine bestimmte Negativintensität der Erfahrung nicht
> überschritten wird und materielle, soziale und kognitive Ressourcen der Bewälti-
> gung von Belastungen zur Verfügung stehen. (Mecheril 1997: 195f.)

Die von Mecheril beschriebenen Ressourcen (materielle, soziale und kognitive)
sind enorm wichtig, um den Rassismuserfahrungen etwas entgegenzusetzen und

handlungsmächtig zu bleiben. Die nötige Unterstützung können von Rassismus Betroffene beispielsweise im familialen Umfeld bekommen – hierauf werde ich noch näher eingehen –, aber auch durch Beratungsstellen wie Antidiskriminie-rungsbüros, die sich speziell an Menschen richten, die Diskriminierungserfah-rungen gemacht haben, und gemeinsame Interventionsstrategien austarieren (vgl. Antidiskriminierungsverband Deutschland).

Allerdings, so wird sich im empirischen Teil noch zeigen, gibt es für den Umgang mit Rassismuserfahrungen kein „Patentrezept" und je nach Persönlich-keitsstruktur und den zur Verfügung stehenden Ressourcen werden unterschiedli-che (Familien-)Strategien und Umgangsweisen angewendet oder favorisiert.

Obwohl Menschen vielfach die Erfahrung von Rassismus machen, ist vielen Betroffenen gar nicht bewusst, dass es sich bei diesen sozialen, diskursiven oder institutionellen Praxen um Rassismus handelt. Immer wieder wird in Interviews mit Betroffenen von „normalen" Erfahrungen berichtet, die zwar als diskriminie-rend und verletzend betrachtet werden, selten aber als Rassismus identifiziert, geschweige denn als solcher benannt werden. So schreibt etwa Wiebke Schara-thow in ihrer empirischen Studie über Jugendliche und ihre Rassismuserfahrungen:

> Die Möglichkeit, dass es sich um Situationen rassistischer Diskriminierung handeln könnte, versuchen Jugendliche häufig zu negieren, die verunsichernden, verletzen-den und ausgrenzenden Effekte zu relativieren, etwa indem sie nach möglichen an-deren Begründungen für das Handeln der anderen suchen, darauf verweisen, dass negative Effekte von den Handelnden nicht intendiert waren, es sich lediglich um ‚Spaß' handle oder um eine ‚normale' Handlung unter Jugendlichen oder Kindern ginge. Der Verdacht, dass es sich in Situationen erfahrener Ausgrenzung und Be-nachteiligung um Rassismus bzw. Diskriminierung handeln könnte, wird kaum aus-gesprochen, sondern steht in der Regel implizit zwischen den Zeilen des Gesagten. (Scharathow 2014: 325f.)

Auch Mecheril weist darauf hin, dass derartige Ausklammerungen und Negie-rungen von Rassismuserfahrungen bei Betroffenen durchaus vorkommen. In „Rassismuserfahrungen von Anderen Deutschen" (1997) beschreibt Mecheril anschaulich, dass der Interviewpartner Rava Mahabi, der als Sohn indischer Eltern in Deutschland geboren und aufgewachsen ist und über sein Leben und seine Erfahrungen in Deutschland spricht, in keiner einzigen Interview-Episode das Wort „Rassismus" verwendet. Auch Worte wie „Fremdenfeindlichkeit" oder „Ausländerfeindlichkeit", die in diesem Kontext häufig als Synonym verwendet werden, finden keinen Eingang in die Erzählung. Vielmehr wird im Interview von einem abstraktem „Es" oder „Das" gesprochen, ohne aber Rassismus konk-ret als solchen zu benennen (vgl. Mecheril 1997: 184ff.).

Umgangsweisen und Gegenstrategien

Betrachtet man Rassismus als ein gesamtgesellschaftliches Phänomen, so kann konstatiert werden, dass wir alle von Rassismus betroffen sind, allerdings in unterschiedlicher Weise. Wir können selbst negative Erfahrungen mit Rassismus gemacht haben (beispielsweise als SchülerIn, als AntragstellerIn etc.) oder wir können von Rassismus profitiert haben (als Weiße oder als Staatsangehörige des Landes, in dem wir leben). Aber auch eine Kombination aus beiden Erfahrungs-modi ist möglich. So können wir einmal als ProfiteurIn gelten, weil wir als dazu-gehörig betrachtet werden, und ein anderes Mal negativ Betroffene/r sein, da wir als anders, nicht dazugehörig markiert werden. Je nach Kontext und Situation können die Erfahrungsmodi variieren und miteinander verschränkt sein.

Dennoch ist festzuhalten, dass für Menschen, die im Alltag als „weiß" und phänotypisch der Mehrheitsgesellschaft zugehörig betrachtet werden, die Wahr-scheinlichkeit, negativ von Rassismus betroffen zu sein, eher gering ist. Hinge-gen gibt es eine Vielzahl an Menschen mit einem tatsächlichen oder zugeschrie-benen Migrationshintergrund, die als „anders" markiert werden und für die Ras-sismus eine reale Erfahrung darstellt, die sich im Alltag manifestieren kann. Für jene Menschen bedeutet dies, dass sie sich mit Rassismus(-erfahrungen) ausei-nandersetzen *müssen*, während Angehörige der Dominanzgesellschaft das Privi-leg haben, dies zu *können* (etwa im universitären Kontext), indem sie beispiels-weise ihr „Weißsein" (Stichwort: Critical Whiteness) thematisieren.

Wenn Menschen AdressatInnen von Rassismus werden, so muss es darum gehen, gesellschaftliche Macht- und Ungleichheitsverhältnisse zu thematisieren und gleichzeitig Sprech- und Handlungsräume für diese Menschen zu eröffnen. Die Erziehungswissenschaftlerin Nissar Gardi plädiert in diesem Zusammenhang für die Etablierung des Empowerment-Ansatzes, den sie als dynamisch versteht und gleichermaßen als Haltung bzw. Perspektive begreift (vgl. Gardi 2018: 78ff.). „Damit handelt es sich um eine Perspektive, die die Potenziale der Lebens-bewältigung und -gestaltung, der Widerstandspraktiken und der Wissenskomplexe vor dem Hintergrund vielfältiger persönlicher Erfahrungen und globaler sozialer Macht- und Ungleichheitsverhältnisse betrachtet" (Gardi 2018: 79). Somit geht es um die Sichtbarmachung oftmals verschwiegener Rassismuserfahrungen und um die Schaffung von „Safer Spaces" (Gardi 2018: 87), damit gegenhegemoniales Wissen und Handeln ermöglicht werden kann.

Dass der kritisch-reflexive Umgang mit Rassismus und Rassismuserfahrun-gen nach wie vor ein schwieriges Unterfangen ist und auch im pädagogischen Kontext keine Selbstverständlichkeit darstellt, hat beispielsweise der Erzie-hungswissenschaftler Claus Melter (2009) in seiner empirischen Studie heraus-gearbeitet. Er stellt fest, dass selbst in der pädagogischen Praxis von jugendlichen KlientInnen erlebte Rassismuserfahrungen tabuisiert oder bagatellisiert werden. Im Konkreten beschreibt er Jugendliche, die Rassismus ausgesetzt gewesen sind, deren pädagogischen BetreuerInnen im Bereich der Jugendhilfe allerdings keinen angemessenen Umgang damit entwickelt haben; Rassismen seien auf diese Weise ausgeblendet oder verharmlost worden, infolgedessen habe sich ein „sekundäre[r] Rassismus" (Melter 2009: 285) entwickelt. Mit dem Begriff des sekundären Rassismus weist Melter darauf hin, dass es hier nicht zu einer offenen Abwertung gegenüber den Jugendlichen gekommen war, sondern dass die PädagogInnen individuelle, strukturelle und institutionelle Rassismen verharmlosten oder leugneten.

Auch die Erziehungswissenschaftlerin Astrid Messerschmidt (2010) hat sich mit den Abwehrmechanismen bezüglich rassistischer Normalität auseinandergesetzt. Sie sieht vier wesentliche Praktiken im gesellschaftlichen Umgang mit Rassismus: die Skandalisierung, die Verlagerung in den Rechtsextremismus, die Kulturalisierung und die Verschiebung in die Vergangenheit. In den beiden erstgenannten Umgangsweisen erscheint Rassismus als „Ausnahme- und Randphänomen" (Messerschmidt 2010: 41), indem er als nicht zum eigenen Land gehörend beschrieben wird. Die beiden letztgenannten Umgangsweisen haben die Funktion, das Selbstbild der VerursacherInnen von Rassismus zu schützen, indem die rassistisch Agierenden mit der imaginiert „anderen" Kultur argumentieren und „die Abgrenzung der gegenwärtigen Gesellschaft von einer rassistischen Geschichte betonen" (Messerschmidt 2010: 41). Nach Messerschmidt kommt es dadurch „zu mehrschichtigen *Distanzierungen* – gegenüber jenen, die nicht dazugehören sollen und deren Diskriminierung deshalb auch nicht anerkannt wird, und gegenüber der eigenen Geschichte mit Rassismus und Antisemitismus, die als überwunden gilt" (Messerschmidt 2010: 41; Hervorhebung im Original).

Die bisherigen Ausführungen haben gezeigt, dass der Umgang mit Rassismus und Rassismuserfahrungen sehr variiert und unter anderem davon abhängt, wie sich Menschen positionieren und verorten, auch in gesellschaftlicher Hinsicht. Vor allem Menschen mit (zugeschriebener) Migrationsgeschichte müssen im Alltag mit Rassismen rechnen und eine Umgangsweise damit entwickeln. Hier kann auf vielfältige Strategien hingewiesen werden, die vom Ignorieren über das Normalisieren bis zum Umdeuten (vgl. Scharathow 2014: 342ff.) reichen. In jedem Fall müssen sich Betroffene zu Rassismus und Rassismuserfahrungen verhalten, auch wenn dies nicht immer kommunikativ, sondern etwa durch Gesten oder Nichtreagieren vermittelt ist. Vor allem Scharathows bereits erwähnte empirische Studie „Risiken des Widerstandes. Jugendliche und ihre Rassismuserfahrungen" (2014) zeigt anhand von Interviewaussagen Jugendlicher mit Migrationsgeschichte, dass die Verortungs- und Benennungspraxen ganz wesentlich für den Umgang mit Rassismus sind.

Darüber hinaus kann davon ausgegangen werden, dass die von Rassismus Betroffenen im Laufe ihres Lebens diverse Rassismuserfahrungen in unterschiedlichen Kontexten gemacht haben bzw. machen und somit ein „Wissen über Rassismus" generiert haben. Dieses Wissen wird von ihnen bewusst oder unbewusst genutzt, um sich gegenüber Rassismus zu positionieren, auch wenn dieses Unterfangen mit Risiken verbunden sein kann.

Im Hinblick auf meine eigene empirische Arbeit soll hier vor allem auf das Wissen der Familienmitglieder bezüglich Rassismus eingegangen werden. Die zentrale Forschungsfrage ist, wie die Erfahrung von Rassismus innerhalb der Familie besprochen und diskutiert bzw. verschwiegen oder ignoriert wird und welche Umgangsweisen gefunden werden. Welche Familienmitglieder thematisieren die Erfahrung von Rassismus? Sind es eher die Kinder, die in ihrem Alltag (Schule, Freizeit, Peer-Gruppe etc.) die Erfahrung von Ausgrenzung, Othering und Ausschließungspraxen erleben und dies zur Sprache bringen? Oder wird das Thema eher von der Elterngeneration verhandelt? Wie reagieren die Familien auf Rassismuserfahrungen? Welches Wissen generieren sie hieraus, welche Gegenstrategien entwickeln sie und wie wird ihre Positionierung im Familienhabitus sichtbar?

Weiter ist zu fragen, ob die befragten Familien kollektive oder individuelle Strategien im Umgang mit Rassismus entwickeln. Dabei müssen die subjektiven Kontexte und Erfahrungen der einzelnen Familienmitglieder mit in den Blick genommen werden. So kann sich beispielsweise ein Vater, der über eine eigene Migrationsgeschichte verfügt und Fluchterfahrungen hat, anders zu Rassismuserfahrungen positionieren und verhalten, als sein Sohn dies tut, wenn dieser im Aufnahmeland geboren und aufgewachsen ist. Hier können somit unterschiedliche Umgangsweisen mit Rassismuserfahrungen innerhalb einer Familie deutlich werden.

Im Folgenden soll der Aspekt der Familie theoretisch behandelt und mit Bezug auf Migrationsprozesse diskutiert werden. Dazu werden auch die meist defizitär ausgerichteten Diskurse über Migrationsfamilien in den Blick genommen und alternative, ressourcenorientierte Argumentationsfiguren und Lesarten vorgeschlagen. Darüber hinaus sollen die meist transnationalen Praxen von Migrationsfamilien skizziert werden. Mittels praxeologischer Konzepte der Familienforschung wird schließlich die Herstellungsleistung von Migrationsfamilien thematisiert und analysiert.

2 Familie

Dieses Kapitel stellt eine begriffliche und analytische Auseinandersetzung mit dem Forschungsgegenstand „Familie" dar. Hierbei soll zunächst der soziologische Blick auf Familie im Allgemeinen beschrieben und die Wechselwirkung von Gesellschaft und Familie erörtert werden. Im Weiteren wird das Phänomen der Kleinfamilie, welches uns heute als normative soziale Institution begegnet, diskutiert. Es folgt eine Auseinandersetzung mit dem Begriff der Migrationsfamilie: Welche (hegemonialen) Diskurse herrschen über Migrationsfamilien? Wann und in welchem Zusammenhang werden Migrationsfamilien zum Gegenstand medialer, politischer oder wissenschaftlicher Auseinandersetzungen? Und welche Bilder werden hier wirkmächtig? Zur Beantwortung dieser Fragen werden die Lebenssituationen und Alltagspraxen von Migrationsfamilien in den Fokus der Betrachtung gerückt. Dabei spielen vor allem die transnationalen Praxen eine Rolle, die sich beispielsweise an einer zeitweiligen räumlichen Trennung von Eltern und Kindern oder am Phänomen der sogenannten Heiratsmigration manifestieren können, bei der ein/e EhepartnerIn aus dem Ausland zum Zwecke der Heirat migriert. Abschließend wird der Blick auf praxeologische Erkenntnisse aus der Familienforschung gerichtet. Theoriegeleitete Aspekte der Familien-Praxen (Morgan 1996) sowie des Doing Family (Jurczyk/Lange/Thiessen 2014b; Schier/Jurczyk 2007) und des Displaying Family (Finch 2007) werden mit in die Analyse einbezogen. Durch diese Fokussierung auf Familien-Praxen sowie auf die Herstellungsleistung von Familie werden alternative Lesarten von Familie sichtbar.

2.1 Familie – ein Begriff im Wandel

Bevor der für die vorliegende Arbeit zentrale Begriff „Migrationsfamilie" betrachtet wird und die damit verbundenen Diskurse analysiert werden, soll zunächst ein Blick auf Familie im Allgemeinen gerichtet werden. Hierbei ist von Interesse, wer unter den Begriff „Familie" zu subsumieren ist und wie die Ausprägungen von Familie sich gewandelt haben. Darüber hinaus soll dargelegt werden, welches Familienverständnis der vorliegenden Arbeit zugrunde liegt.

Der Begriff der Familie ist aus dem Alltag nicht mehr wegzudenken: ob es um die Erziehung von Kindern und Jugendlichen oder um schulische Belange

© Springer Fachmedien Wiesbaden GmbH, ein Teil von Springer Nature 2020
M. Hill, *Migrationsfamilien und Rassismus*, Interkulturelle Studien,
https://doi.org/10.1007/978-3-658-30087-6_3

geht, um berufliche Perspektiven oder berufsbedingte Veränderungen und Umzüge. Nicht selten wird in diesen Kontexten der Bezug zur Familie hergestellt,
häufig im Hinblick auf die Frage der Vereinbarkeit von Beruf und Familie. Somit ist Familie zu einem alltäglichen Begriff geworden.

Erst im ausgehenden 17. Jahrhundert gebräuchlich geworden, begegnet uns
der Familienbegriff heute aber nicht nur in der Alltagssprache, sondern auch in
wissenschaftlichen Kontexten (Soziologie, Erziehungswissenschaft etc.), wo er
als Kategorie dient (vgl. Nave-Herz 2013: 33f.). „Familie" ist zu einer gängigen
Bezeichnung geworden, um bestimmte Formen des Zusammenlebens zu definieren. Aktuell wird deutlich, dass der Familienbegriff sich allerdings auch einem
Wandel unterzogen hat.

Die wissenschaftliche Auseinandersetzung mit dem Gegenstand „Familie"
ist eine noch recht junge. Erst im 19. Jahrhundert entwickelte sich die Familiensoziologie als ein spezieller Zweig der Soziologie (vgl. Nave-Herz 2013: 14).
Rosemarie Nave-Herz weist darauf hin, dass zahlreiche bedeutende Soziologen
wie Karl Marx, Friedrich Engels, Georg Simmel oder auch René König den
Fokus immer auch auf familiensoziologische Themen richteten, um eine Aussage über gesellschaftliche Verhältnisse oder über soziale Veränderungen zu machen (vgl. Nave-Herz 2013: 14).

Die gesellschaftliche und somit auch soziologische Relevanz von Familie
ist dadurch gekennzeichnet, dass Familie und Gesellschaft immer zusammengedacht werden müssen, da sie in einem wechselseitigen Prozess stehen und etwaige Veränderungen in der Familie sich auf die Gesellschaft auswirken – und umgekehrt (vgl. Nave-Herz 2013: 14). Nach Nave-Herz können wissenschaftliche
Analysen von Familie deshalb auch Aufschluss über die Gesellschaft geben. In
ihren weiteren Ausführungen konstatiert die Autorin, dass „die Familie wesentlich dazu beiträgt, die Gesellschaft zu erhalten oder zu verändern" (Nave-Herz
2013: 14). Gerade im Hinblick auf Migrationsfamilien und ihre Bedeutung für
gesellschaftliche (Veränderungs-)Prozesse kann diese Aussage auf interessante
Zukunftsvisionen verweisen.

So unterschiedlich die Lebensentwürfe von Menschen mit und ohne Migrationshintergrund sind, so unterschiedlich sind auch ihre Lebensformen. Dies
zeigt sich deutlich am Beispiel der ausdifferenzierten Familienformen. Obwohl
die Kernfamilie (*nuclear family*), bestehend aus Vater, Mutter und mindestens
einem leiblichen Kind, als geläufige Familienform angesehen wird und mitunter
normativen Charakter hat, gibt es zunehmend andere Konstellationen, die sich
als „Familie" bezeichnen lassen: zum Beispiel eine alleinerziehende Mutter mit
ihrem leiblichen Kind, Eltern mit Adoptivkindern, sogenannte Patchworkfamilien oder gleichgeschlechtliche Lebensgemeinschaften mit Kindern. Die gesellschaftliche Wirklichkeit, die hybride Biografien und Lebensentwürfe mit sich

bringt und in der sich auch die Familienzusammensetzungen differenziert haben, führt dazu, dass aus der Perspektive der Familienforschung keine einheitliche Definition von „Familie" mehr gegeben ist (vgl. Nave-Herz 2013: 34f.; Träger 2009: 18). Das bedeutet, dass das starre Definitionskorsett von „Familie" zwar nicht aufgelöst, aber zumindest erweitert worden ist.

In der Soziologie und auch in anderen Wissenschaftsdisziplinen, etwa in der Erziehungswissenschaft oder Rechtswissenschaft, gibt es nach wie vor keine einheitliche bzw. „allgemein anerkannte[] Definition von Familie" (Nave-Herz 2013: 34). Familie kann demnach als soziales Konstrukt verstanden werden, das je nach Kontext erst definiert und somit erzeugt wird. Auch Pierre Bourdieu, der sich in seinem Aufsatz „Familiensinn" mit der Kategorie „Familie" auseinandersetzt, sieht darin eine soziale Konstruktion und nicht eine „soziale Realität" (1998: 126). Diesbezüglich stellt Bourdieu fest:

> Die herrschende – die legitime – Definition der normalen Familie (eine Definition, die explizit sein kann wie im Recht oder implizit wie zum Beispiel in den Familienfragebögen der amtlichen Statistik) beruht auf einer Konstellation von Wörtern, Haus, Haushalt, *house, home, household*, die die soziale Realität, sie scheinbar beschreibend, in Wirklichkeit konstruiert. (Bourdieu 1998: 126; Hervorhebung im Original)

Auch geht Bourdieu davon aus, dass Familie als Ordnungswort fungiere und gleichzeitig normative Beschreibungen und Vorschriften bezüglich Familie entworfen würden, die „allgemein akzeptiert und für selbstverständlich gehalten" (Bourdieu 1998: 128) würden. Im Weiteren weist der Autor darauf hin, dass wir unser Verständnis von Familie im Zuge unserer Sozialisation erlernt und verinnerlicht hätten und es somit eine Folge der „Sozialisationsarbeit" (Bourdieu 1998: 128) sei.

Bedingt durch historische und gesellschaftliche Veränderungen haben sich einerseits das familiale Zusammenleben und andererseits das Familienverständnis einem Wandel unterzogen. So galten beispielsweise Eltern und ihre leiblichen Kinder, auch aus wissenschaftlicher Perspektive, lange Zeit erst dann als Familie, wenn die Eltern verheiratet waren. Somit wurde das Eheverhältnis als Bedingung für die Anerkennung einer Lebensgemeinschaft als Familie vorausgesetzt. Heirat ist heute in der Familiensoziologie jedoch kein notwendiges Kriterium von Familie mehr.

Es ist deutlich geworden, dass gesellschaftliche Einflüsse und Gesetzgebungen (beispielsweise in Form von rechtlicher Gleichstellung gleichgeschlechtlicher Ehepaare) dazu geführt haben, dass sich Familie und Familiendefinitionen gewandelt haben. Was in den 1960er Jahren im deutschsprachigen Raum noch undenkbar war, etwa Ein-Eltern-Familien, unverheiratete Paare etc. als „Familie" zu bezeichnen, gilt zu Beginn des 21. Jahrhunderts als selbstverständlich und die

entsprechenden Familienformen werden gemeinhin als üblich angesehen.
Gleichzeitig muss beachtet werden, dass sich Familie als soziale Konstruktion
weiter wandeln wird und dass dem wissenschaftlichen Anspruch, einen möglichst offenen Familienbegriff zu wählen, der möglichst viele Familienformen
miteinbezieht, Rechnung getragen werden soll. Nave-Herz sieht wissenschaftliche Begriffe – und damit auch den Familienbegriff – als Erkenntnisinstrumente,
sodass sie zu folgender Ausführung kommt:

> Dafür muss für die Definition „Familie" ein möglichst hohes Abstraktionsniveau –
> und damit ein geringer Konkretisierungsgrad – gewählt werden. Insbesondere für
> die Erfassung und Analyse von familialem Wandel ist ein „weiter" Begriff notwen-
> dig, weil durch eine zu enge Definition von Familie u. U. Wandlungsprozesse oder
> neu entstandene Familienformen durch die gewählte Begrifflichkeit von vornherein
> ausgeblendet werden. (Nave-Herz 2013: 35)

Das bedeutet, dass der Familienbegriff eine gewisse Offenheit und Flexibilität
beinhalten muss, damit er möglichst viele Variationen von Familie einschließt
und auch gesellschaftliche und historische Veränderungen berücksichtigen kann.

Gerade vor dem Hintergrund dieser Öffnung ist es für die Analyse von Familie jedoch notwendig, sich Orientierungspunkte zu setzen: Der Familienbegriff
soll dadurch an Kontur gewinnen, und nicht alle gemeinschaftlichen Lebensformen sollen als Familie betrachtet werden. Um Familie von anderen Lebensgemeinschaften abzugrenzen, hat Nave-Herz (2013) bestimmte Kennzeichen von
Familie benannt: Zunächst bezieht sie sich auf die Reproduktions- und Sozialisa-
tionsfunktion, die die Familie, neben weiteren gesellschaftlichen Funktionen,
übernimmt. Außerdem sieht Nave-Herz die Familie durch das Bestehen mehrerer
Generationen (Großeltern-, Eltern-, Kindergeneration) bestimmt. Darüber hinaus
besteht nach Auffassung der Autorin zwischen den Familienmitgliedern „ein
spezifisches Kooperations- und Solidaritätsverhältnis [...], aus dem heraus die
Rollendefinitionen festgelegt sind" (Nave-Herz 2013: 36). Sie führt weiter aus,
dass es durchaus mehrere Rollen und unterschiedliche Rollenerwartungen innerhalb einer Familie gebe, und definiert diese als kulturabhängig, deutet dieses
besondere familiale Verhältnis jedoch zugleich als „konstitutives Merkmal von
Familie" (Nave-Herz 2013: 38).

Die Eheschließung wird nicht als notwendiges Kriterium für Familie betrachtet, auch wenn betont wird, dass sie in der Familiensoziologie lange Zeit als
unerlässliches Kriterium dafür angesehen worden sei (vgl. Nave-Herz 2013: 36).
Darüber hinaus ist es nach diesen Kriterien auch nicht notwendig, dass beide
(biologischen) Elternteile im familialen Alltag präsent sind oder zusammenleben.
Auch Ein-Eltern-Familien, gleichgeschlechtliche Paare mit Kind(ern) oder
Patchworkfamilien bilden laut diesem Verständnis eine Familie.

Weil heute auch das Leben in ein und demselben Haushalt kein notwendiges Kriterium mehr für Familie ist, wie es noch in vorindustrieller Zeit der Fall
war, können Familienmitglieder sich also trotz unterschiedlicher Wohnorte und
Haushaltsführungen als Familie verstehen (vgl. Nave-Herz 2013: 37). In besonderem Maße betrifft die Bi- oder Multilokalität Mitglieder von Migrationsfamilien. Sie sind häufig aufgrund sozio-ökonomischer und ausländerrechtlicher Bestimmungen dazu gezwungen, zumindest eine zeitweise familiale Trennung
(Eltern-Kinder-Generation) in Kauf zu nehmen und somit temporär als Familie
mit mehr als einem Wohnsitz zu leben. Das betrifft auch transnationale Pendler-
Familien, bei denen meist ein Elternteil aufgrund beruflicher Erfordernisse an
einem anderen Ort bzw. in einem anderen Land lebt und somit zeitweise, aber
regelmäßig abwesend ist (vgl. Nave-Herz 2013: 40). Neben diesen unfreiwilligen
familialen Trennungen, die sich auch anhand multilokaler Wohnorte manifestieren, gibt es aber auch jene getrennt lebenden Familien, die diese Lebensgestaltung bewusst wählen.

Die vorangegangenen Ausführungen haben gezeigt, dass Familie keine naturgegebene Lebensform darstellt, sondern durch gesellschaftliche Normen,
sozio-ökonomische Notwendigkeiten und rechtliche Vorgaben sozial konstruiert
und somit wandelbar ist. Paul B. Hill und Johannes Kopp (2013) beschreiben die
Heterogenität von Familienstrukturen folgendermaßen: „Familiale Strukturen
sind das Ergebnis familialen Handelns und dieses unterliegt den Einflüssen sich
ändernder gesellschaftlicher Rahmenbedingungen" (Hill/Kopp 2013: 255).

2.2 Familie und Migration

Die wissenschaftliche Auseinandersetzung mit Migrationsfamilien wurde in der
Migrationsforschung lange Zeit vernachlässigt. Vielmehr wurde der Fokus auf
die Migration von Individuen gerichtet. In der neueren Migrationsforschung wird
der Familie im Kontext von Migrationsprozessen eine bedeutende Rolle zugesprochen (vgl. Apitzsch 2006a, Pries 2008, Bryceson/Vuorela 2002): Lebensentwürfe und Alltagspraxen von Migrationsfamilien werden zunehmend in den
Blick genommen. Somit wird der Tatsache Rechnung getragen, dass eine Migra-
tionsentscheidung selten ein Einzel- und viel öfter ein „Familien-Projekt" darstellt. Indem Eltern bzw. einzelne Familienmitglieder eine Migration planen und
umsetzen, werden familienrelevante Entscheidungen getroffen, die sich auf alle
Familienmitglieder auswirken, auch wenn manche im Herkunftsland bleiben
oder erst später migrieren. Durch den Prozess der Migration werden weitrei-
chende Veränderungen in Gang gebracht, die sich auf familiale Netzwerke auswirken und mit beträchtlichen Folgen für die Familienstruktur einhergehen können (vgl. Filsinger 2011: 51). Die dadurch neu entstandenen oder neu geordneten

(transnationalen) Verbindungen und Beziehungen können für eine Migrationsfamilie mit Blick auf Eingliederungsprozesse wesentlich sein (vgl. Filsinger
2011: 51).

Die Soziologin Helen Baykara-Krumme stellt bezüglich der wissenschaftlichen Auseinandersetzung mit dem Themenkomplex „Migration und Familie"
fest, dass „Fragestellungen und Erklärungsansätze zu Migrantenfamilien […] im
Schnittfeld der familien- und migrationssoziologischen Forschung" liegen und
dass hier „zwei Perspektiven relevant [sind]; der Einfluss von Familie auf Migration und der Einfluss von Migration auf Familie" (Baykara-Krumme 2015:
709f.).

Auffallend ist, dass die Auseinandersetzung mit dem Thema Migrationsfamilie häufig mit einer defizitär ausgerichteten Perspektive verbunden ist und
somit einseitige Bilder über Familien erzeugt werden, die sich in negativer Weise auf den Diskurs und den Alltag dieser Familien niederschlagen. Nicht selten
werden Migrationsfamilien als traditions- und familienbewusst beschrieben (vgl.
Beck-Gernsheim 2007: 38), was in autochthon-konservativen Kreisen durchaus
auch als positiv gedeutet werden könnte, im Zusammenhang mit Migrationsfamilien aber eindeutig negativ bewertet wird. Die Erziehungswissenschaftlerin
und Migrationsforscherin Leonie Herwartz-Emden konstatiert, dass das Klischee
der Einwandererfamilie als traditionelle, autoritär strukturierte, konfliktbeladene
und desorganisierte Familie bis in die 1970er Jahre vorherrschend gewesen sei und
diese „pathologisierende Sicht" (Herwartz-Emden 2000a: 13) erst allmählich an
Bedeutung verliere. In diesem Zusammenhang weist Baykara-Krumme jedoch auf
einen Antagonismus hin: „So wird Familie einerseits als Faktor für Stabilität gesehen, die die ökonomische und soziale Integration einzelner Migranten erleichtert,
und andererseits als Hindernis für Integration und Belastung für den Wohlfahrts-
staat" (Baykara-Krumme 2015: 712). Auch der Soziologe Wolf-Dietrich Bukow
weist mit seiner Veröffentlichung „Feindbild: Minderheit. Zur Funktion von Ethnisierung" (1996) kritisch darauf hin, dass eingewanderten Familien häufig unterstellt werde, sie wären ein Problem für die Gesellschaft. Vor allem werde diese
Denkweise auch bezüglich der Migrationsjugendlichen geäußert, die sogar als
gesellschaftliches „Risiko" betrachtet würden (vgl. Bukow 1996: 117ff.). Auch
heute noch ist deutlich zu spüren, dass Migrationsjugendliche und ihre Familien
mit dieser defizitären Perspektive konfrontiert werden.

Die Soziologin Vera King und der Erziehungswissenschaftler Hans-
Christoph Koller (2009) blicken vor allem auf die Bildungsprozesse von Jugendlichen aus Migrationsfamilien und stellen dabei fest, dass in der Phase der Adoleszenz migrationsbedingte Prozesse, die mit Brüchen, neuen Familiendynamiken, Trennungen etc. einhergehen, in besonders herausfordernder Weise auf die
Heranwachsenden wirken (vgl. King/Koller 2009: 12). Deshalb kommen King

und Koller zu der Erkenntnis: „Wie und mit welchen Motiven die Migration gestaltet werden konnte, wie die Erfahrungen in der Ankunftsgesellschaft, das Verhältnis der Erfahrungen von Anerkennung und oder von Missachtung und Diskriminierung erlebt wurden, welche Erwartungen an die folgende Generation gerichtet werden, stellen implizite und explizite Themen in Migrantenfamilien dar" (King/Koller 2009: 12).

Während in öffentlichen Debatten über Migrationsfamilien jene defizitäre Perspektive überwiegt und familiale Verbindungen als Hindernis für die gesell-schaftliche Integration interpretiert werden (vgl. kritisch dazu Apitzsch 2006a: 249), unterstreichen wissenschaftliche Studien, dass gerade das Vorhandensein von familialen Strukturen und Netzwerken bedeutend und unterstützend für die Familienmitglieder sein könne. So kann die Familie einen Rückzugsort darstel-len, wenn ihre Mitglieder Diskriminierung und Rassismus erleben, und somit als soziale Ressource betrachtet werden (vgl. Beck-Gernsheim 2002: 338). Dieser Tatsache ist jedoch bis dato nur wenig Beachtung geschenkt worden.

Beck-Gernsheim plädiert dafür, nicht nur auf das „Faktum der Familienbin-dung" zu schauen, sondern auch die „Hintergründe und Entstehungsbedingun-gen" (Beck-Gernsheim 2007: 39) in den Blick zu nehmen, die zu diesen fami-lienorientierten Handlungen führen. Sie konstatiert, dass die enge Familienbin-dung nicht, wie so oft vermutet, ein Relikt aus dem Herkunftsland sei, sondern dass sie im Gegenteil ein „Produkt der Migrationssituation" (Beck-Gernsheim 2007: 39) und demnach erst im Aufnahmeland entstanden sei. Im Weiteren geht sie davon aus, dass Migrationsfamilien aufgrund der Situation im Aufnahmeland, die mit Zurückweisung, Ablehnung und Diskriminierungen einhergeht, sich einen familialen Raum schaffen, der ihnen als Zuflucht- und Schutzraum dient. Darüber hinaus kann die Familie für ihre Mitglieder zu einem „zentralen Ort der Identitätsfindung und -sicherung" sowie zu einem „Ort der Verhandlung und Unterstützung" (Beck-Gernsheim 2002: 338) werden. Die Familienbindung im Kontext von Migration kann damit als aktiver Ausdruck einer positiven Form familialer Traditionsbildung (vgl. Apitzsch 1999) gesehen werden.

Migrationsfamilie: Annäherung an eine Begrifflichkeit

In den vorangegangenen Ausführungen zu Familie wurde deutlich, dass es viel-fältige Familienformen gibt und dass wir Familie nicht eindimensional betrach-ten dürfen. Um den Blick auf Familie weiter zu schärfen, soll im Folgenden der

Begriff „Migrationsfamilie"[6] ins Zentrum gerückt werden. Obwohl Migration als eine gesamtgesellschaftliche Normalität betrachtet werden kann und Mobilität und transnationale Lebensentwürfe keine Ausnahmeerscheinung sind, wird Menschen mit Migrationserfahrung[7] nicht selten eine Sonderrolle zugeschrieben. Dabei wird der Anteil der Migrationsfamilien beispielsweise in Deutschland zunehmend größer, sodass das Etikett „Migrationshintergrund" eher die Normalität als eine Ausnahme beschreibt. Das Statistische Bundesamt stellt diesbezüglich fest:

> Familien mit Migrationshintergrund gehören in Deutschland zum Alltagsbild. Im Jahr 2010 lebten hier 2,3 Millionen Familien mit Kindern unter 18 Jahren, bei denen mindestens ein Elternteil ausländische Wurzeln hatte. Gemessen an allen 8,1 Millionen Familien mit minderjährigen Kindern entspricht dies einem Anteil von 29 %. (Statistisches Bundesamt der Bundesrepublik Deutschland 2012)

Für Österreich kann eine ähnliche Entwicklung nachgezeichnet werden, und auch hier wird deutlich, dass Migration zu einer allgegenwärtigen Erfahrung geworden ist und zunehmend ins öffentliche Bewusstsein rückt. So konstatiert die Statistik Austria im Jahr 2015:

> Internationalen Definitionen zufolge umfasst die „Bevölkerung mit Migrationshintergrund" alle Personen, deren Eltern (beide Elternteile) im Ausland geboren wurden, unabhängig von ihrer Staatsangehörigkeit. Im Durchschnitt des Jahres 2014 lebten rund 1,715 Millionen Menschen mit Migrationshintergrund in Österreich. Bezogen auf die Gesamtbevölkerung in Privathaushalten entsprach dies einem Anteil von 20,4 %. (Statistik Austria 2015)

Ungeachtet dessen, dass in Deutschland und Österreich der Begriff „Migrationshintergrund" unterschiedlich definiert wird (in Deutschland bedarf es mindestens eines im Ausland geborenen Elternteiles, um von Migrationshintergrund zu sprechen; in Österreich müssen beide Elternteile im Ausland geboren sein), zeigen die statistischen Daten, dass ein beachtlicher Teil der hiesigen Bevölkerung ei-

---

6   Häufig findet auch der Begriff „Migrantenfamilie" Verwendung, er kann als Synonym betrachtet werden. Ich bevorzuge in meiner Studie bewusst den Begriff „Migrationsfamilie", um die Prozesshaftigkeit der Migration in den Vordergrund zu stellen.

7   Nicht nur Menschen mit eigener Migrationserfahrung begegnen diesen hegemonial geprägten Bildern. Auf diese Fremdzuschreibungen stoßen beispielsweise auch Kinder oder Enkelkinder von Eingewanderten, obwohl sie im Aufnahmeland geboren/aufgewachsen sind und meist die entsprechende Staatsangehörigkeit besitzen. Die (Rassismus-)Erfahrungen und Deutungen von Jugendlichen der Nachfolgegeneration aus Migrationsfamilien hat Mark Terkessidis eindrücklich und differenziert in seinem Buch „Die Banalität des Rassismus. Migranten zweiter Generation entwickeln eine neue Perspektive" (2004) herausgearbeitet. Miriam Yildiz untersucht in ihrer empirischen Studie „Hybride Alltagswelten. Lebensstrategien und Diskriminierungserfahrungen Jugendlicher der 2. und 3. Generation aus Migrationsfamilien" (2016) ebenfalls Jugendliche, die in einem marginalisierten Stadtteil in Köln leben.

nen Migrationshintergrund bzw. familiale Migrationsbezüge hat. In Zeiten zunehmender Mobilität, aber auch bedingt durch globale Veränderungen und Konflikte, die sich unter anderem an der Fluchtmigration ablesen lassen, wird die Zahl der Menschen mit Migrationshintergrund in Zukunft mit großer Wahrscheinlichkeit ansteigen. Die gegenwärtigen Bevölkerungsstatistiken zeigen, dass Migration schon jetzt als fester gesellschaftlicher Bestandteil betrachtet werden kann.

In Anlehnung an die Definition der Erziehungswissenschaftlerin Marianne Krüger-Potratz (2013) verstehe ich unter Migrationsfamilien jene Familien, die eine mindestens zwei Generationen umfassende Lebensgemeinschaft bilden, in der Regel Teil eines größeren (transnationalen) Verwandtschaftsnetzes sind und deren Mitglieder auf die Erziehung der Kinder und die Lebensplanung der Angehörigen Einfluss nehmen (vgl. Krüger-Potratz 2013: 15). Dabei müssen nicht alle Familienmitglieder notwendigerweise an einem gemeinsamen Ort leben, sondern können auch trotz Bi- oder Multilokalität Fürsorge leisten und familiale Belange beeinflussen. Darüber hinaus ist in Migrationsfamilien mindestens ein Elternteil im Ausland geboren.

Da Migrationserfahrungen ein durchaus übliches gesellschaftliches Phänomen sind, kann konstatiert werden, dass wir in einer Migrationsgesellschaft leben. Dennoch werden im öffentlichen Diskurs immer wieder einseitige und defizitär ausgerichtete Bilder über „die Migrationsfamilie" entworfen. Dabei finden pauschalisierende Schlagworte wie „Integrationsunwilligkeit" oder „Rückständigkeit" breite Verwendung und gehen mit der Unterstellung einher, dass MigrantInnen in patriarchalen Familienstrukturen lebten und somit in traditionellen Rollenbildern verhaftet blieben. Dadurch werden Angehörige von Migrationsfamilien als eine homogene Gruppe konstruiert und infolgedessen einer Diskreditierung unterzogen. Diese hegemonial verhandelten Diskurse sind einflussreich und wirken sich in negativer Weise auf die Wahrnehmung und das Leben von Migrationsfamilien aus.

Das Phänomen der Migrationserfahrung kann als Faktor betrachtet werden, der Einfluss auf ganze Familien oder einzelne Familienmitglieder nimmt und sich auf das Familienleben und die Familienpraxen (im Herkunfts- wie im Zielland) auswirkt: wenn beispielsweise minderjährige Kinder im Herkunftsland bleiben (müssen), während die Eltern einer Erwerbstätigkeit in Österreich nachgehen. Allerdings spielt im familialen Kontext auch die Frage nach dem sozialen, ökonomischen und kulturellen Kapital eine Rolle, welche Bourdieu in seiner Publikation „Die feinen Unterschiede" bereits Ende der 1970er Jahre aufwirft (vgl. Bourdieu 2013).[8] Das bedeutet für den vorliegenden Forschungsgegen-

---

8   Die französische Originalausgabe ist unter dem Titel „La distinction. Critique sociale du jugement" (1979) erschienen.

stand, dass nicht jede Familie qua ihrer geteilten Migrationserfahrung über den gleichen gesellschaftlichen Status verfügt. Ebenso wie bei autochthonen Familien finden wir bei Migrationsfamilien plurale Lebensgestaltungen, die sich in Form von Ein-Eltern-Familien, Patchworkfamilien etc. materialisieren. Auch Baykara-Krumme verweist auf diesen Umstand:

> Migrantenfamilien sind durch eine enorme Heterogenität charakterisiert. Sowohl extern zwischen Familien als auch intern zwischen ihren Mitgliedern existieren Unterschiede nach Herkunftskontexten, individuellen Migrationserfahrungen, Aufenthaltsdauern, sozialen wie rechtlichen Status. Familiale Strukturen und Prozesse differieren. Migrantenfamilien sind daher keinesfalls als eigenständiger Familientyp oder eine Sonderform von Familie zu begreifen. (Baykara-Krumme 2015: 713f.)

Die Bedeutung der Familie im Migrationsprozess

Wie bereits beschrieben, wurde die wissenschaftliche Auseinandersetzung mit Migrationsfamilien in der deutschsprachigen Migrationsforschung lange Zeit vernachlässigt. Vielmehr wurde der Fokus auf die (Arbeits-)Migration von Individuen gerichtet, und zwar in erster Linie auf jene von Männern, obwohl es beispielsweise seit Beginn der Anwerbeabkommen mit Staaten wie Griechenland, der Türkei oder dem ehemaligen Jugoslawien in den 1960er und 1970er Jahren stets auch Frauen gab, die entweder alleine oder mit Kind(ern) und Ehemann einreisten.[9] Mittlerweile findet die „Feminisierung der Migration" auch im Wissenschaftskontext größere Beachtung und wird etwa in Studien zur Care-Arbeit analysiert (vgl. Lutz 2007; 2010). Erst seit den 1990er Jahren wurde der Fokus mehr auf die kollektiven und familialen Formen von Migration gerichtet, anstatt nur auf das Individuum zu blicken (vgl. Geisen 2014). Auf diese Weise kamen unter anderem die Lebensentwürfe und Lebensstrategien sowie die familialen Netzwerke und Strukturen von Migrationsfamilien mehr in den Blick (vgl. Riegel/Stauber/Yildiz 2018c). Es wurde deutlich, dass Familien in hohem Maße auf funktionierende Familiennetzwerke angewiesen sind, um eine Migration vorbereiten und durchführen zu können. Der Familie kommt im Migrationsprozess damit eine wesentliche Rolle zu (vgl. Apitzsch 2006a, Pries 2008), auch deshalb,

---

9   Vida Bakondy (2016) weist in ihrem Artikel darauf hin, dass zur Zeit der Anwerbeabkommen der (mediale) Fokus ausdrücklich auf männliche Gastarbeiter gerichtet gewesen sei und Migrantinnen systematisch ausgeblendet worden seien. Auch in der Migrationsforschung wurde Migration in erster Linie als männliches Phänomen ausgelegt. Erst allmählich wurde der Tatsache weiblicher (Arbeits-)Migration mehr Beachtung geschenkt. Auch Susanne Spindler (2011) thematisiert das lange Nichtbeachten von Frauen im Migrationsprozess und weist diesbezüglich auf illegalisierte Formen der (Pendel-)Migration von Frauen im Bereich der Care-Arbeit hin.

weil viele Familienmitglieder (auch über Nationen hinweg) in den Migrationsprozess eingebunden sind. Diesem Umstand wird Rechnung getragen, indem
Migration als „Familienprojekt" (BMFSFJ 2000: 13; vgl. Apitzsch 2006b) betrachtet wird.

Der Soziologe Ludger Pries weist darauf hin, dass nur eine Minderheit der
MigrantInnen unabhängig von familialen Netzwerken migriere; bei der Mehrheit
der MigrantInnen spiele die Familie im Migrationsprozess eine Rolle (vgl. Pries
2010: 39ff.).

> Auch wenn also ein Großteil der internationalen Migration oberflächlich betrachtet
> individuell erfolgt, so ist aus soziologischer Perspektive doch immer wieder darauf
> hingewiesen worden, dass die Entscheidungen zur Wanderung meistens kollektiv
> und im Familienverband getroffen werden und dass grenzüberschreitende Migration
> in ihrer Dynamik in engem Zusammenhang mit Familienzyklen (Geburt von Kin-
> dern, Versorgung der Elterngeneration, Einkommensgenerierung etc.) analysiert
> werden muss. (Pries 2010: 40)

Im Weiteren führt Pries aus, dass Migrationsfamilien permanent familialen,
räumlichen und zeitlichen Aushandlungsprozessen ausgesetzt und somit als fluide zu betrachten seien (vgl. Pries 2010). Dadurch wird deutlich, dass Familien
im Migrationsprozess eine enorme Flexibilität abverlangt wird und sie dabei auf
familiale Ressourcen im Aufnahme- und im Herkunftsland zurückgreifen, ohne
die eine Migration kaum umsetzbar wäre.

2.3 Diskurs: Migrationsfamilie

Während aktuelle Studien über Familien im Kontext von Migration zeigen, dass
gerade das Vorhandensein von familialen Strukturen und Netzwerken bedeutend
für Migrationsfamilien ist und Familie als Rückzugsort und Ressource betrachtet
werden kann (vgl. Riegel/Stauber/Yildiz 2018c; Baykara-Krumme 2015: 725),
zeichnen öffentliche Debatten um Migrationsfamilien meist ein anderes Bild.
Hier überwiegt eine defizitäre Perspektive, und Familie wird im Kontext von
Migration oft als Hindernis für eine gelingende Lebensgestaltung gedeutet.

Es ist das Anliegen der vorliegenden Arbeit, defizitär orientierte Perspektiven aufzubrechen und gängige Diskurse über Migrationsfamilien kritisch zu
hinterfragen. Deshalb soll an dieser Stelle auf die diskursive Verhandlung bezüglich Migrationsfamilien geblickt werden:

In der Regel werden Migrationsfamilien dann zum Gegenstand der Betrachtung, wenn auf gesellschaftliche Schwierigkeiten und Problemlagen hingewiesen
werden soll. Vor allem dann, wenn über Integration oder Bildungspolitik gesprochen wird, gewinnt die Migrationsfamilie an Bedeutung (vgl. Hamburger/Humm-

rich 2007: 129). Mitglied einer Migrationsfamilie zu sein, wird nicht selten als etwas Gefahrvolles betrachtet, das sich negativ auf die Bildungs- und Berufsbiografie von MigrantInnen auswirken könnte (vgl. kritisch dazu Hamburger/Hummrich 2007: 113). Dabei werden Strukturen und hegemoniale Machtsysteme kaum in den Blick genommen, vielmehr wird die Schuld am prophezeiten Versagen bei den MigrantInnen selbst gesucht. Der Vorwurf, dass sie sich in eine „Parallelgesellschaft" zurückzögen, in der bildungsferne Eltern ihren Kindern keine Unterstützung in schulischen Belangen gäben, sowie das Argument des Nicht-Beherrschens der deutschen Sprache zeichnen ein vorgefertigtes, defizitäres und statisches Bild einer Familie mit Migrationsgeschichte (vgl. Hamburger/Hummrich 2007).

Nach Franz Hamburger und Merle Hummrich (2007) ist Familie im pädagogischen und politischen Diskurs ein Symbol mit normativem Charakter. Indem ihr die Erziehung und Fürsorge der Kindergeneration sowie die Pflege von älteren Angehörigen übertragen wird, werde die Familie einerseits idealisiert und andererseits politisch funktionalisiert. Während die Familie in modernen Gesellschaften im Allgemeinen als positiv konnotierte Vergemeinschaftungsform dargestellt wird, werden Familien mit Migrationsgeschichte nach Hamburger und Hummrich als „Gegengesellschaft" wahrgenommen. Dabei finde die oft postulierte Wahrung und Erhaltung der Familie keine Beachtung. Im Gegenteil; beispielsweise werde das Zuzugsalter für Kinder immer weiter heruntergesetzt. Dies suggeriere, dass das gemeinsame Leben aller Familienangehörigen bei Migrationsfamilien nicht anzustreben ist. Darüber hinaus werde Migrationsfamilien unterstellt, sie wären nur schwer in die Gesellschaft zu integrieren, und die Zugehörigkeit zu einer Migrationsfamilie ginge mit einem Risiko für die Aufnahmegesellschaft einher (vgl. Hamburger/Hummrich 2007: 12f.). Wassilios Baros und Tanja Baumann blicken in ihrem Artikel „Familienverhältnisse" (2016) auf unterschiedliche theoretische Ansätze – die von strukturfunktionalistischen Familienmodellen über modernisierungstheoretische Ansätze bis hin zu intergenerationalen Perspektiven reichen (vgl. Baros/Baumann 2016). Dabei betonen sie, dass „[d]ie wissenschaftliche Auseinandersetzung mit Familienverhältnissen in der Migration [...] sich der Aufgabe der Dekonstruktion von gesellschaftlichen Normalitätsvorstellungen zu stellen" habe. Im Weiteren plädieren sie für ein Forschungsdesign, das Generationen übergreifend familiale Prozesse in den Blick nimmt: „Dabei werden intergenerationale Lebenserfahrungen der einzelnen Familienmitglieder erschlossen und deren alltägliche Lebensführung im Kontext von Familie in ihrer gesellschaftlichen Vermitteltheit herausgearbeitet" (Baros/Baumann 2016: 272f.).

Der beschriebene defizitäre Blick wird auch in öffentlichen Debatten forciert, wodurch Kinder und Jugendliche aus Migrationsfamilien mit Diskriminerungen und Ausgrenzungen konfrontiert werden. Besonders deutlich wird dies in Bildungseinrichtungen wie Schulen oder Kindergärten. Die Tatsache, einer Migrationsfamilie anzugehören, wird nicht selten als etwas Defizitäres, als erschwerender Faktor oder zumindest als Abweichung von der Norm verstanden. Auch bei Migrationsfamilien, die eine hohe Bildungsaspiration aufweisen, können sich Herkunftsnarrative negativ auf den Bildungserfolg der Kinder auswirken. Diesbezüglich sehen Hamburger und Hummrich „die Gefahr, dass Leistungsfähigkeit am nicht-leistungsbezogenen Kriterium Ethnizität gemessen wird" (Hamburger/Hummrich 2007: 121).

Mark Terkessidis thematisiert in seiner Studie über Jugendliche aus Migrationsfamilien diesen defizitären Blick auf Familien mit Migrationsgeschichte unter anderem im Kontext der Erziehung (2004: 149ff.). Er weist darauf hin, dass Familie hegemonial verhandelt und in Folge die „deutsche Familie" als Norm betrachtet werde. Damit gehe einher, dass Migrationsfamilien als abweichend von der Norm und somit defizitär dargestellt werden. Terkessidis, der die jugendlichen InterviewpartnerInnen unter anderem um eine Einschätzung ihrer eigenen Erziehung gebeten hat, kommt zu der Erkenntnis, dass ihnen der gesellschaftlich dominante negative Diskurs über Migrationsfamilien sowie die damit verbundenen hegemonialen Normalitätskonstruktionen durchaus bewusst sind. Die Aussagen seiner InterviewpartnerInnen machten deutlich, dass sie jene klischeehaften Bilder über patriarchale, konservative und rückständige Migrationsfamilien kennen und ihnen als „verbreitete Wissensbestände" (Terkessidis 2004: 149) begegnen, zu denen sie sich positionieren müssen.

Eine weitere Erkenntnis aus dieser Studie besagt, dass eine Art Widerspruch zwischen der gesellschaftlichen Außenwahrnehmung von Migrationsfamilien auf der einen Seite und der Innenperspektive der Migrationsfamilien aus Sicht der Jugendlichen auf der anderen Seite entsteht (vgl. Terkessidis 2004: 151). So waren die befragten Jugendlichen imstande, ihre eigene Erziehung differenziert zu betrachten und diese als mehr oder weniger liberal zu bezeichnen. Während der hegemoniale Diskurs davon ausgeht, Migrationsfamilien seien autoritär, konservativ und religiös orientiert, lässt der Blick der Jugendlichen eine andere Deutung zu und bringt diese festen Annahmen deutlich ins Wanken. Dennoch: In der Dominanzgesellschaft erscheinen, so stellt Terkessidis fest, Migrationsfamilien in erster Linie als Abweichung von der sogenannten deutschen Familie, „bestimmte Elemente – Sprache, Religion, Tradition, Heimatbezug – [haben] von vornherein festgelegte Bedeutungen" (Terkessidis 2004: 151). Im Kontext familialer Normalitätskonstruktionen sehen Bettina Dausien und Paul Mecheril hingegen eine „Vielzahl von alltagsweltlichen Normalitäten" (2006: 170), die sie dem dominanten Familienbild entgegenstellen.

Auch Erol Yildiz kritisiert die defizitär ausgerichtete gesellschaftliche Perspektive auf Angehörige von Migrationsfamilien (vgl. Yildiz 2014: 59). Er konstatiert, dass hegemonial geführte Diskurse über Migrationsfamilien „Wirklichkeit erzeugende Effekte" (Yildiz 2014: 59) hätten und großen Einfluss auf gesellschaftliche Wissensbestände nähmen. Indem Familien der permanente Status
als Fremde und nicht Dazugehörende zugeschrieben wird, entstehe eine diskursive Gemarkungsgrenze, die nur schwer aufzubrechen ist: „Die familiären Orientierungen werden als Abweichung von der einheimischen Gesellschaft betrachtet, also als Passungsproblem verstanden" (Yildiz 2014: 62). So erstaunt es auch
nicht, dass die Verantwortung für die erschwerten Lebensverhältnisse von Migrationsfamilien, beispielsweise in marginalisierten Stadtteilen, in der von Yildiz
beschriebenen Argumentationskette ihnen selbst zugeschrieben wird (vgl. Yildiz
2014: 61) und der Hinweis auf strukturelle Ungleichbehandlung und Diskriminierungen fehlt.

Rückzugsort Familie

In vielen sozialwissenschaftlichen und medialen Auseinandersetzungen mit dem
Gegenstand „Migrationsfamilie" wird davon ausgegangen, dass die Familienmitglieder in einem engeren und verbindlicheren Verhältnis zueinander stünden,
als dies bei „einheimischen" Familien der Fall ist; die Familienbindung sei dort
also größer (vgl. kritisch dazu Beck-Gernsheim 2002: 337). Beck-Gernsheim
weist jedoch darauf hin, dass der Blick nicht nur auf das Vorhandensein dieser
Familienbindung gerichtet werden sollte, sondern vor allem auf deren „Hintergründe und Entstehungsbedingungen" (Beck-Gernsheim 2002: 337). In diesem
Kontext stellt die Soziologin fest: „Diese Familienbindung ist nicht einfach ein
Relikt aus der Heimat, aus dem Herkunftsland mittransportiert – sondern ist im
Gegenteil ganz wesentlich ein Produkt der Migrationssituation, eine Reaktion
auf das Leben in einem fremden und nicht selten auch feindlichen Land" (Beck-
Gernsheim 2002: 337). Beck-Gernsheim führt weiter aus, dass diese enge Familienbindung ein Ergebnis von gesellschaftlicher Nicht-Anerkennung, Zurückweisung und Diskriminierung sei. Vielen Familien, die im Alltag die Erfahrung von
diskriminierendem Verhalten und diskriminierenden Strukturen machen, bleiben
nur wenige Orte des Rückzuges. Die Autorin definiert die Familie als einen der
wichtigsten dieser Orte: „Der Binnenraum der Familie wird aufgewertet, als
Zufluchtsort und schützender Raum" (Beck-Gernsheim 2002: 338). Das bedeutet, dass erst die Tatsache der Migration die Familie in ihrer gegenwärtigen Ausprägung und in ihren aktuellen Praktiken mit erzeugt. Auch der Postkolonialis-
mus- und Migrationstheoretiker Homi Bhabha (2000) weist darauf hin, dass der
häufig proklamierte Rückzug in kulturelle Praktiken bei Migrationsfamilien als

Reaktion auf diskriminierende Erfahrungen im Aufnahmeland gesehen werden könne: „Wenn wir das Kulturelle nicht als die *Quelle* des Konfliktes – im Sinne *differenter* Kulturen –, sondern als *Ergebnis* diskriminatorischer Praktiken – im Sinne einer Produktion kultureller Differenzierung als Zeichen von Autorität – auffassen, verändern sich sein Stellenwert und seine Erkenntnisregeln" (Bhabha 2000: 169; Hervorhebung im Original). Somit kann die Ursache für den Rückzug in familiale Netzwerke und die zunehmende Bedeutung gegenseitiger Unterstützung in Migrationsfamilien in gesellschaftlicher Verwehrung von Anerkennung gesehen werden und nicht, wie medial oft suggeriert, in der bewussten Erzeugung von sogenannten Parallelgesellschaften.

Transnationale Familien(-netzwerke)

In der defizitär ausgerichteten Auseinandersetzung mit Migrationsfamilien wird in erster Linie danach gefragt, wie eine gelingende Integration von Kindern, Jugendlichen und Familien mit Migrationsgeschichte aussehen könne und welche (Sprach-)Kompetenzen und Anpassungsleistungen hierfür erforderlich seien. Dieser Fragerichtung nach zu schließen würde die Bringschuld eindeutig bei den Migrationsfamilien selbst liegen. Weniger Beachtung finden in diesem Kontext die sozio-ökonomischen Bedingungen, unter denen Migrationsfamilien leben und die erschwerenden Einfluss auf Bildungskarrieren und Arbeitsmöglichkeiten haben. Auch die diversen Verortungen, Zugehörigkeitskonzepte und Positionierungen von Angehörigen von Migrationsfamilien, beispielsweise von Jugendlichen, sind kaum von öffentlichem Interesse, auch wenn sie Aufschluss über Rassismus- und Diskriminierungserfahrungen geben können und demnach von gesellschaftlicher Relevanz sind, wie die Erziehungswissenschaftlerin Miriam Yildiz (2016) in ihrer Studie über Jugendliche der zweiten und dritten Migrationsgeneration herausarbeitet.

So pluriform die Ausprägungen von Familie im Allgemeinen sind, so vielfältig sind auch die weiteren familialen Spezifika, die bei sogenannten Migrationsfamilien noch ausfindig gemacht werden können. Vor allem soll in diesem Zusammenhang auf die transnationalen familialen Praxen und Netzwerke von Migrationsfamilien hingewiesen werden. Häufig verfügen Migrationsfamilien über gute soziale und familiale Netzwerke an unterschiedlichen Orten, meist sogar über mehrere Ländergrenzen und Kontinente hinweg. Die Verbindung zum ehemaligen Herkunftsland der Familie bleibt nach der Migration meist durch nahe Verwandte und FreundInnen sowie regelmäßige Besuche über viele Jahre und mehrere Generationen hinweg bestehen.

Da die Planung einer Migration oft im familialen Gefüge erfolgt, ihre Umsetzung aber nur selten von allen Familienangehörigen gemeinsam durchgeführt werden kann, müssen die Familien flexibel auf sozio-ökonomische Bedingungen und rechtliche Vorgaben reagieren. Beispielsweise müssen oft zeitweilige Trennungen von Eltern(-teilen) und Kindern in Kauf genommen werden, damit das Migrationsprojekt überhaupt gelingen kann. Helma Lutz (2007) hat etwa das Phänomen der transnationalen Familien(-praxen) in ihrer qualitativen Studie „Vom Weltmarkt in den Privathaushalt. Die neuen Dienstmädchen im Zeitalter der Globalisierung" untersucht. Dabei geht es um Frauen, die aus dem osteuropäischen Raum nach Deutschland migrieren, um dort einer Arbeit als Au-pair, Haushaltshilfe oder Pflegekraft nachzugehen, während die eigene Familie (Partner und oft noch minderjährige Kinder) im Herkunftsland zurückbleibt, nur temporär besucht werden kann, gleichzeitig jedoch finanziell durch die arbeitende Frau abgesichert ist.

Auch wenn die zeitweise Trennung einzelner Mitglieder einer Migrationsfamilie eine große Herausforderung für die Betroffenen darstellt, gelingt es vielen mithilfe moderner Kommunikationstechnologien und hoher Mobilitätsbereitschaft dennoch, die Familienstrukturen zu pflegen und somit aufrechtzuerhalten. Dabei darf jedoch nicht unberücksichtigt bleiben, dass berufsbedingte zeitliche Vorgaben (Familienbesuche nur während der Wochenenden oder Ferien möglich) und die geografische Distanz (meist über tausende von Kilometern hinweg) die Familienbeziehungspflege erschweren (vgl. Hill/Tschuggnall 2018a: 250ff.).

Elisabeth Strasser, Albert Kraler, Saskia Bonjour und Veronika Bilger (2009) zeigen ebenfalls auf, dass die räumliche und familiale Distanz im Migrationsprozess zu Veränderungen und Anpassungen führt und sowohl als belastend als auch befreiend für die einzelnen Familienmitglieder sein kann.

Für die analytische Auseinandersetzung mit Migrationsfamilien ist der Umstand, dass in vielen Familien aufgrund von aufenthaltsrechtlichen Vorgaben und Einschränkungen im Aufnahmeland eine schrittweise Migration stattfinden muss und somit Angehörige zumindest zeitweise räumlich voneinander getrennt sind, von großer Bedeutung. Häufig migriert zunächst ein Elternteil, der die Kinder und den/die EhepartnerIn nachholt, sobald dies finanziell und aufenthaltsrechtlich möglich ist. Helma Lutz stellt diesbezüglich fest, dass transnationale Migration für alle Familienmitglieder – sowohl jene, die migrieren, als auch jene, die zurückbleiben – mit Spannungen verbunden sein kann, da Verbindungen zu Orten und Menschen neu ausgehandelt und bestimmt werden müssen (vgl. Lutz 2007: 131).

Das Phänomen der schrittweisen Migration wird gegenwärtig auch bei vielen geflüchteten Familien deutlich, bei denen meist zuerst der Vater allein in ein sicheres Aufnahmeland flieht und er in einem zweiten Schritt versucht, Kinder und Ehefrau nachzuholen.

Auch in Verbindung mit der sogenannten Heiratsmigration, bei der ein/e PartnerIn bereits seit mehreren Jahren im Aufnahmeland lebt – eventuell dort als Kind eingewanderter Eltern geboren ist – und der/die andere PartnerIn im Herkunftsland (der Eltern) lebt, kommt es häufig zu aufenthaltsrechtlichen Schwierigkeiten. Das führt dazu, dass sich der/die migrierende PartnerIn nur unter bestimmten Auflagen im Aufnahmeland niederlassen bzw. zum/zur EhepartnerIn ziehen darf. Die dadurch entstehende räumliche Trennung kann mitunter mehrere Monate dauern. Auch in diesem Zusammenhang müssen transnationale Lebensstrategien entwickelt, muss auf Familiennetzwerke zurückgegriffen werden.

Als transnationale Familienpraxen kann neben Heiratsmigration und Pendelmigration auch das Phänomen der sogenannten „Kofferkinder" betrachtet werden. Der deutlich wertende Begriff[10] bezieht sich auf Kinder, die im Zuge eines Migrationsprozesses zeitweise von ihren Eltern getrennt leben. Auch hier spielen aufenthaltsrechtliche Vorgaben und die finanzielle Situation der Familie eine bedeutende Rolle und führen etwa dazu, dass minderjährige Kinder im Herkunftsland bleiben, während die Eltern oder ein Elternteil ins Ausland migriert. Die Kinder kommen meist zu nahen Verwandten (Großeltern, Tanten, Onkeln), von denen sie während der Abwesenheit der Eltern betreut und erzogen werden (vgl. Hill/Tschuggnall 2016: 153ff.). Durch Telefonate, Skype und allfällige gegenseitige Besuche werden die familialen Bezüge aufrechterhalten. Während einige Familien ihre Kinder nach mehreren Monaten oder auch Jahren ins Aufnahmeland nachholen können, kommt es in anderen Fällen zu dauerhaften Trennungen. Dies ist etwa dann der Fall, wenn die Kinder im Herkunftsland bleiben. Die zeitweilige Trennung der Familienmitglieder stellt zumeist eine stark einschneidende biografische Erfahrung dar, vor allem für die Kindergeneration. Aber auch aus Sicht der Eltern wird sie vielfach als herausfordernde, aber notwendige Entscheidung gesehen. Diese familiale Trennung kann unter Umständen nachhaltigen Einfluss auf die spätere Biografie nehmen (vgl. Hill/Tschuggnall 2016).

Beck-Gernsheim (2002: 341) stellt in diesem Zusammenhang fest, dass die klassischen Kennzeichen einer Familie, nämlich räumliche Nähe und direkte Gemeinschaft, in transnationalen Familien nicht oder nur zeitweise gegeben seien. So werde Familie unter Bedingungen der Migration, die auch zu Trennungen von EhepartnerInnen, von Eltern und Kindern oder von Geschwistern führen kann, neu verhandelt und interpretiert. Beck-Gernsheim konstatiert im Weiteren, dass in früheren Zeiten ein räumliches Zusammenbleiben der Familie am gleichen Ort unter prekären Bedingungen als Liebesbeweis gegolten habe, während heute genau das Gegenteil behauptet werden kann: „Wer seine Familie liebt, der

---

10 Auf die abwertende Bedeutung des Begriffs gehe ich im empirischen Teil (Kapitel 6 zu Familie Lukic) noch näher ein.

verlässt sie oder teilt sie auf in wechselnden Formen, um anderswo die Grundlagen für eine bessere Zukunft zu schaffen" (Beck-Gernsheim 2002: 341).

Nach dieser Argumentation kann transnationale Mutterschaft (vgl. Lutz
2007) oder eine migrationsbedingte mehrjährige Abwesenheit des Vaters trotz
großer Einschränkungen und Entbehrungen als familienerhaltend und familien-
unterstützend gedeutet werden. Denn oft kann die meist sozio-ökonomisch prekäre Situation im Herkunftsland nur dadurch aufgefangen werden, dass die migrierten Familienmitglieder finanzielle Mittel für die zurückgelassenen Familienmitglieder bereitstellen. Diese Art der finanziellen Unterstützung von Familienangehörigen und FreundInnen im Herkunftsland und der damit einhergehende
Geldtransfer (*remittance*) dürfen in dieser Betrachtung nicht unerwähnt bleiben
und können mitunter für eine ganze Herkunftsregion ökonomisch bedeutsam
sein.[11] Ohne die Migration von Vätern, Müttern oder beiden Elternteilen könnten
viele Familien gar nicht überleben. Das bedeutet, dass die transnationale Familie
aus analytischer Sicht Anerkennung und Aufwertung erfahren müsste – und
keine defizitäre Bewertung. Anstatt diese transnationalen Familienpraxen als
unverantwortlich und egoistisch zu betrachten, sollten sie in ihrer Bedeutung für
den Systemerhalt Familie gesehen werden. In anderen Worten: Migrationsfamilien können als Pioniere und aktive Subjekte bezeichnet werden, die trotz widri-
ger Umstände und erhöhter Risiken in eine unvorhersehbare Zukunft investieren.

Die hier beschriebenen transnationalen Familienpraxen und die familiener-
haltenden Handlungen zeigen, wie Migrationsfamilien mit gesellschaftlichen
Anforderungen, Notwendigkeiten und Hindernissen umgehen. Wie Hamburger
und Hummrich feststellen, hat sich der Status der Migrationsfamilien ebenso ge-
ändert, wie sich die Bedingungen und Folgeerscheinungen, die mit dem Migrationsprozess einhergehen, gewandelt haben (vgl. Hamburger/Hummrich 2007: 129).
Während die Familienzusammenführung der ehemaligen ArbeitsmigrantInnen
lange Zeit eine selbstverständliche Folgeerscheinung der Migration darstellte,
wird gegenwärtig „‚Familie' zu einem Migration erzeugenden Faktor" (vgl.
BMFSFJ 2000: 209ff.).

Diese Arten der Transnationalisierung führen dazu, dass die Familie zwar
räumlich an unterschiedlichen Orten lebt, aber die einzelnen Familienmitglieder
dennoch weiterhin als Familie bestehen und miteinander verbunden sind. Mithin

---

11 Das vom FWF geförderte Forschungsprojekt „Remittances as Social Practice" (2016–2019) an
    der Universität Innsbruck ging genau jener transnationalen Bedeutung von Geldüberweisungen
    ins Herkunftsland nach. Es wurde untersucht, inwieweit der von MigrantInnen getätigte Geld-
    transfer ins Herkunftsland als Praxis transnationaler Partizipation betrachtet werden kann und
    welche ökonomischen, sozialen und lebensweltlichen Auswirkungen damit verbunden sind
    (vgl. Projektskizze „Remittances as Social Practice", https://www.uibk.ac.at/geschichte-ethno
    logie/ee/projekte/projektbeschreibung-fuer-homepage.pdf [Zugriff: 01.12.2017]).

sind transnationale Verbindungen für den Familienerhalt bedeutsam. Darüber hinaus entstehen auf diese Weise viele bi- oder multilokale Familienkonstellationen.

Obwohl in der Familiensoziologie die Erkenntnis gewachsen ist, dass auch dem Topos „Migrationsfamilie" eine bedeutende Rolle zukommt, wird diese nach Baykara-Krumme (2015) immer noch „primär als spezifisches, isoliertes Phänomen" behandelt. Außerdem fehle „bisher noch eine Wahrnehmung von Migration als einem eigenständigen Strukturmerkmal neben und verknüpft mit sozialer Schicht und Klasse, Geschlecht oder Alter". Darüber hinaus weist Baykara-Krumme darauf hin, dass Migrationsfamilien „noch zu wenig in den größeren Themenkomplex des familialen Wandels in modernen Gesellschaften einbezogen" seien und dass der Forschungsgegenstand in theoretischer und empirischer Hinsicht „weitgehend parallel zur mainstream-Familiensoziologie" (Baykara-Krumme 2015: 727) bearbeitet wird. Deshalb plädiert die Wissenschaftlerin bezüglich der Forschung zu Migrationsfamilien für eine Einbettung in die allgemeine Familiensoziologie (vgl. Baykara-Krumme 2015).

2.4 Familienpraxen im Fokus

In den vorangegangenen Ausführungen wurde dargestellt, dass Migrationsfamilien vielfältige Lebensentwürfe haben und nicht als eine homogene Gruppe konstruiert werden dürfen. Vielmehr müssen unterschiedliche Herkunftskontexte, Erfahrungsräume und Migrationsmotive berücksichtigt werden, die auch Einfluss auf die Lebensgestaltung und die subjektiven Möglichkeitsräume (vgl. Holzkamp 1983) nehmen. So stellt Migration nur einen – wenn mitunter auch sehr wesentlichen – Faktor dar, der sich auf das Leben von Familien im Hinblick auf Bildung, Erwerbsarbeit und Wohnen auswirken kann. Im Weiteren können etwa auch sozio-ökonomische Faktoren einflussreich sein. Handelt es sich bei den Familien beispielsweise um Hochqualifizierte, die über eine internationale Firma nach Österreich gekommen sind und einen gesicherten Status haben, oder verfügen sie als temporär Beschäftigte lediglich über eine befristete Aufenthalts- und Arbeitsberechtigung? Welche Bildungsabschlüsse und Berufe haben die Familienmitglieder? Kann die Familie ihren Wohnort frei wählen und in welchem Stadtteil lässt sie sich nieder? In Anlehnung an Bourdieus Kapitaltheorie (2013) kann die Frage aufgeworfen werden, über welches soziale, kulturelle und ökonomische Kapital die einzelnen Migrationsfamilien verfügen. Denn offensichtlich haben all diese Faktoren einen immensen Einfluss auf die Lebensgestaltung der Familien. Somit müssen wir von einer Heterogenität der Migrationsfamilien ausgehen, wohlwissend, dass viele Migrationsfamilien unter erschwerten sozio-ökonomischen Bedingungen leben und ihnen der Zugang zu guten Bildungs- und Arbeitsperspektiven strukturell erschwert wird.

Wenn wir nun Familie (und damit auch Familienbilder, Familienrollen etc.) nicht als etwas Naturgegebenes, das alleine durch Erbfolge oder Eheschließung besteht, begreifen, sondern davon ausgehen, dass Familie auch sozial konstruiert wird, müssen wir im Weiteren darauf schauen, wodurch und wie Familie hergestellt und sichtbar gemacht wird. Im Folgenden soll deshalb der Blick auf die Herstellungsleistung von Familie gerichtet werden. Hierfür eignen sich in besonderer Weise die Konzepte des Doing Family (vgl. Jurczyk/Lange/Thiessen 2014b; Schier/Jurczyk 2007) und des Displaying Family (vgl. Finch 2007). Sie beziehen sich auf die Erforschung von Familienpraktiken (Family Practices), die der britische Familiensoziologe David H. J. Morgan (1996) erstmals als Gegenstand familiensoziologischer Forschung betrachtet hat.

Die Auseinandersetzung mit Konzepten, die sich mit der Herstellungsleistung von Familie befassen, soll als Basis dafür dienen, im empirischen Teil die Familien, ihre Alltagspraxen und ihre Inszenierungen[12] zu analysieren. Es wird sich zeigen, dass die befragten Familien über verschiedene Praxen der Darstellung oder Inszenierung verfügen und dass somit ein bestimmtes Bild einer Familie erzeugt und entwickelt wird, beispielsweise das einer „arbeitsamen" oder einer „normalen" Familie. Aber auch im Hinblick auf den familialen Umgang mit Rassismuserfahrungen dienen die Konzepte des Doing Family und des Displaying Family als hilfreiche Analyseschemata, weil familiales Handeln und Wissen mithilfe dieser Perspektiven rekonstruierbar und nachvollziehbar wird.

Familie als Herstellungspraxis

Was bedeutet es nun, Familie als Herstellungspraxis zu betrachten? Mitte der 1990er Jahre entwickelt der britische Familiensoziologe David H. J. Morgan ein neues theoretisches Verständnis von Familie. In seinen konzeptuellen Überlegungen geht er davon aus, dass Familie weniger in statischen Strukturen sichtbar werde als vielmehr in den Praktiken (Family Practices) selbst (vgl. Morgan 1996). Familie wird demnach gemacht bzw. erzeugt (Doing Family) und ist nicht per se durch biologische Verbindungen da (Being Family).

Demnach richtet Morgan seinen Blick auf die Herstellungsleistung von Familie und analysiert, wie Familie von ihren Mitgliedern verhandelt wird. Er spricht sich dafür aus „to use ‚family' as an adjective rather than as a noun" (Morgan 1996: 11), um die Handlungsorientierung hervorzuheben: Begriffen wie

---

12   Der Begriff „Inszenierung" lehnt sich hier an die Ausführungen Erving Goffmans in seiner Publikation „Wir alle spielen Theater" (1969) an, in der er davon ausgeht, dass wir alle im sozialen Leben in eine Rolle schlüpfen, um ein Bild von uns zu entwerfen. Die negative Konnotation, die der Begriff häufig im alltagssprachlichen Gebrauch hat, soll hier unberücksichtigt bleiben.

„family life", „family processes", „family events" und eben auch „family practices" sei gegenüber dem Terminus „the family" (Morgan 2011: 5) der Vorzug zu geben. Dabei bezieht Morgan die Perspektiven sowohl der familialen AkteurInnen als auch der Außenstehenden (also der BetrachterInnen) mit ein und legt sein Augenmerk auf die Handlungen. Er versteht Family Practices als fluide, facettenreiche und aktive Praktiken, die weniger statisch sind als beispielsweise das starre Gerüst der Familienstrukturen (vgl. Morgan 1996). Demnach kann Familie als Teilaspekt des sozialen Lebens betrachtet werden und stellt weniger eine soziale Institution dar: „‚Family' here represents a quality rather than a thing" (Morgan 1996: 186). In diesem Sinne geht es um die aktiven, alltäglichen Routinen, die Familie erst erzeugen.

Doing Family

In ähnlicher Weise interpretieren Karin Jurczyk, Andreas Lange und Barbara Thiessen (2014) das Konzept des Doing Family, in dem Familie ebenfalls als Herstellungsleistung betrachtet und davon ausgegangen wird, dass sie durch das aktive Handeln ihrer Mitglieder erst gestaltet wird. Somit rücken Aushandlungsprozesse und das Alltagshandeln in den Mittelpunkt der Betrachtung: Der scheinbar banale Familienalltag wird zum konkreten Forschungsgegenstand.

Das Alltagshandeln und die Praxen sind von Bedeutung, da Familie in der postmodernen Gesellschaft aufgrund von vielfältigen Veränderungsprozessen – Michaela Schier und Karin Jurczyk sprechen in diesem Zusammenhang auch von „Familie als Herstellungsleistung in Zeiten der Entgrenzung" (Schier/Jurczyk 2007: 10ff.) – nicht mehr selbstverständlich vorhanden und sichtbar ist. Das führt dazu, dass sie umso dezidierter durch familial bedeutsame Handlungen hergestellt werden muss, damit sie – inner- und außerfamiliär – in Erscheinung tritt:

> Familie als Herstellungsleistung fokussiert zum einen auf die Prozesse, in denen im alltäglichen und biographischen Handeln Familie als gemeinschaftliches Ganzes permanent neu hergestellt wird („Doing Family"), zum anderen auf die konkreten Praktiken und Gestaltungsleistungen der Familienmitglieder, um Familie im Alltag lebbar zu machen [...]. (Schier/Jurczyk 2007: 10)

Im Weiteren stellen die beiden Autorinnen fest, dass die familialen AkteurInnen den Herstellungsprozess des Doing Family aktiv im Alltag gestalten müssten. Um im Zeitalter der Entgrenzung Familie überhaupt noch sichtbar machen zu können, bedürfe es permanent neuer und vielfältiger Praktiken, die zur Herstellung von Familie führen (vgl. Schier/Jurczyk 2007: 11).

Jurczyk, Lange und Thiessen konstatieren, dass der Fokus durch diese praxeologische Perspektive auf „persönliche[] Beziehungen zwischen Generationen
und gegebenenfalls auch Geschlechtern" (Jurczyk/Lange/Thiessen 2014a: 9)
gerichtet sei und starre Normalitätsvorstellungen über Familie sowie damit verbundene Werte und Einstellungen zurückträten. Die ForscherInnen weisen zudem darauf hin, dass nach diesem Familienverständnis vor allem auch die Wis-
sens- und Erfahrungsschätze der Familienmitglieder eine Rolle spielen und mate-
rialisierte Praxen und Ressourcen wesentlich zur Herstellung von Familie beitragen. Diese Herstellungsleistung kann wiederum in familialen Fürsorgetätigkeiten
wie der Kindererziehung oder der Pflege von Angehörigen zum Ausdruck kommen (vgl. Jurczyk/Lange/Thiessen 2014a: 10).

Der fokussierte Blick auf die alltäglichen Handlungen von Familie kann gerade auch im Umgang mit Rassismuserfahrungen wichtige Aufschlüsse geben.
Insbesondere in Bezug auf die Wissens- und Erfahrungsschätze ist es von Bedeutung zu fragen, welche (Vor-)Erfahrungen die Elterngeneration eventuell mit
Rassismus und Diskriminierung im Herkunfts- oder Aufnahmeland gemacht hat.
Auf diese Weise können konkrete Umgangsweisen mit Rassismus wie Ignorieren, Verharmlosen oder Offen-zur-Sprache-Bringen kontextualisiert und nachvollziehbar gemacht werden.

Displaying Family

Die britische Soziologin Janet Finch, die sich an Morgans Konzept der Family
Practices orientiert, geht noch einen Schritt weiter, wenn es um die Herstellungsleistung von Familie geht: Nicht allein die Herstellungspraxen an sich seien
wichtig, sondern auch die Funktion sei es. Finch weist deshalb auf die Bedeutung von Displaying Family hin: „Building on the analysis in which ‚doing family things' is at the heart of the way in which people constitute ‚my family', my
central argument is that *families need to be ‚displayed' as well as ‚done'*"(Finch
2007: 66; Hervorhebung im Original). Mit dem Begriff „displaying" bezieht sich
Finch auf die sozial erzeugten Family Practices: Die Bedeutung der einzelnen
Handlungen muss demnach vermittelt und von den familialen Bezugspersonen
oder Dritten verstanden werden, damit sie als Familienpraktiken wirksam werden (vgl. Finch 2007: 66f.). In diesem familialen Kontext führt Finch beispielsweise das wöchentliche Telefonat mit der Schwester oder das Beschenken des
Stiefkindes zu Weihnachten an – Praktiken, die verdeutlichen, dass diese Perso-
nen als Teil der Familie betrachtet werden. Demnach geht es Finch auch um die
Darstellung und Sichtbarmachung von Familienpraktiken. Sie konkretisiert ihr
Verständnis von Displaying Family folgendermaßen:

Display is the process by which individuals, and groups of individuals, convey to each other and to relevant audiences that certain of their actions do constitute „doing family things" and thereby confirm that these relationships are „family" relationships. (Finch 2007: 67)

Konkret versteht Finch Family Practices jedoch nicht als performative Handlungen. Obwohl die Autorin Ähnlichkeiten des Konzeptes des Displaying Family mit dem Konzept der Performanz/Performativität sieht, betont sie deren unterschiedliche Fokussierung. Bezogen auf den Gegenstand der Family Practices, wendet sie sich deshalb auch gegen eine gleichbedeutende Verwendung der beiden genannten Begriffe: In performativen Handlungen sei das direkte Gegenüber notwendig („face-to-face interaction"), zudem gehe es dabei eher um die individuelle Identität des Subjektes als um eine soziale Interaktion. Darüber hinaus gebe es eine klare Unterscheidung zwischen den AkteurInnen und den Außenstehenden, Finch spricht in diesem Zusammenhang auch von „actor and audience" (Finch 2007: 76).

Im Gegensatz dazu sieht die Autorin die Ausrichtung im Konzept des Displaying Family: Zum einen gehe es hier um das soziale Handeln, also um die Interaktion; zum anderen könne nicht strikt zwischen „actor and audience" unterschieden werden, da es um das wechselseitige Handeln und Verstehen von Family Practices durch die AkteurInnen und die Außenstehenden gehe. Ein weiterer wesentlicher Punkt, in dem sich dieses Konzept von jenem der Performanz unterscheidet, sei der, dass im familialen Kontext keine direkte Interaktion zwischen den Beteiligten vorhanden sein muss, damit Displaying Family wirksam wird. Finch nennt das Beispiel von Großeltern, die Fotos ihrer Enkel zu Hause aufhängen und damit verdeutlichen, dass sie in einer Verbindung zu ihnen stehen, ungeachtet dessen, ob die Enkelkinder physisch anwesend sind oder nicht (vgl. Finch 2007: 76f.).

Familienleben heute

Die Auseinandersetzung mit praxeologischen Konzepten der Familienforschung hat gezeigt, dass es notwendig ist, Familie neu zu denken und sich von normativen und starren Familienbildern zu lösen. Nur so ist es möglich, Familienpraxen und deren Bedeutung, auch im gesellschaftlichen Kontext, sichtbar zu machen und zu analysieren.

Familien leben und agieren nicht in einem luftleeren Raum, sondern sind in gesellschaftliche Kontexte eingebunden, die gerade in den letzten Jahren einen großen Wandel erfahren haben. Schier und Jurczyk beschreiben den Veränderungsprozess folgendermaßen:

Familie verändert sich aufgrund gesellschaftlichen Wandels von einer selbstver-
ständlichen, quasi naturgegebenen Ressource zu einer zunehmend voraussetzungs-
vollen Aktivität von Frauen, Männern, Kindern und Jugendlichen und älteren Menschen, die in Familien leben bzw. leben wollen. (Schier/Jurczyk 2007: 10)

Dieser Sachverhalt hat, wie bereits beschrieben, Auswirkungen auf die Familie
und ihre aktiven Herstellungspraxen. Darüber hinaus müssen gesellschaftliche
Macht- und Dominanzverhältnisse berücksichtigt werden, die auch die Familien
betreffen. Christine Riegel und Barbara Stauber sehen Familie als „Alltags-
Konstrukt, das in komplexe Macht- und Herrschaftsverhältnisse eingelagert ist
und in diesen permanent (wieder) hergestellt und variiert wird" (Riegel/Stauber
2018: 42). Auch Schier und Jurczyk (2007) weisen darauf hin, dass die Entgrenzung der Arbeitswelt durch flexible Arbeitszeiten, in Form von Überstunden,
Wochenend- oder Nachtarbeit, folgenreich für Familien sei und die Bedingungen
für Doing Family erschwert würden. Während sich auf der einen Seite die gesellschaftlichen Verhältnisse wandeln und zunehmend brüchiger werden, müssen
auf der anderen Seite die Beteiligten einen immensen Aufwand betreiben, um
Familie überhaupt noch zu ermöglichen. So müssen unterschiedliche Arbeitszeiten, Hobbies, Unterrichts- und Freizeiten, gegebenenfalls aber auch unterschiedliche Wohnorte miteinander in Einklang gebracht werden – vor dem Hintergrund, dass Eltern teilweise getrennt voneinander leben oder sich in neuen Familienkonstellationen befinden. Somit kommt räumlichen und zeitlichen Ressourcen im Kontext der Familie eine größer werdende Bedeutung zu.

Trotz der Diversifizierung von Familie und trotz zunehmend fluider Lebensentwürfe ist das Bild der bürgerlichen Kleinfamilie immer noch als Norm
präsent und begegnet uns in gesellschaftlichen Diskursen, in Institutionen oder
anderswo im Alltag. Familien müssen sich zu solchen hegemonial verhandelten
Deutungen und Narrativen positionieren. Nicht selten versuchen sie, dieser Norm
zu entsprechen oder sich an ihr zu orientieren, obwohl längst ein gesellschaftlicher und familialer Transformationsprozess in Gang geraten und offensichtlich
ist, dass nur einige wenige Familien diesem Bild von Familie entsprechen. Riegel und Stauber weisen darauf hin, dass der Normalitätsanspruch auch mit sym-
bolischen Ein- und Ausgrenzungsprozessen einhergehen könne (vgl. Rie-
gel/Stauber 2018: 39ff.), wenn beispielsweise Kinder mehr als einen Wohnort
haben oder die Abwesenheit eines Elternteils aufgrund einer dauerhaften Migration eine familiale Realität darstellt. Baros und Baumann stellen ebenfalls diese
Normalitätskonstruktion von Familie infrage und wenden sich vor allem gegen
strukturfunktionalistische Familienmodelle (vgl. Parsons 1968), bei denen „Familie als ein Handlungssystem definiert [wird], in dem durch die Internalisierung
(Wertkonsens) eine für alle gemeinsame Definition der Handlungssituation
gewährleistet ist" (Baros/Baumann 2016: 263ff.). Vor allem wird in diesem Zu-

sammenhang kritisiert, dass die einzelnen Familienmitglieder nicht primär als aktiv Handelnde betrachtet werden, sondern vielmehr als „Rollenträger im Familiensystem" und Familie darüber hinaus als statische und „natürliche Gemeinschaft" (Baros/Baumann 2016: 264) definiert wird.

Es ist deutlich geworden, dass Familien im Allgemeinen und Migrationsfamilien im Speziellen einem enormen Normalitätsanspruch ausgesetzt sind. Vor allem für jene, die in transnationalen Räumen und Netzwerken leben und agieren – mithin vor allem für Migrationsfamilien –, erfordert die Herstellungsleistung von Familie eine enorme Anstrengung. Nur dann wird Familie in diesem Kontext auch für Außenstehende sichtbar und anerkannt.

Ein sehr wesentlicher Umstand, der in der Analyse von Familie nicht vergessen werden darf, ist jener, dass Familie auch einen Raum von Diskrepanzen, Widersprüchen und Brüchen darstellen kann. Riegel und Stauber beschreiben diese familiale Realität wie folgt: „So ist Familie nicht als Gegensatz zu Brüchigkeiten und Widersprüchen zu sehen, sondern als genau aus solchen Brüchen, Verwerfungen und Konflikten bestehend, als ein spannungsreiches Verhältnis, das bis hin zu Gewaltbeziehungen gehen kann" (Riegel/Stauber 2018: 43). Familie – als soziale Gemeinschaft verstanden – ist somit nicht linear zu betrachten, sondern als sich wandelnder Raum, in dem sich viele verschiedene Positionen überlagern können und auszuhandeln sind, vor allem, wenn durch Migrationsprozesse intergenerationale Familienkonstellationen beeinflusst werden. Das bedeutet, dass sich die Familienangehörigen in unterschiedlicher Weise weiterentwickeln und sich eventuell auch in konträrer Weise positionieren können. Hierdurch kann es zu Trennungen, Kontaktabbrüchen oder auch zu neuen Beziehungen und Familienkonstellationen kommen.

EMPIRISCHER TEIL

3 Methodologie und Forschungsdesign

3.1 Forschungsmethodische Überlegungen

Die vorliegende Arbeit beschäftigt sich mit Rassismuserfahrungen, die Mitglieder von Migrationsfamilien in ihrem Alltag in individuellen, diskursiven, institutionellen und strukturellen Kontexten machen. Somit wird die Familie ins Zentrum der Betrachtung gerückt und eine AkteurInnen zentrierte Perspektive eingenommen, ohne dabei gesellschaftliche Macht- und Ungleichheitsverhältnisse zu vernachlässigen. Dabei betrachte ich die Mitglieder einer Familie als ExpertInnen ihrer eigenen Lebenswelt und als handelnde Subjekte, die in vielfältiger Weise mit Rassismuserfahrungen umgehen.

Der subjektorientierte Blick auf Rassismuserfahrungen und deren familiale Verhandlung kann nicht nur im Hinblick auf die einzelne Familie selbst, sondern auch auf der gesellschaftlichen Ebene relevante Erkenntnisse liefern. So können soziale Ungleichheitsverhältnisse sichtbar gemacht und ihre beschränkenden Effekte auf Menschen mit Migrationsgeschichte nachgezeichnet werden. Ausschließungspraxen können Auswirkungen im Kontext von Bildung, Arbeit, Wohnen, aber auch ganz allgemein im Alltag haben.

Um mich dem beschriebenen Forschungsgegenstand, den ich in den vorhergehenden Kapiteln beschrieben habe, erkenntnisgenerierend zu nähern und jene Strukturen zu rekonstruieren, die Rassismuserfahrungen begünstigen, arbeite ich in der vorliegenden Untersuchung mit Methoden der qualitativen Sozialforschung und entwickle eine gegenstandsbezogene Theorie im Sinne der Grounded Theory (vgl. Glaser/Strauss 1967). Konkret habe ich zur Erhebung des Materials für diese Arbeit einen Mix an qualitativen Methoden verwendet. Das bedeutet, dass ich mir zunächst über die ethnografische Feldforschung (vgl. Girtler 2001) einen Zugang zum Feld verschafft und dabei die Methode der teilnehmenden Beobachtung angewendet habe. Darüber hinaus wurden ero-epische Gespräche mit BewohnerInnen der beiden Stadtteile St. Josef und Pöschl in Gerlach[13] geführt. Dieses Vorgehen hat stark explorativen Charakter und ermöglicht eine erste Annäherung an das Untersuchungsfeld. Die ethnografische Feldforschung

---

[13] Alle Ortsangaben (Städte, Stadtteile, Straßen etc.) und alle Namen der InterviewpartnerInnen wurden anonymisiert. Darüber hinaus wurden Eigennamen von Firmen, ArbeitgeberInnen etc. umbenannt, um keine Rückschlüsse auf die Identität der befragten Familien zuzulassen.

© Springer Fachmedien Wiesbaden GmbH, ein Teil von Springer Nature 2020
M. Hill, *Migrationsfamilien und Rassismus*, Interkulturelle Studien,
https://doi.org/10.1007/978-3-658-30087-6_4

dient dazu, Einblicke in die Lebenswelten und Lebensweisen (vgl. Friebertshäu-
ser/Panagiotopoulou 2013: 301) jener AkteurInnen zu bekommen, deren All-
tagshandlungen und -praxen Gegenstand des Forschungsinteresses sind: Es geht
darum, einen Zugang zu ihnen zu erhalten, indem nach ihren Deutungen gefragt
wird (vgl. Friebertshäuser/Panagiotopoulou 2013).

Nach dieser ersten Phase, bei der es unter anderem darum ging, sich ein
Bild über den Forschungsort zu machen sowie Kontakte zu potenziellen InterviewpartnerInnen zu knüpfen, wurden die Familien mittels qualitativer Methoden befragt. Dies geschah einerseits in Gruppendiskussionen (vgl. Bohnsack
2013 [1997], 2000; Loos/Schäffer 2001) und andererseits in teilnarrativen Interviews in Anlehnung an Fritz Schütze (1983) sowie Wolfram Fischer-Rosenthal
und Gabriele Rosenthal (1997). Zudem wurden – im Sinne einer Methodentrian-
gulation – weitere, unterschiedliche Daten (Interviews, Fotos, ethnografische
Beobachtungen etc.) gesammelt und verschiedene Ebenen (gesellschaftliche,
institutionelle etc.) in die Analyse miteinbezogen.

3.2   Familie als Forschungsgegenstand

Um die Erfahrungen und Erlebnisse von Familien zu erforschen, die über eine
Migrationsgeschichte verfügen, werden in dieser Arbeit Methoden der qualitativen Sozialforschung angewendet. Diese werden als besonders angemessen er-
achtet, da sich die forschende Person durch deren Anwendung in einer gewissen
Offenheit und Reflexivität dem Forschungsgegenstand nähern und Subjektivität
und lebensweltliche Betrachtungen in den Mittelpunkt stellen kann (vgl. Lamnek
2005: 20). Darüber hinaus geht es der qualitativen Sozialforschung nicht um eine
Hypothesen-Prüfung, sondern vielmehr um eine Hypothesen-Generierung, die
sich durch den gesamten Forschungsprozess zieht (vgl. Lamnek 2005: 21). So
konstatieren Aglaja Przyborski und Monika Wohlrab-Sahr, dass sich qualitative
Sozialforschung in einem wechselseitigen Verhältnis zum Forschungsgegenstand
befinde und „Fragestellungen, Konzepte und Instrumente in Interaktion mit dem
Forschungsfeld immer wieder überprüft und an[ge]passt [werden]" (Przy-
borski/Wohlrab-Sahr 2014: 3). Wie Przyborski und Wohlrab-Sahr weiter ausführen, kann qualitative Forschung nicht mit Forschung unter Laborbedingungen
verglichen werden. Vielmehr sehen die Wissenschaftlerinnen qualitative Forschung als Feldforschung (vgl. Przyborski/Wohlrab-Sahr 2014: 39), eine Sichtweise, die auf die hier vorliegende Untersuchung übertragen wurde.

Dieter Filsinger (2011) weist bezüglich des Untersuchungsgegenstandes
„Migration und Familie" darauf hin, dass es notwendig sei, einen mehrdimensio-
nalen Zugang zu wählen. Er konstatiert:

> Die Familie stellt einen gemeinschaftlichen Interaktionszusammenhang dar, der in seinem Eigenwert, seiner Eigendynamik und seinem Eigensinn zu verstehen ist; gleichzeitig ist dieser Interaktionszusammenhang nur angemessen analysierbar, wenn die Interaktion zwischen den Angehörigen einer Generation (zum Beispiel Vater/Mutter; Geschwister), die Interaktion zwischen den verschiedenen Generationen (einschließlich der Großeltern), das Geschlechterverhältnis und nicht zuletzt die Interaktionen der Familienmitglieder mit ihrer Umwelt [...] in den Blick genommen werden [...]. (Filsinger 2011: 49)

Auch bei meiner Forschungsarbeit ist es das Ziel, unterschiedliche Ebenen in Bezug auf Rassismus bzw. Rassismuserfahrungen in den Blick zu nehmen. Hierbei interessieren sowohl kollektiv-familiale Prozesse als auch subjektive Positionierungen. Im Weiteren bietet die Fokussierung auf gesellschaftliche Ungleichheitsverhältnisse und Ausschließungspraxen die Möglichkeit, die Erfahrungen der Familienmitglieder zu kontextualisieren.

Die vorliegende qualitative Forschungsarbeit orientiert sich an der Grounded Theory (datenbasierte Theorie) nach Barney G. Glaser und Anselm L. Strauss (1967). Entwickelt wurde dieses Forschungsverfahren im US-amerikanischen soziologischen Kontext der 1950er und 1960er Jahre, um die bis dahin bestehende Spaltung zwischen theoriefokussierten Verfahren auf der einen Seite und empiriefokussierten Verfahren auf der anderen Seite zu überwinden (vgl. Przyborski/Wohlrab-Sahr 2014: 190ff.). So versuchten Glaser und Strauss, eine Verbindung zwischen empirischer Forschung und Theoriebildung zu entwickeln und die vorher bestehende strikte Trennung aufzuheben. Die Grounded Theory orientiert sich daher am Leitgedanken, dass zur Generierung einer Theorie empirische Forschung notwendig ist und, umgekehrt, eine Theorie unabdingbar ist, um empirisch forschen zu können (vgl. Przyborski/Wohlrab-Sahr 2014: 192). Auch für die Auseinandersetzung mit meinem Untersuchungsgegenstand ist es relevant, theoretische Vorannahmen und empirische Datenerhebung sowie -auswertung immer wieder reflexiv in Bezug zueinander zu setzen und auf diese Weise eine datenbasierte Theorie zu entwickeln. Dabei ist nach Auffassung von Glaser (2007: 57) und Strauss (1991: 25) die Wahl der Methode nicht ausschlaggebend. Die Autoren weisen vielmehr darauf hin, dass alle erhobenen Daten zur Hypothesengenerierung wichtig sind und dass im Forschungsprozess auf eine Vielzahl an Materialien wie Beobachtungsprotokolle, Interviews etc. zurückgegriffen werden kann (vgl. Strauss 1991: 25).

3.3 Erkenntnisinteresse und Forschungsfragen

Ausgehend von der Annahme, dass Familien mit Migrationsgeschichte Erfahrungen mit Othering, Ausschließungspraxen und Rassismus machen, habe ich die folgenden zentralen Forschungsfragen erstellt, die ich während des Forschungsprozesses im Sinne der Grounded Theory weiterentwickelt habe:

- Welche rassismusrelevanten und diskriminierenden Erfahrungen machen Migrationsfamilien und wie werden diese gedeutet?
- Werden Rassismuserfahrungen innerhalb der Familie (de-)thematisiert? Welche kollektiven bzw. individuellen Umgangsweisen werden diesbezüglich entwickelt?
- Welchen Stellenwert nimmt die Familie im Umgang mit Rassismuserfahrungen für ihre Mitglieder ein?
- Wie schreiben sich Rassismuserfahrungen in das Familienleben ein und wodurch wird dies sichtbar (Displaying Family)?
- Welches Wissen eignen sich Migrationsfamilien über Rassismus an?
- Welchen Beitrag liefert das familiale Wissen über Rassismus zur Theoriebildung in der Migrationsforschung?

Migrationsfamilien, die meist über transnationale Netzwerke verfügen, machen in Österreich verschiedene Erfahrungen mit Rassismus. Während die Familien einerseits transnational bzw. global verortet sind, sich in unterschiedlichen Kontexten bewegen und meist mehrsprachig sind, machen sie andererseits die Erfahrung, dass beispielsweise in Bildungseinrichtungen, wie etwa in der Schule, hegemonial verhandelte und diskriminierende Strukturen wirkmächtig sind (vgl. Herzog-Punzenberg 2017), ein methodologischer Nationalismus vorherrscht (vgl. Yildiz/Heydarpur 2018) und es zu rassismusrelevanten Effekten kommen kann. Somit entsteht unweigerlich ein Passungsproblem, auf das die betroffenen Familien reagieren müssen. Dieser Umstand zeigt, dass Migrationsfamilien sich unweigerlich ein „Wissen" über Rassismus aneignen – wobei mit Wissen hier in Anlehnung an Karl Mannheim ein „atheoretische[s] Wissen" (Mannheim 1980: 225) verstanden wird. Arnd-Michael Nohl, der sich auf Mannheims Explikation bezieht, beschreibt dieses Wissen folgendermaßen: „Atheoretisches Wissen verbindet Menschen, beruht es doch auf einer gleichartigen Handlungspraxis und Erfahrung" (Nohl 2012: 5). Die Erfahrung, die mit anderen geteilt wird, kann deshalb auch als „konjunktive[] Erfahrung" (Mannheim 1980: 225) betrachtet werden.

Mark Terkessidis weist in seiner Studie über Migrationsjugendliche ebenfalls auf das „spezifische[] Wissen" der Befragten hin. In gleicher Weise wie er betrachte ich meine InterviewpartnerInnen als ExpertInnen, die im Umgang mit Rassismus agieren und sich bestimmte Umgangsweisen oder Strategien angeeignet haben. Terkessidis konstatiert bezogen auf das ExpertInnenwissen:

> Wenn ich davon ausgehe, dass Rassismus als Ausgrenzungspraxis in das Funktionieren des Ensembles aus Arbeitsmarkt, Staatsbürgerschaft und kultureller Hegemonie

eingelassen ist, so muss die alltägliche Praxis der Migranten in den Institutionen von Rassismus mitgeprägt sein. Denn diese Praxis konstituiert die Begrenzung von Möglichkeitsräumen sowie die „Objektivierung" der Migranten. (Terkessidis 2004: 115)

Einerseits spielen bei der Generierung von familial verfügbarem Wissen hegemonial geführte Diskurse eine wesentliche Rolle. Andererseits haben sich die Familien durch ihre eigenen (alltäglichen) Erfahrungen mit Rassismus ein Wissen darüber angeeignet. Von zentralem Interesse ist, welche Strategien Migrationsfamilien anwenden, um mit Rassismuserfahrungen umgehen zu können. Darüber hinaus soll nachgezeichnet werden, ob die einzelnen Familien einen mehr oder weniger geteilten Habitus, eine gemeinsame (Gegen-)Strategie entwickeln oder ob die Familienmitglieder individuell mit diesen Erfahrungen umgehen.

Das Wissen über Rassismus ist also mit Bildungsprozessen verbunden. Auch Paul Mecheril und Anne Broden (2010) konstatieren, dass die Betroffenen sich durch die Erfahrung von Rassismus Wissen aneignen. In ihrem Buch mit dem provokant erscheinenden Titel „Rassismus bildet" (2010) weisen die AutorInnen darauf hin, dass Wissen auch durch negative Erfahrungen wie Rassismuserfahrungen generiert werden kann. Die Erfahrung von Rassismus kann dann als „bildend" bezeichnet werden, wenn der Begriff der Bildung so weit gefasst wird, dass er nicht nur positive, sondern auch negative Erfahrungen einschließt (vgl. Broden/Mecheril 2010: 7). Die Familien lernen demnach, wie sie mit Rassismus umgehen und wie sie darauf reagieren.

3.4 Feldzugang und Forschungsprozess

Meine wissenschaftliche Tätigkeit im internationalen D-A-CH-Projekt „Lebensstrategien von Migrationsfamilien in marginalisierten Stadtteilen"[14] bot mir die Möglichkeit, meine Forschungsarbeit zu Rassismuserfahrungen im familialen Kontext umzusetzen und in diesem Rahmen meine qualitativen Daten zu erheben. Das Forschungsprojekt war so konzipiert, dass in jeweils einer Stadt in

---

14 Das D-A-CH-Forschungsprojekt hatte zum Ziel, das Leben von Migrationsfamilien in marginalisierten Vierteln von Städten in Deutschland, Österreich und der Schweiz empirisch zu erforschen. Dabei war die zentrale Forschungsfrage, wie es Migrationsfamilien gelingt, ihr Leben unter erschwerten ökonomischen und sozialen Bedingungen im Hinblick auf Bildung, Erwerbsarbeit und Wohnen zu meistern, und welche Lebensstrategien sie entwickeln. Das D-A-CH-Forschungsprojekt (10/2012–10/2015) wurde gefördert durch die nationalen Forschungsförderungseinrichtungen DFG, FWF und SNSF. Mitarbeitende: Chr. Riegel, L. Chamakalayil, B. Stauber, S. Yildiz in Deutschland; E. Yildiz, M. Hill, E. Imširović, J. Tschuggnall in Österreich; Th. Geisen, G. Gilliéron, S. Güneş in der Schweiz. Im Sammelband „LebensWegeStrategien. Familiale Aushandlungsprozesse in der Migrationsgesellschaft" (Riegel/Stauber/Yildiz 2018c) sind die Projektidee, die theoretischen Fundierungen, der Forschungsprozess sowie wesentliche Analysen und Projektergebnisse beschrieben.

Österreich, Deutschland und der Schweiz geforscht wurde und aus jeweils zwei
Stadtteilen einer Stadt, die als marginalisiert zu beschreiben sind, Migrationsfamilien interviewt wurden.[15]
   In Österreich wurde in der mittelgroßen Stadt Gerlach, konkret in den beiden Stadtteilen St. Josef und Pöschl, geforscht. Meine Ausführungen und Analysen beziehen sich auf diese Untersuchungsorte und die dort erhobenen Daten.
   Die erste Annäherung an die beiden Forschungsorte in Österreich erfolgte
über eine Zeitungs- und Literaturrecherche stadtgeschichtlicher Niederschriften
und Artikel sowie über den ethnografischen Feldzugang. Bei der Recherche-
Arbeit wurden vor allem Lokalzeitungen und Literatur in den Blick genommen,
die sich mit dem Forschungsort, konkret mit den einzelnen Stadtteilen, beschäftigten, um ihre Entstehung und Entwicklung nachzuvollziehen. Insbesondere in
Zeitungsberichten, die sich auf die Untersuchungsorte und ihre BewohnerInnen
beziehen, wurden bereits erste Marginalisierungsdispositive und teilweise eine
diskriminierende Sprachpraxis sichtbar. Nicht selten wurden diese Stadtteile in
stigmatisierender Weise als gefährliche und kriminelle Orte bezeichnet, an denen
vornehmlich Drogen verkauft würden und körperliche Übergriffe alltäglich sei-
en. Schlagworte wie „Kriminalität", „Drogen", „Ausländer" etc. tauchten immer
wieder auf, wenn über diese Stadtteile berichtet wurde. Somit wurden die BewohnerInnen – unter ihnen auch Migrationsfamilien – unter Generalverdacht gestellt. Der negative Ruf dieser Stadtteile war somit so präsent, dass alternative
Erzählungen über diese Orte und ein Hinterfragen jener Skandalmeldungen häufig ungehört blieben.
   Um sich ein eigenes Bild vom Alltag in den besagten Stadtteilen zu machen, erfolgten mehrfache Stadtteilbegehungen und ethnografische Beobachtungen, die nicht nur dem Kennenlernen der jeweiligen Viertel dienen sollten, sondern auch dazu gedacht waren, wirkmächtige negative Diskurse zu hinterfragen
oder auch zu dekonstruieren. Somit wurden jene Orte erkundet, in denen die
Familien rekrutiert werden sollten. Ich selbst begab mich so zu unterschiedlichen
Tageszeiten und an unterschiedlichen Wochentagen in die beiden Stadtteile St.
Josef und Pöschl, die sich in der mittelgroßen Stadt Gerlach befinden. Dabei
versuchte ich so viel wie möglich vom alltäglichen Leben in den Stadtteilen zu
erfahren. Ich ging durch verschiedene Parks, setzte mich in Bäckereien und Im-
bissläden, nahm an Schulveranstaltungen und Stadtteilfesten teil und suchte
Spielplätze sowie andere Begegnungsorte auf. Dabei führte ich ero-epische Gespräche (vgl. Girtler 2001: 147ff.) mit BewohnerInnen, GeschäftsinhaberInnen

---

15   Insgesamt wurden in Deutschland, Österreich und der Schweiz 24 Gruppendiskussionen mit
      Migrationsfamilien durchgeführt und 53 teilnarrative Einzelinterviews mit einzelnen Familien-
      mitgliedern erhoben. Die Erhebungen wurden vom jeweiligen Projektteam durchgeführt, in
      Österreich von meiner Kollegin Elvisa Imširović und mir.

und PassantInnen. Meine Beobachtungen notierte ich, zusätzlich fotografierte ich Gebäude, Läden, Straßen, Schulen etc.

Der Zugang zu potenziellen InterviewpartnerInnen – also zu Angehörigen von Migrationsfamilien – ergab sich durch direkte Kontaktaufnahme mit verschiedenen Personen in den Stadtteilen, die um einen Hinweis auf mögliche TeilnehmerInnen gebeten wurden. Hierfür wurden unter anderem GeschäftsinhaberInnen, VerkäuferInnen und PassantInnen angesprochen. Darüber hinaus wurde durch Mund-zu-Mund-Propaganda in unterschiedlichen Kontexten (Schulen, Jugendzentren etc.) nach Familien gesucht, die an einer Teilnahme interessiert waren; PädagogInnen oder sonstige ExpertInnen wurden zu diesem Zweck direkt darauf angesprochen. Außerdem erfolgte der Kontakt zu InterviewpartnerInnen über Empfehlungen Dritter oder den universitären Kontext, beispielsweise durch eine Studentin, die ein großes privates Netzwerk zu Migrationsfamilien pflegte. Vor allem die Vermittlung von InterviewpartnerInnen über persönliche Kontakte erwies sich als unkompliziert und hilfreich, da die Familien insgesamt weniger Vorbehalte hatten und sich meist auf Anhieb dazu bereit erklärten, an einer Gruppendiskussion teilzunehmen.

Nachdem den Familien erläutert worden war, worum es im Forschungsvorhaben geht, wurde danach gefragt, welche Familienmitglieder an einer Gruppendiskussion teilnehmen möchten. In einem nächsten Schritt wurde ein Termin für die Gruppendiskussion vereinbart. Wichtig war hierbei, die Familien darüber aufzuklären, dass möglichst viele Familienmitglieder an der Gruppendiskussion teilnehmen sollten, und sie zu diesem Zweck um eine organisatorische Absprache untereinander zu beten. In den meisten Fällen gelang dies gut, in anderen Fällen sahen wir Interviewerinnen uns mit der Tatsache konfrontiert, dass zum vereinbarten Zeitpunkt nur einzelne Familienmitglieder anwesend waren und wir daraufhin einen neuen Termin festlegen mussten oder dass nach kurzer Zeit eine Person die Gruppendiskussion verlassen musste, da sie noch andere Termine hatte. Die allermeisten Gruppendiskussionen fanden auf Wunsch der Familien bei ihnen zu Hause statt. Przyborski und Wohlrab-Sahr werten ein solches lokales Setting als vorteilhaft, da sich die Befragten in ihrer vertrauten Umgebung wohlfühlten, sich in der Rolle des Gastgebers befänden und somit die Interviewsituation aktiv mitgestalten könnten (vgl. Przyborski/Wohlrab-Sahr 2014: 64).

Dass es nicht nur bei Terminabsprachen zu Unwägbarkeiten kommen kann, sondern auch während der konkreten Interviewsituation, soll anhand eines Postskripts erläutert werden, das ich im Anschluss an die Gruppendiskussion mit der Familie Hasic aus Gerlach erstellte. Hieran wird deutlich, dass durch das Aufeinandertreffen von ForscherInnen und Befragten, die sich in der Regel nicht oder nur kaum kennen, auch Unsicherheiten auftreten können. Konkret ging es in der Situation um die Frage, welche der zunächst zahlreichen anwesenden Personen denn überhaupt an der geplanten Gruppendiskussion teilnehmen würden:

> Wie zuvor vereinbart klingelten wir bei der Familie Hasic zu Hause an. Als wir ins Wohnzimmer gebeten wurden, sahen wir zunächst zwei kleinere Kinder auf dem Sofa sitzen, die Fernsehen schauten. Außerdem befanden sich im angrenzenden Küchen- und Essbereich mehrere Erwachsene unterschiedlichen Alters, die sich nach unserem Eintreten in verschiedene Richtungen der Wohnung verstreuten. Es musste sich um etwa zehn Erwachsene, Kinder und Jugendliche handeln, die sich zunächst in der Wohnung aufhielten. Bis zu diesem Zeitpunkt war mir völlig unklar, wer nun genau unsere GesprächspartnerInnen sein würden und in welchem familiären Verhältnis sie zueinander stehen. Nach kurzer Zeit verließen dann einzelne Personen die Wohnung. Wie sich später herausstellte, handelte es sich um die Schwester des Familienvaters und deren Kinder, die alle nicht an der Gruppendiskussion teilnehmen wollten. Erst nachdem sich die Anzahl der Anwesenden verringert hatte, wurde mir als Forscherin allmählich klar, wer tatsächlich an unserer Gruppendiskussion teilnehmen wird. (Postskript: Miriam Hill. Familie Hasic, 24.10.2013)[16]

Bezugnehmend auf derartige Interviewsettings, die nicht immer von vornherein eindeutig sind, beschreibt der Soziologe Bruno Hildenbrand in prägnanter Weise die Erfahrungen, die er und sein Forschungsteam mit Familieninterviews gemacht haben:

> Das Familiengespräch findet bei der Familie zu Hause statt. Es sollen möglichst alle zum Haushalt gehörenden Personen anwesend sein. Hier kann man seine Überraschungen erleben: Manche Familienmitglieder fehlen, weil sie vom Gespräch nicht informiert wurden, weil sie bewußt ausgeschlossen wurden oder weil sie nicht kommen wollten. Manchmal erscheinen auch Personen, die man nicht erwartet hätte. Wie auch immer: Betrachten Sie die Zusammensetzung der Personen, auf die Sie zum Zeitpunkt des vereinbarten Gesprächstermins treffen, als Ausdruck dieser Familienwelt, der zu interpretieren ist, und nicht als Störfaktor. (Hildenbrand 1999: 29)

Im Weiteren beschreibt Hildenbrand, dass auch ein unerwarteter Besuch während der Interviewsituation Einblicke in familiale (Alltags-)Praktiken geben könne: „Familie ist eben nicht das, was im Familienstammbuch eingetragen ist oder was zeitströmungsspezifisch für Familie gehalten wird. Familie ist ein Milieu, dessen Grenzen fallspezifisch sind" (Hildenbrand 1999: 29). Hieran wird deutlich, dass insbesondere bei Gruppendiskussionen, die im Familienkontext

---

16   Die Familie Hasic wurde im Rahmen des D-A-CH-Forschungsprojektes von mir interviewt. In der vorliegenden Arbeit wird sie jedoch nicht explizit besprochen. Im Artikel „‚Nicht nach Österreich gekommen, um herumzuspazieren …' Von den Anstrengungen einer Migrationsfamilie, sich zu etablieren – Fallanalyse Familie Hasic" (Hill/Tschuggnall 2018b) findet sich eine ausführliche Analyse.

und bei den Familien zu Hause stattfinden, die Wahrscheinlichkeit besteht, dass nicht alle Familienmitglieder anwesend sind bzw. nicht alle am Familiengespräch teilnehmen möchten. Auch kann es vorkommen, dass Personen anwesend sind, die von außen betrachtet nicht unbedingt zur Familie gehören (NachbarInnen, FreundInnen etc.), sich aber dennoch an der Gruppendiskussion beteiligen und eventuell von der Familie selbst als Familienmitglieder betrachtet werden. Diesbezüglich müssen die Forschenden eine gewisse Offenheit und Flexibilität mitbringen und, wie es Hildenbrand formuliert, die gegebenen Umstände „als Ausdruck dieser Familienwelt" (Hildenbrand 1999: 29) deuten. In diesem Sinne kann auch von Doing Family (vgl. Jurczyk/Lange/Thiessen 2014b) gesprochen werden, zumal hier die Alltagspraxen und die Herstellungsleistung von Familie im Vordergrund stehen.

Die Wohnung der InterviewpartnerInnen als Ort der Gruppendiskussion

Wie bereits angesprochen, wurde das Projektteam in den allermeisten Fällen zu den Familien nach Hause eingeladen, sowohl für die Gruppendiskussionen als auch für die Einzelinterviews. Nur wenige Gruppendiskussionen wurden an anderen Orten durchgeführt, etwa in Geschäftslokalen oder auf öffentlichen Plätzen. Die InterviewpartnerInnen begegneten uns Wissenschaftlerinnen mit einem enormen Vertrauensvorschuss. Nicht nur, dass sie uns von persönlichen und teilweise auch schwierigen biografischen Erfahrungen berichteten, auch der Einblick in ihre Lebenswelt und in ihre Wohnsituation bedurfte einer großen Offenheit uns gegenüber, die wir sehr zu schätzen wussten.

   Als wir bei den Familien ankamen, wurden wir in der Regel direkt ins Wohnzimmer gebeten, wo wir auf dem Sofa oder am Esstisch Platz nahmen. Meist waren bereits Kaffee und Kuchen vorbereitet, informelle Gespräche fanden statt, manchmal kamen weitere Familienmitglieder hinzu, bevor wir darum baten, die Gruppendiskussion beginnen und aufnehmen zu dürfen. Insgesamt fanden die Gruppendiskussionen in einer aufgeschlossenen Atmosphäre statt, nur selten gab es Situationen, die eine gewisse Anspannung von Seiten der InterviewpartnerInnen deutlich werden ließ. In einzelnen Fällen wirkte sich eine solche aber erschwerend auf die Interviewsituation aus, was beispielsweise in knappen Antworten der Befragten zum Ausdruck kam.

Die Forscherin im Forschungsprozess

Als wesentlicher und nicht zu unterschätzender Faktor in qualitativen Forschungskontexten ist die gesellschaftliche Positioniertheit und Positionierung der

ForscherInnen zu betrachten. Dies kann insbesondere dann relevant sein, wenn Interviews zur Migrationsforschung durchgeführt werden. Es darf dabei nicht außer Acht gelassen werden, dass die Interviewsituationen nicht außerhalb gesellschaftlicher Macht- und Hierarchieverhältnisse liegen: Sowohl Interviewende/r als auch Befragte/r sind Teil dieser Strukturen und Repräsentationen, weshalb unter anderem auch Zugehörigkeitsfragen relevant werden. Demnach sind alle Beteiligten in gesellschaftliche Machtverhältnisse eingebunden. Forschende müssen dies immer wieder kritisch reflektieren. Darüber hinaus müssen wir uns dessen bewusst sein, dass unsere Eingebundenheit einerseits Auswirkungen auf die Daten*erhebung* hat (zum Beispiel auf das, was die Befragten zur Sprache bringen oder eher verschweigen) und andererseits auch die Daten*auswertung* beeinflusst (zum Beispiel durch die Art und Weise, in der die Interviewerin das Gesagte und die nonverbalen Äußerungen deutet und analysiert).

Als Forscherin mit eigener Migrationsgeschichte, die über mehrere Ländergrenzen hinweg migriert ist und erst seit einigen Jahren in Österreich lebt, genoss ich bei vielen Familien einen enormen Vertrauensvorschuss. In ähnlicher Weise verhielt es sich bei meiner Projektkollegin, die selbst zwar keine eigenen Migrationserfahrungen hat, aber über eine familiale Migrationsgeschichte verfügt und mehrsprachig aufgewachsen ist. Immer wieder wurde deutlich, dass die uns entgegengebrachte Offenheit zu einem großen Teil in direktem Zusammenhang mit unserer Positioniertheit bzw. mit unserer (zugeschriebenen) Zugehörigkeit stand. Demnach wurden wir nicht als „die ÖsterreicherInnen" betrachtet, die als Angehörige der Mehrheitsgesellschaft über die Erfahrungen der „Anderen", also der Migrationsfamilien, forschen – im Sinne der „Wir-und-die-Anderen-Konfiguration" (Beck-Gernsheim 2007) –, sondern eher als Subjekte mit einem ähnlichen Erfahrungswissen wie jenem der Befragten. Dadurch konnten wir als Forschende mit Migrationsgeschichte einen anderen, nicht hegemonialen Blick auf die familialen Erzählungen einnehmen und mit unserem eigenen Erfahrungswissen familiale Narrationen unserer InterviewpartnerInnen in besonderer Weise kontextualisieren.

Um den möglichen Vorwurf der zu starken Eingebundenheit oder der subjektiven Betroffenheit bezüglich des Forschungsgegenstandes direkt zu entkräften, möchte ich im Sinne von Paul Mecheril und Thomas Teo argumentieren: Wir alle sind in unterschiedlicher Weise von Rassismus betroffen, diese Betroffenheit kann sich „in Form von Verleugnung, Ignoranz, Scham und Schuld, aber eben auch als Angst, Wut und Verzweiflung zum Ausdruck bringen" (Mecheril/Teo 1997: 15). In Bezug auf die wissenschaftliche Perspektive auf Rassismus als Forschungsgegenstand schreiben die Autoren im Weiteren:

> Von dem Thema „Rassismus" sind alle betroffen, und der Umgang mit dieser Betroffenheit im Kontext von Wissenschaft setzt voraus, daß eine Auseinandersetzung mit ihr stattfindet, die nicht der Neutralität oder der Distanzierung von den eigenen

Erfahrungen und der eigenen Geschichte dient, sondern die Reflexion etwa des Ent-
stehungs-, Begründungs- und Verwertungszusammenhangs von Forschungsergeb-
nissen im Licht der eigenen Erfahrungen und des eigenen Standpunkts zum Ziel hat.
(Mecheril/Teo 1997: 15)

Demnach kann qualitative Sozialforschung – und im Konkreten auch meine
Forschung – nie losgelöst von sozialen und gesellschaftlichen Prozessen betrachtet werden, da die Forschenden immer auch in gesellschaftliche Verhältnisse
eingebunden sind. Wesentlich ist, sich dieser Tatsache bewusst zu sein und diese
Verwobenheit in Forschungszusammenhängen immer wieder kritisch zu reflektieren sowie nach außen hin transparent zu machen.

Der Soziologe und Erziehungswissenschaftler Erol Yildiz weist ebenfalls
darauf hin, dass (qualitative) Forschung einen interaktiven Prozess zwischen
Forschenden und InterviewpartnerInnen darstellt und als reflexive und diskursive
Praxis verstanden werden kann: „Sowohl bei der Entwicklung einer Idee als auch
in der Forschungspraxis sowie in der Auswertungs- und Interpretationsphase
spielt die Wahrnehmung des Forschers/der Forscherin eine wesentliche Rolle,
weil Wahrnehmung bekanntlich keine passive Tätigkeit darstellt, sondern eine
aktive Intervention beinhaltet" (Yildiz 2010: 320).

Przyborski und Wohlrab-Sahr sind in ähnlicher Weise der Auffassung,
dass die/der Forschende „gegenüber dem Feld keine antiseptische Distanz
bewahren [kann]" (Przyborski/Wohlrab-Sahr 2014: 44). In Anlehnung an Le-
onard Schatzman und Anselm L. Strauss (1973) argumentieren die Autorinnen,
dass die Rolle der/des Forschenden im Feld nicht mit jener bei einem Experi-
ment vergleichbar sei. So habe es einen großen Einfluss auf die Forschung, mit
welchem Vorverständnis die/der Forschende ins Feld gehe, auch dann, wenn es
sich dabei um eine teilnehmende Beobachtung handelt (vgl. Przyborski/
Wohlrab-Sahr 2014: 44). Deshalb konstatieren Przyborski und Wohlrab-Sahr:
„Sie [die Forscherin, Anm. M. H.] tritt in einen Kommunikationsprozess ein,
und in diesen Prozess geht viel von dem ein, was sie als Person mit einem
bestimmten Geschlecht, mit sozialen Bindungen, individuellen Eigenschaften,
theoretischem Vorwissen, sozialen Ressourcen etc. mitbringt" (Przyborski/Wohl-
rab-Sahr 2014: 44). Auch hier gelte die Prämisse der Selbstreflexion im Forschungsprozess.

Demnach ist es nicht unerheblich, wer im Forschungsprozess ins Feld geht,
wie die Forscherin bzw. der Forscher sozial positioniert ist und welche Vorannahmen sie/er hat. All jene Faktoren können immense Auswirkungen auf die Datenerhebung und -auswertung haben. Bezogen auf das InterviewerIn-ForscherIn-
Verhältnis in qualitativen Untersuchungen mit Migrationsangehörigen kann ich
auch anhand meiner Forschungserfahrung bestätigen, dass die Befragten trotz
ihrer Offenheit und Bereitschaft, über ihr Leben und die teilweise negativen

Erfahrungen im Aufnahmeland zu berichten, auch gewisse Vorbehalte zu haben
schienen. Dies zeigte sich beispielsweise darin, dass eine Teilnehmerin andere
Familienmitglieder ermahnte, in ihren Erzählungen keine konkreten Namen von
früheren ArbeitgeberInnen oder behördlichen MitarbeiterInnen zu nennen, vermutlich aus Angst, dies könne sich negativ auf sie auswirken. Mark Terkessidis
stellt bezüglich seiner Interviewerfahrung mit Migrationsjugendlichen fest, dass
sich Menschen mit Migrationsgeschichte häufig unter Beobachtung fühlen. Er
führt weiter aus, dass dies mit ihrer Repräsentation in der Öffentlichkeit zusammenhänge. Dort würden sie nicht selten als abweichend konstruiert, und einige
würden aufgrund negativer Erfahrungen mit Behörden eine Ausforschung fürch-
ten (vgl. Terkessidis 2004: 122). Für ein Interviewsetting hat dies eine „‚Etikettierung' des Forschers" (Terkessidis 2004: 122) zur Folge – die im Gesagten
ebenso wie im Nicht-Gesagten zum Ausdruck kommt.

Auswahl der Familien (Sample)

Alle Familien, die im Rahmen des österreichischen Teilprojektes von mir interviewt und deren Äußerungen hier im Hinblick auf Rassismuserfahrungen analysiert wurden, lebten nach Vorgabe des D-A-CH-Projektes in einem sogenannten
marginalisierten Stadtteil. Ein weiteres Kriterium war, dass die befragten Familien über eine Migrationsgeschichte verfügen und mindestens ein Elternteil aus
dem Ausland nach Österreich migriert sein sollte. Bezüglich der Altersstruktur
gab es für die Auswahl der Familien keine Vorgaben, sodass es zu einer gewissen Heterogenität kam. So wurden einerseits Familien befragt, in denen die Elterngeneration im frühen Rentenalter war und die Kindergeneration selbst eine
eigene Familie gegründet hatte; andererseits gab es aber auch junge Familien, in
denen die Elterngeneration um die dreißig Jahre alt war und die Kinder im Kindergarten oder im schulpflichtigen Alter waren.
        Die Familien wurden nach dem Prinzip der „Annehmlichkeit" (*convenience
sampling*) ausgewählt (vgl. Flick 2004: 110). Dies bedeutet, dass die Auswahl
der InterviewpartnerInnen nach dem Kriterium der Zugänglichkeit erfolgte. Der
Kontakt zu den Familien in Gerlach kam häufig über bereits bestehende Netzwerke zu Migrationsfamilien zustande. Im Hinblick auf den Herkunftskontext
der Familien wurde auf eine möglichst große Variation geachtet.
        Die meisten Gruppendiskussionen und Interviews wurden auf Deutsch ge-
führt. Auf Wunsch der Familien und je nach sprachlichen Kenntnissen und Ressourcen der Forschenden konnten die Gruppendiskussionen und Einzelinterviews
auch in einer anderen Sprache durchgeführt werden. Aufgrund des mehrsprachi-
gen Projektteams wurden somit Daten in den Sprachen Englisch, Bosnisch/Kroa-

tisch/Serbisch und Albanisch erhoben.[17] Insgesamt wurden in Österreich folgende Familien interviewt:

Familien-name	Migrationskontext	Anzahl der Kinder	Gruppen-diskussion	Einzelinterview
Miftari	Albanische Minderheit Mazedonien	2	x	Mutter, Sohn
Demir	Türkei	3	x	Vater, Tochter, Sohn
Lukic	Serbien, Slowenien	3	x	Mutter, Tochter, Schwiegersohn
Skenderi	Albanische Minderheit Mazedonien	7	x	Vater, Sohn
Rekic	Bosnien	2	x	Vater, Sohn
Filan	Bosnien	1	x	Mutter, Sohn
Hasic	Bosnien	3	x	Vater, Sohn, Schwiegertochter
Labud	Bosnien, Russland	2	x	Vater, Mutter
Aidoo	Ghana	3	x	–
Dibra	Kosovo, Bosnien	2	-	Mutter
Aydin	Litauen, Türkei	1	-	Mutter

Abbildung 1: Übersicht Sample

Aus den erhobenen Daten und nach mehrfacher Durchsicht der Transkripte wählte ich drei Familien aus, deren Aussagen aus den Gruppendiskussionen und den Einzelinterviews im Hinblick auf mein Forschungsinteresse analysiert wurden:

---

17 Bei jenen Interviewdaten, die in einer anderen Sprache als Deutsch erhoben wurden, erfolgte die Transkription zunächst in der Fremdsprache, danach wurde das Transkript ins Deutsche übersetzt.

Familien-name	Migrationskontext	Gruppendiskussion	Einzelinterview
Miftari	Albanische Min-derheit Mazedonien	Vater, Mutter, jüngerer Sohn, Schwiegertochter	Mutter, jüngerer Sohn
Demir	Türkei	Vater, Mutter, Tochter, beide Söhne	Vater, Tochter, älterer Sohn
Lukic	Serbien, Slowenien	Vater, Mutter, jüngere Tochter, Schwieger-sohn, Enkelin	Mutter, jüngere Toch-ter, Schwiegersohn

Abbildung 2:   Übersicht über die ausgewählten Familien/teilnehmenden
Familienmitglieder

3.5 Erhebungs- und Auswertungsmethoden

Die Datenerhebung zu meiner empirischen Untersuchung erfolgte mittels folgender qualitativer Methoden:

- Ethnografische Feldforschung (Beobachtungsprotokolle, ero-epische Gesprä-
  che etc.)
- Recherche-Arbeit zu Forschungsorten in Gerlach (Lokalzeitungen etc.)
- Fotografische Dokumentation der Forschungsorte St. Josef und Pöschl
- Gruppendiskussion mit Familien (Audio-Datei, Transkript, Postskript)
- Teilnarratives Einzelinterview mit ausgewähltem Familienmitglied (Audio-
  Datei, Transkript, Postskript)

Die Einbeziehung mehrerer qualitativer Methoden hat den Vorteil, dass zunächst
unterschiedliche Perspektiven, Diskurse und Erfahrungen gesammelt werden
können. Wichtig im Forschungsprozess ist, dass die theoretischen Fundierungen
und Vorannahmen mit den erhobenen empirischen Daten zusammen betrachtet
und immer wieder in Bezug zueinander gesetzt werden. Dabei ist eine reflexive
Betrachtungsweise geboten.
      Neben der ethnografischen Feldforschung, der Recherche-Arbeit und der fo-
tografischen Dokumentation, die einen ersten Zugang zum Feld ermöglichten,
waren die Gruppendiskussion und das teilnarrative Einzelinterview von besonderer
Relevanz für meine Forschungsarbeit.

*Die Gruppendiskussion: Methodologische Überlegungen und konkrete
Anwendung*

Um mit Familien in einem geeigneten Setting über Rassismus sprechen zu können, ihre Erfahrungen zur Sprache kommen zu lassen und Raum für Diskussio-
nen zu geben, wurde entsprechend der hier gewählten Fragestellung die Methode
der Gruppendiskussion (vgl. Bohnsack 2000, Loos/Schäffer 2001) ausgewählt.
Dabei können der diskursive Verlauf einer Gruppendiskussion und die damit
verbundene Interaktion zwischen den DiskutantInnen als besonders aufschluss-
reich angesehen werden, da hierdurch geteilte Wissensbestände zutage treten
können. Die Gruppendiskussion dient dazu, den „konjunktiven Erfahrungsraum"
(Mannheim 1980: 220), wie Karl Mannheim ihn beschreibt, ins Zentrum der
Betrachtung zu rücken. Da die Mitglieder einer Familie über eine – wie auch
immer gelagerte – gemeinsame Alltagspraxis verfügen und sie in einer sozialen
Beziehung zueinander stehen, ist davon auszugehen, dass sie die geteilten Erfah-
rungs- und Erlebnisräume in der Gruppendiskussion diskursiv und interaktiv verhandeln und somit zur Sprache bringen. Przyborski und Wohlrab-Sahr drücken
diesen Sachverhalt folgendermaßen aus: „Für die Bestimmung des Gegenstandes
heißt das nun, dass in Gruppendiskussionen kollektive Wissensbestände und
kollektive Strukturen – die sich auf der Basis von existenziellen, erlebnismäßi-
gen Gemeinsamkeiten in konjunktiven Erfahrungsräumen bereits gebildet haben
– zur Artikulation kommen" (Przyborski/Wohlrab-Sahr 2014: 92). Im Hinblick
auf die befragten Familienmitglieder kann die Gruppendiskussion dazu dienen,
die kollektiven Wissensbestände oder kollektiven Orientierungen (vgl. Bohnsack
1989: 21ff.) bzw. die „kollektive[n] Orientierungsmuster" (Bohnsack 2013: 207)
ausfindig zu machen. Przyborski und Wohlrab-Sahr weisen darauf hin, dass
diese eingelagerten Wissensbestände den Forschenden nur dann zugänglich werden, wenn eine wechselseitige Bezugnahme der TeilnehmerInnen erfolgt (vgl.
Przyborski/Wohlrab-Sahr 2014: 92), es also zu interaktiven und diskursiven
Gesprächsmomenten kommt. Diese können allerdings nur dann entstehen, so die
Autorinnen, wenn die Forschenden möglichst wenig in die Diskussion eingrei-
fen. Die Selbstläufigkeit einer Gruppendiskussion hat also eine methodologische
Bedeutung. Somit bietet die Methode der Gruppendiskussion gegenüber biografischen Einzelinterviews den Vorteil, dass sie kollektive Erfahrungen der TeilnehmerInnen sichtbar machen kann, indem diese durch Interaktion hervorgeru-
fen werden (vgl. Bohnsack 2013: 205).

Es ist davon auszugehen, dass Familien über einen geteilten Erfahrungsraum verfügen, wohlwissend, dass auch Widersprüchlichkeiten, Ambivalenzen
oder unterschiedliche Positionierungen im Diskursraum Familie bestehen und

sich entwickeln können. Dennoch soll der Blick zunächst auf *kollektive* Verortungen gerichtet werden.

Die Gruppendiskussion, bei der jeweils eine Familie mit mehreren Mitgliedern versammelt ist, dient dazu, Verortungs- und Alltagspraxen der AkteurInnen ausfindig zu machen. Diese Praxen werden unter anderem in bestimmten Familiendynamiken (wer spricht und wer spricht nicht?) und gegebenenfalls in familialen (intergenerationalen) Widersprüchlichkeiten sichtbar. Ziel ist es, mögliche kollektiv-familiale Dynamiken, Strategien und Orientierungen der Familienmitglieder zu untersuchen und zu rekonstruieren (vgl. Bohnsack 2000, Loos/Schäfer 2001), vor allem im Hinblick auf familiale Positionierungen und den Umgang mit Rassismuserfahrungen.

Die Gruppendiskussion ist so ausgerichtet, dass die Familienmitglieder möglichst frei agieren können und dass ich als Forscherin nur dezente Strukturvorgaben mache. Lediglich zu Beginn der Gruppendiskussion wird mit einem erzählgenerierenden Einstiegssatz (Eingangsstimulus) ein Impuls gegeben.[18] Dieser dient dazu, die Beteiligten zum Erzählen aufzufordern, sodass im Weiteren ein selbstläufiger Familiendiskurs entsteht. Dem Erkenntnisinteresse folgend, werden anschließend und bei Bedarf immanente Fragen gestellt, die sich auf das unmittelbar Gesagte beziehen; die DiskutantInnen werden dadurch zu weiteren Erzählungen bewogen (vgl. Przyborski/Wohlrab-Sahr 2014: 83ff.). Im weiteren Verlauf der Gruppendiskussion können dann auch exmanente Fragen (vgl. Loos/ Schäffer 2001: 49ff.) an die Familienmitglieder gestellt werden, die sich an meinem Erkenntnisinteresse orientieren und die ich bereits im Vorfeld notiert habe.

Die Gruppendiskussion fand im Familienkontext statt. Das bedeutet, dass dabei möglichst viele Familienmitglieder anwesend sein sollten. Hierbei konnten sowohl alle im Haushalt lebenden Familienmitglieder (zum Beispiel Eltern mit ihren Kindern) teilnehmen als auch im näheren Umfeld lebende Angehörige (zum Beispiel Großeltern, erwachsene Kinder etc.), in einigen wenigen Fällen waren auch NachbarInnen oder FreundInnen (kurzzeitig) anwesend. Dabei sollten mindestens zwei Generationen vertreten sein, und mindestens ein Familienmitglied sollte über Migrationserfahrung verfügen. Auf eine mögliche Geschlechtervariation der Befragten wurde geachtet. Darüber hinaus sollte die Familie zum Zeitpunkt der Gruppendiskussion bereits seit mindestens einem Jahr in dem Stadtteil wohnen, der als Forschungsfeld ausgewählt worden war. Aus forschungsethischen und thematischen Gründen wurden Aussagen von Kindern unter zwölf Jahren nicht in die Analyse miteinbezogen.

---

18 Die Erzählaufforderung lautete folgendermaßen: „Wir interessieren uns für eure Familie und euer Leben. Wir möchten euch bitten, uns eure Familiengeschichte zu erzählen. Erzählt doch mal!"

Gruppendiskussion			
Familien-name	Elterngeneration	Kindergeneration	Enkelgeneration
Miftari	Vater Lian Mutter Drita	Jüngerer Sohn Edwin Schwiegertochter Adriana	
Demir	Vater Kaya Mutter Nazan	Tochter Nurhan Älterer Sohn Bülent Jüngerer Sohn Tarkan	
Lukic	Vater Dragan Mutter Branka	Jüngere Tochter Suzana Schwiegersohn Boris	Enkelin Tamara

Abbildung 3:   Überblick Gruppendiskussion (Generationenverteilung)

Die einzelnen Migrationsfamilien wurden in der konkreten Situation aufgefordert, von ihrem Leben in Österreich sowie von ihrer Migrationsgeschichte zu erzählen. Dabei wurden die Befragten darauf hingewiesen, dass auch Narrationen über etwaige Diskriminierungs- und Rassismuserfahrungen von Interesse sind. Im Sinne eines entdeckenden Zuganges waren alle rassismusrelevanten Erfahrungen, die von den Familienmitgliedern geschildert wurden, für den Gesprächsverlauf und die Analyse von Bedeutung – auch jene, die während der Gruppendiskussion nicht dezidiert als solche benannt wurden bzw. benannt werden konnten. Es spielte also eine untergeordnete Rolle, ob die TeilnehmerInnen explizit von Rassismus bzw. Rassismuserfahrungen sprachen oder ob sie diesen eher implizit beschrieben. Somit blieb es den TeilnehmerInnen selbst überlassen, ob Rassismus in ihren Erzählungen eine Rolle spielte, wie dieser zur Sprache gebracht und wie dieses Phänomen benannt wurde (zum Beispiel als „Ausländerfeindlichkeit", „Rassismus", „Diskriminierung"). Von besonderem Interesse war der Umstand, ob die Erfahrung von Rassismus, die sowohl im Herkunfts- als auch im Aufnahmeland gemacht werden konnte, innerhalb der Familie thematisiert wurde und, wenn ja, wie sich die Familie dazu positionierte und der Umgang mit diesen negativen Erfahrungen aussah.

Der Ablauf der Gruppendiskussion und der teilnarrativen Einzelinterviews gestaltete sich wie folgt:

1.	Begrüßung
2.	Nochmaliges Darlegen des Forschungsinteresses; Information über Anonymisierung und Vertraulichkeit; Abstecken des geplanten Zeitrahmens
3.	Einschalten des Aufnahmegerätes
4.	Eingangsstimulus bzw. Erzählaufforderung
5.	Selbstläufigkeit der Erzählung

6.	Nachfrageteil mit immanenten und exmanenten Fragen
7.	Beenden der Erzählung
8.	Dank und Abschalten des Aufnahmegerätes
9.	Ausfüllen des Kurzfragebogens mit persönlichen Angaben

Abbildung 4:   Ablauf Gruppendiskussion und teilnarratives Einzelinterview

Insgesamt wurden im Rahmen meiner Untersuchung neun Gruppendiskussionen in Österreich durchgeführt.[19] All diese Gruppendiskussionen fanden bei den Familien zu Hause statt, meistens im Wohnzimmer. Dabei waren überwiegend zwei Generationen (Eltern mit ihren Kindern) anwesend, in seltenen Fällen auch drei Generationen. Die Gruppendiskussionen dauerten meist zwischen 45 und 120 Minuten, in einigen Fällen auch länger. Die Gespräche wurden mit einem Audiogerät aufgenommen. Im Anschluss an das Gespräch füllte jede/r Teilneh-merIn einen Kurzfragebogen aus, bei dem sie/er (freiwillige) Angaben zur Person (Geburtsort, Beruf, Migration etc.) machte. Nach Beendigung der Gruppendiskussion wurde ein Postskript angefertigt, in dem unter anderem die Interviewsituation beschrieben wurde und besondere Ereignisse oder Diskursverläufe festgehalten wurden. Die aufgenommenen Gruppendiskussionen wurden in einem weiteren Schritt transkribiert. Dabei wurden teils leichte sprachliche und grammatikalische Glättungen vorgenommen, wenn diese ein besseres Verständnis des Gesagten ermöglichten.[20]

Das teilnarrative Einzelinterview mit ausgewählten Familienangehörigen

Als weitere Erhebungsmethode neben der Gruppendiskussion, bei der sich mehrere Familienmitglieder in den Gesprächsdiskurs einbringen, dient das teilnarrative Einzelinterview, das eine sinnvolle Ergänzung zur Gruppendiskussion darstellt. Hier interessieren vor allem biografische Erfahrungen, die in der Gruppendiskussion weniger zur Sprache gebracht werden können. So beschreiben Peter Loos und Burkhard Schäffer (2001) das Gruppendiskussionsverfahren als eher ungeeignet, um biografische Erzählungen zu evozieren. Sie konstatieren: „Auch wenn in Gruppendiskussionen durchaus biographische Erzählungen oder Bruchstücke lebensgeschichtlicher Thematisierungen vorkommen können, eignet sich

---

19   Die in Österreich stattgefundenen Gruppendiskussionen und teilnarrativen Einzelinterviews habe ich überwiegend im Projektteam zusammen mit meiner damaligen Kollegin Elvisa Imširović durchgeführt. Einige wenige Gruppendiskussionen und Einzelinterviews wurden entweder nur von mir oder nur von meiner Kollegin durchgeführt.

20   Beim Transkribieren der Interviews – sowohl der Gruppendiskussionen als auch der Einzelinterviews – habe ich mich an den Transkriptionsregeln nach Przyborski/Wohlrab-Sahr 2014 [2008] orientiert, die im Anhang abgedruckt sind.

das Verfahren doch nur in sehr geringem Maße zur Erfassung und Analyse individueller Biographien" (Loos/Schäffer 2001: 39). Im Gegensatz dazu bietet das
teilnarrative Einzelinterview die Möglichkeit, biografische Erfahrungen, gesellschaftliche und soziale Positionierungen, aber auch subjektive Deutungen eines
Individuums (hier eines Familienmitglieds) in die Erzählung einfließen zu lassen. Anders als bei der Gruppendiskussion bleiben beim teilnarrativen Interview
das Familiennarrativ und der Gruppendiskurs unberücksichtigt, auch wenn es bei
meiner Untersuchung durchaus vorkam, dass in den Einzelinterviews Bezug
darauf genommen wurde. Im teilnarrativen Interview tritt das einzelne Subjekt
mit seinen biografischen Erfahrungen in den Mittelpunkt. So können die Erzählungen der Einzelperson von jenen in der Gruppendiskussion im Familienkontext
abweichen oder diesem auch diametral entgegenstehen. Die Anwendung beider
Methoden hat bezüglich meines Forschungsgegenstandes den Vorteil, dass sowohl kollektive Orientierungen (Gruppendiskussion) als auch individuelle Orientierungen (Einzelinterview) in die Analyse einfließen können.

Die Methode des narrativen Interviews, auf der jene des teilnarrativen Interviews fußt, geht auf Fritz Schütze zurück, der sie Anfang der 1970er Jahre mit
seinem Forschungsteam entwickelte (vgl. Schütze 1983; Fischer-Rosenthal/Ro-
senthal 1997). Seitdem findet das narrative Interview in den Sozialwissenschaften häufig Verwendung. Vor allem in der Erziehungswissenschaft und der Soziologie gibt es zahlreiche Studien, die auf diese Methode aufbauen. Auch in der
Migrationsforschung hat sich dieser Zugang als wertvoll herausgestellt, da mittels biografischer Erzählungen wichtige Erkenntnisse gesammelt werden können
(vgl. exemplarisch Jonuz 2009; Riegel 2004). Ähnlich wie die Gruppendiskussion ist auch das narrative Interview in verschiedene Phasen eingeteilt. Nach einer
einführenden Erklärungsphase erfolgen im Weiteren der Erzählstimulus und
dann die narrative Eingangserzählung der/des Befragten. Erst wenn diese zum
Erliegen kommt, werden immanente Fragen gestellt, die ein Weitererzählen
veranlassen sollen. Im Anschluss daran werden exmanente Fragen gestellt, die
im Vorfeld von der Interviewerin bzw. dem Interviewer vorbereitet worden sind.
Im Anschluss an diese Nachfragephase erfolgt abschließend die Bilanzierungs-
phase, bei der eine gemeinsame Betrachtung des Erzählten erfolgt.

In meiner Studie spreche ich deshalb dezidiert vom „teilnarrativen Interview", da die angewendete Methode zwar wesentliche Elemente des „narrativen
Interviews" nach Fritz Schütze (1983) enthält, aber im Hinblick auf meinen Forschungsgegenstand leicht modifiziert wurde. So habe ich etwa bei Bedarf bereits
während der Erzählphase direkte (Nach-)Fragen gestellt (was das narrative Interview nicht vorsieht), wenn sich diese auf das Thema bezogen und angenommen
werden konnte, dass sich die nachfolgenden Narrationen erkenntnisgenerierend
auf den Forschungsprozess niederschlagen würden. Diese methodische Modifi-

zierung wurde auch deshalb gewählt, da wichtige biografische (Familien-)Erzäh-
lungen und Daten bereits beim ersten Zusammentreffen ermittelt wurden, nämlich in der vorangegangenen Gruppendiskussion und mittels des schriftlichen
Kurzfragebogens. Somit konnte beim Einzelinterview direkt auf konkrete Themen eingegangen werden, die teils schon bei der Gruppendiskussion angesprochen worden waren – ohne den narrativ-biografischen Anteil auszublenden.

Die teilnarrativen Einzelinterviews fanden in der Regel wenige Wochen
nach den Gruppendiskussionen statt. Ausgewählt wurden meist zwei Familienmitglieder, von denen vermutet wurde, dass sie in einem Interview zu biografisch relevanten Erfahrungen, beispielsweise auf Rassismuserfahrungen und den
Umgang damit, zu sprechen kommen könnten. Des Weiteren wurde bei der
Auswahl darauf geachtet, wer im Verlauf der Gruppendiskussion durch besonders hohe oder auch besonders geringe Redeanteile aufgefallen war. Zudem wurde mit dem Einzelinterview die Möglichkeit wahrgenommen, vertiefend auf eine
interessante Thematik einzugehen, die ein Familienmitglied zuvor bereits in der
Gruppendiskussion angesprochen hatte. Um etwaige intergenerative und gender-
relevante Kontrastierungen sichtbar zu machen, wurde nach Möglichkeit auf eine
große diesbezügliche Variabilität geachtet.

Die dokumentarische Methode

Nachdem alle Gruppendiskussionen und Einzelinterviews vollständig transkribiert waren, erfolgte die Auswertung der Daten in verschiedenen Teilschritten. In
Anlehnung an die dokumentarische Methode nach Ralf Bohnsack (1989) wurden
die Transkripte der Gruppendiskussionen ausgewertet. Die teilnarrativen Einzelinterviews wurden nach der gleichen Methode ausgewertet, wobei hier ein
adaptives Methodenverfahren nach Arnd-Michael Nohl zur Anwendung kam,
der die dokumentarische Methode für narrative Interviews modifiziert hat (vgl.
Nohl 2012). Bei der Auswertung war von besonderem Interesse, was sich in dem
Gesagten über die Darstellenden, deren (Familien-)Orientierungen und Praktiken, aber auch über die jeweiligen subjektiven Positionierungen dokumentierte.

Ursprünglich wurde die dokumentarische Methode zur Auswertung von
Gruppendiskussionen – und hier vor allem im Bereich der Jugendforschung –
entwickelt. Von besonderem Interesse ist bei dieser Methode das Herausarbeiten
kollektiver Orientierungen (vgl. Bohnsack 2013: 205ff.). Für Ralf Bohnsack, der
sich in seiner methodologischen Ausrichtung auf Karl Mannheim (1980) bezieht,
ist die Unterscheidung von immanentem und dokumentarischem Sinngehalt des
Gesagten wesentlich: „Das, was gesagt, berichtet, diskutiert wird, also das, was
thematisch wird, gilt es, von dem zu trennen, was sich in dem Gesagten über die

Gruppe *dokumentiert* – über deren Orientierungen oder Habitus" (Bohnsack 2013: 213; Hervorhebung im Original).

Die dokumentarische Methode beinhaltet mehrere Interpretationsschritte, mit denen sich die/der Forschende dem Gesagten in einem analytischen Verfahren nähert: Zunächst wird mit der formulierenden Interpretation begonnen, es folgen die reflektierende Interpretation und schließlich die Typenbildung (vgl. Bohnsack 2013: 213). Ich habe bei meiner Forschungsarbeit jedoch bewusst auf die Herausarbeitung sinngenetischer und soziogenetischer Typen verzichtet und somit nicht alle methodischen Schritte der dokumentarischen Analyse zur Anwendung gebracht. Vielmehr kam es mir darauf an, die Erfahrungen der Familien exemplarisch darzustellen, an ihnen bedeutsame Orientierungen und Positionierungen herauszustellen, aber keine klassische Typisierung vorzunehmen. In meiner Auswertung bin ich fallbezogen und fallvergleichend vorgegangen, wobei jeweils eine Familie als Fall betrachtet wurde.

Im Folgenden wird dargestellt, wie die Auswertung vollzogen wurde, hier am Beispiel der Gruppendiskussion. In gleicher Weise wurden auch die teilnarrativen Einzelinterviews ausgewertet.

Die formulierende Interpretation

Bei der formulierenden Interpretation geht es darum, dass der Gesprächsinhalt der Gruppendiskussion von der Forscherin in eine allgemein verständliche Form gebracht wird und eine Zusammenfassung des Gesagten erfolgt. Dabei wird der immanente Sinngehalt wiedergegeben und eine thematische Gliederung der Gruppendiskussion vollzogen. Herausgearbeitet wird das Sinnverständnis des Gesagten; die zentrale Frage, „die die Interpretin zu beantworten sucht, lautet: ,Was wird gesagt?'" (Przyborski 2004: 53). Darüber hinaus ist es Aufgabe der Forscherin, sich den Text zu erschließen und sich diesem thematisch zu nähern.

Nachdem das Transkript, das zur Gruppendiskussion angefertigt wurde, mehrfach durchgelesen worden war, erfolgte mittels der formulierenden Interpretation die Festlegung der Themen. Dabei wurde darauf geachtet, was die beteiligten Familienmitglieder sagen und welche Themen in den unterschiedlichen Gesprächspassagen dominieren. Auf diese Weise können allgemeine Oberthemen (OT) und differenziertere Unterthemen (UT) festgemacht werden (vgl. Przyborski 2004: 54). Diese Themen verbleiben in jener Reihenfolge, in der sie angesprochen wurden, da die formulierende Interpretation die Themenabfolge nachzeichnet und keine Neuordnung vornimmt. Przyborski weist darauf hin, dass bei fehlender Zugänglichkeit zum immanenten Sinn gegebenenfalls ein breiteres Kontextwissen notwendig sei und es somit zu Schwierigkeiten bei der Entschlüsselung kommen könne. Wo einzelne Sequenzen in den Interviews inhaltlich nicht nachvollziehbar sind, werden sie als wörtliche Zitate aus der Gruppendiskussion in die formulierende Interpretation übertragen. Auch bei besonders aussagekräftigen Äußerungen, die den immanenten Sinn wiedergeben, wird auf eine Neuformulierung des Gesagten verzichtet; das wörtliche Zitat wird in diesem Fall in die formulierende Interpretation integriert (vgl. Przyborski 2004: 55).

Die reflektierende Interpretation

In einem weiteren Schritt wurde das Transkript auf dessen dokumentarischen Sinngehalt hin überprüft und eine reflektierende Interpretation durchgeführt. Dabei wurde ein besonderes Augenmerk auf die Handlungsorientierungen und Habitusformen (vgl. Przyborski/Wohlrab-Sahr 2014: 295) der Familienmitglieder gelegt. Nach Ralf Bohnsack steht bei der reflektierenden Interpretation „die Rekonstruktion der Formalstruktur der Texte (jenseits ihrer thematischen Struktur)" (Bohnsack 2013: 214) im Vordergrund. Dabei ist von besonderem Interesse, wie die Beteiligten interagieren und wie sich die Diskursorganisation vollzieht. Demnach geht es in meiner Untersuchung darum, die familial-kollektiv geteilten Orientierungen der DiskutantInnen herauszuarbeiten und im Hinblick auf Rassismuserfahrungen und Ausschließungspraxen zu betrachten.

Fallbezogene und fallvergleichende Interpretation

Nachdem in Anlehnung an die dokumentarische Methode die formulierende und reflektierende Interpretation durchgeführt worden war, erfolgte in einem weiteren Schritt die fallbezogene und fallvergleichende Analyse der Transkripte, wobei ich keine Typisierung vorgenommen habe. Vielmehr wurde ein Augenmerk darauf gelegt, welche Themen und forschungsrelevanten Aspekte zur Sprache gekommen sind. Im Anschluss daran – nach mehrmaligem Lesen und nach ausführlicher Beschäftigung mit dem ausgewerteten Material – wurden Kategorien gebildet. Darüber hinaus ist von Interesse, ob einzelne Themen, wie beispielsweise rassismusrelevante Erfahrungen in der Öffentlichkeit, im gesamten Sample zu finden sind oder ob es sich dabei um fallspezifische Phänomene handelt. Sofern eine bestimmte Thematik oder konkrete kollektive Orientierungen in mehreren Interviewdaten ausfindig gemacht werden, können in diesem Sinne auch vergleichende Gegenüberstellungen von besonderer Relevanz sein. Somit werden forschungsrelevante Vorannahmen mit den Ergebnissen der analysierten Textpassagen verglichen und überprüft, um in einem weiteren Schritt erkenntnisrelevante Aussagen machen zu können.

4 Familie Miftari

Wie im theoretischen Teil bereits ausgeführt, stellt Rassismus für Migrationsfamilien eine nüchterne Realität dar, die sich in negativer und einschränkender
Weise auf den Alltag auswirken kann (etwa bei der Arbeitssuche, im Bildungsbereich, bei Behörden etc.). Die wissenschaftliche Auseinandersetzung mit dieser Thematik ist gleichermaßen als gesellschaftliche und pädagogische Aufgabe
zu verstehen, da wir in einer Migrationsgesellschaft leben und demnach Angehörige von Migrationsfamilien auch in allen pädagogischen Kontexten agieren, ihre
(Rassismus-)Erfahrungen meist aber ausgeklammert werden und somit unberücksichtigt bleiben. Dies hat beispielsweise Claus Melter in seiner empirischen
Studie über die Kommunikationspraxen in der Jugendhilfe festgestellt (vgl. Melter 2006).

Um die Frage, wie Rassismus von Familien erlebt wird und wie der Umgang damit aussehen kann, zu beantworten, müssen sich die Betroffenen zunächst selbst dazu äußern können. Diesem Anspruch bin ich in meiner Arbeit
mithilfe von qualitativen Interviews nachgekommen. In Gruppendiskussionen
und Einzelinterviews hatten die Befragten die Möglichkeit, ihre Erfahrungen mit
Rassismus und ihren (familialen) Umgang damit zu formulieren. Für den Analyserahmen ist es dabei wichtig, die Familien nicht als Opfer, sondern als aktive
und handelnde Subjekte zu betrachten, die unterschiedliche Lebensstrategien im
Umgang mit Rassismus entwickeln.

Im Folgenden soll nun anhand von drei ausgewählten Familien[21] (Familie
Miftari, Familie Demir und Familie Lukic) nachgezeichnet und analysiert werden, welche (rassismusrelevanten) Erfahrungen zur Sprache kommen, wie diese
familial verhandelt und gedeutet werden und welche Herstellungspraxis (Displaying) in Bezug auf Familie sichtbar wird. Darüber hinaus ist von Interesse,
welches Wissen die Familien im Umgang mit Rassismuserfahrungen generiert
haben. Meine These lautet, dass sich jede der hier vorgestellten Familien eine
bestimmte Art des Umgangs mit Rassismus angeeignet hat und somit über ein
spezifisches „Familienwissen" verfügt. Bei diesem Wissen über Rassismus, so

---

21 Die hier vorgestellten Familien finden auch im Sammelband Riegel/Stauber/Yildiz 2018c Er-
    wähnung. Sie werden dort vor allem auf Lebensstrategien in Bezug auf Bildung und Arbeit be-
    trachtet. Die hier präsentierten Analysen sind Ergebnisse meiner eigenen Forschungs-/Auswer-
    tungsarbeit und beziehen sich ganz konkret auf die von mir selbst entwickelten Forschungsfra-
    gen zum Themenkomplex Rassismuserfahrungen.

© Springer Fachmedien Wiesbaden GmbH, ein Teil von Springer Nature 2020
M. Hill, *Migrationsfamilien und Rassismus*, Interkulturelle Studien,
https://doi.org/10.1007/978-3-658-30087-6_5

formuliert es Mark Terkessidis, handelt es sich jedoch um eine „unterworfene Wissensart", die meist „unter dem Druck der Disqualifikation steht" (Terkessidis 2004: 124). Im Anschluss daran soll in den Blick genommen werden, welche Bedeutung der Familie und familialem Handeln im Umgang mit Rassismus und Rassismuserfahrungen zukommt.

4.1 Fallporträt

Die aus Mazedonien stammende Familie Miftari lebt seit über zwanzig Jahren in Österreich. Die Migration der einzelnen Familienmitglieder fand schrittweise statt: Zunächst kommt der heute fünfzigjährige Familienvater Lian Miftari im Jahre 1990 alleine nach Österreich. Sein Weg führt ihn von Mazedonien über Slowenien nach Gerlach. Hier angekommen, geht er einer Arbeit nach, um seine Familie im Herkunftsland zu ernähren. Lian Miftari beschreibt die sich verschlechternde ökonomische Situation im ehemaligen Jugoslawien als wesentlichen Grund für seine Migration: In Mazedonien habe es keine Arbeit mehr für ihn gegeben. Als ausgebildeter Textiltechniker und Maurer findet er in Österreich schließlich eine Anstellung in der Baubranche. Lian Miftaris Ehefrau Drita sowie die beiden kleinen Kinder bleiben zunächst im Herkunftsland, wo sie bei Verwandten in einem Haus leben. Erst nach sechsjähriger Trennung kann Drita Miftari mit den Söhnen Milo und Edwin ihrem Mann nach Österreich folgen. Der zehnjährige Milo besucht hier die Volksschule, während sein sechsjähriger Bruder Edwin zunächst in die Vorschule geht. Die heute 44-jährige Drita Miftari hat im Herkunftsland die Pflichtschule absolviert, jedoch keinen Beruf erlernt, da sie mit 16 Jahren heiratet und ein Jahr später ihr erster Sohn auf die Welt kommt. In Österreich arbeitet Drita Miftari derzeit als Reinigungskraft, teilweise in Privathaushalten, aber auch in einer Arztpraxis und in einem Reisebüro.

Erfahrungen mit Migrationsprozessen hat die Familie bereits vor ihrer eigenen Migration nach Österreich gemacht: Lian Miftaris Vater geht in den 1960er Jahren als junger Mann nach Deutschland, um dort eine Arbeit aufzunehmen und seine Familie in Mazedonien ernähren zu können. Er bleibt über dreißig Jahre dort und kehrt erst im Rentenalter zurück in sein Herkunftsland und zu seiner Familie. Neben Lian Miftari migrieren noch zwei seiner Brüder nach Österreich. Lediglich ein Bruder, der als Lehrer arbeitet, bleibt in Mazedonien. Dieser wohnt zusammen mit der verwitweten Mutter in einem Haus. Auch Drita Miftaris Vater, der mittlerweile verstorben ist, lebte eine Zeitlang in Wien. Ihre Mutter und ihre Geschwister leben in Mazedonien.

Lian und Drita Miftari leben seit acht Jahren mit ihren mittlerweile erwachsenen Söhnen in einer Vierzimmerwohnung einer Hochhaussiedlung in Gerlach. Innerhalb der Stadt sind sie bereits sechsmal umgezogen. Sie berichten davon, dass es verschiedene Gründe für die vielen Umzüge gegeben habe: Einmal habe die Familie Schwierigkeiten mit den NachbarInnen gehabt, ein anderes Mal habe sie aufgrund von Eigenbedarf der Vermieter ausziehen müssen und in einem weiteren Fall sei die Lage der Wohnung schlecht und die Lärmbelastung zu hoch gewesen. Durch Lian Miftaris Bruder ist die Familie auf die jetzige Wohnung, die über drei Schlafzimmer, ein großes Wohnzimmer und eine offene Küche verfügt, aufmerksam geworden. Schließlich, so erzählt die Familie, sei es gar nicht einfach gewesen, eine ausreichend große und dabei auch leistbare Mietwohnung zu finden. Die Familie ist mit ihrer aktuellen Wohnsituation und der Wohnlage zufrieden, auch wenn sie sich darüber im Klaren ist, dass der Gegend ein negativer Ruf anhaftet, der mit marginalisierenden Diskursen verbunden ist.

Auch die 23-jährige Schwiegertochter Adriana Miftari, die seit kurzem mit Milo Miftari verheiratet ist, wohnt im gemeinsamen Haushalt. Adriana Miftari kommt ebenfalls aus Mazedonien, wo sie bis zur Heirat gelebt hat. Sie absolvierte dort ein Lehramtsstudium für Englisch. Da ihr Studienabschluss in Österreich nicht anerkannt wird, möchte Adriana Miftari nach bestandener Deutschprüfung erneut ein Lehramtsstudium in den Fächern Englisch und Italienisch aufnehmen. In einem Studienabschluss auf einer österreichischen Universität sieht sie eine Möglichkeit, hier zu unterrichten. Ihr Ehemann Milo Miftari (27 Jahre) hat einen Handelsschulabschluss und arbeitet als Kellner in einem Restaurant. Edwin Miftari (23 Jahre), der vom Gymnasium auf die Handelsakademie (HAK) gewechselt ist und schließlich seinen Schulabschluss an der Handelsschule (HAS) gemacht hat, holt derzeit auf dem Abendgymnasium die Matura nach. Anschließend möchte er eine Ausbildung bei der Polizei beginnen.

Die Familie Miftari gehört der albanischen Minderheit in Mazedonien an, spricht Albanisch als Erstsprache und verfügt über die mazedonische Staatsangehörigkeit. Politische Unterdrückungs- und Diskriminierungserfahrungen im Herkunftsland werden von den InterviewpartnerInnen immer wieder erwähnt. Dabei geht es einerseits um die gesellschaftliche und rechtliche Stellung der albanischen Minderheit, der sich die Familie zugehörig fühlt: „[j]eder zweite Albaner war im Gefängnis" (GD Miftari_Lian, 346);[22] andererseits wird von rassistischem Verhalten gegenüber bestimmten Menschengruppen, vor allem Sinti und Roma, gesprochen. Auch wird von Ausschließungspraxen und Rassismuserfahrungen in Österreich berichtet.

---

22 Die Angaben zu den Interviewsequenzen aus den Gruppendiskussionen, zum Beispiel „GD Miftari_Lian, 346", sind folgendermaßen zu lesen: „GD Miftari" verweist auf die Gruppendiskussion (GD) mit der Familie Miftari. Der darauffolgende Name, hier „Lian", zeigt an, von welcher Person die jeweilige Aussage stammt. Die Zahl am Ende gibt die Nummer der Zeile im Transkript an.

Familie Miftari	Lian	Drita	Edwin	Adriana	Milo (nicht anwesend)
Verwandtschafts-verhältnis	Vater	Mutter	Jüngerer Sohn	Schwiegertochter (verheiratet mit Milo)	Älterer Sohn
Einzelinterview		X	X		

Abbildung 5:   Familie Miftari

4.2 Zugang zur Familie und Interviewsituation

Den Kontakt zur Familie Miftari erhielt das Projektteam über einen Bekannten, der mit der Familie befreundet ist. Die Gruppendiskussion fand an einem Nachmittag im November 2013 in der Wohnung der Familie statt. Bereits vier Monate zuvor war ein Termin dafür vereinbart worden, jedoch war die Diskussion damals nicht zustande gekommen, da lediglich der Sohn Edwin Miftari anwesend gewesen war und seine Eltern kurzfristig verhindert gewesen waren. Aufgrund der damals anstehenden Vorbereitungen für die Hochzeit des älteren Sohnes Milo, die im Sommer 2013 in Mazedonien stattfand, hatte die Familie nur wenig Zeit, sodass wir erst im Herbst einen neuen Termin vereinbarten. Die Gruppendiskussion führte ich (Interviewerin 2 [I2]) durch. Mit dabei war eine Studentin der Erziehungswissenschaft, die über bosnische und albanische Sprachkenntnisse verfügte und bei möglichen Verständigungsschwierigkeiten übersetzen sollte.

Als wir nun zum zweiten Mal die Familie aufsuchten, empfingen uns die Eltern Lian und Drita Miftari sowie ihr jüngerer Sohn Edwin und die Schwiegertochter Adriana. Milo, der ältere Sohn und Ehemann von Adriana, war nicht anwesend, da er arbeiten musste. Die Gruppendiskussion fand im Wohnzimmer statt. Edwin Miftari setzte sich auf einen Sessel in der Nähe der Tür, um das Fußballspiel, das gerade im Fernsehen übertragen wurde, noch eine Weile mitzuverfolgen. Gemeinsam mit der Studentin nahm ich auf einem großen Ecksofa am Fenster Platz. Uns wurde etwas zu trinken angeboten. Die Eltern Miftari setzten sich auf die andere Seite des Ecksofas, die Schwiegertochter Adriana setzte sich auf einen Stuhl daneben. Ich erläuterte der Familie nochmals mein Vorhaben und dass sich jede/r an der Gruppendiskussion beteiligen dürfe. Dies war vor allem im Hinblick auf die Schwiegertochter Adriana Miftari relevant, da sie damals erst seit zwei Monaten in Österreich lebte und die deutsche Sprache nur wenig beherrschte, jedoch über sehr gute Englischkenntnisse verfügte. Edwin Miftari schaltete nun den Fernseher auf lautlos und wandte sich uns zu, blieb aber auf seinem Sessel an der Tür sitzen. Noch bevor ich das Aufnahmegerät eingeschaltet hatte, begannen die Eltern Lian und Drita Miftari, über ihr Leben zu berichten. Ich bat darum, damit noch kurz zu warten, bis das Aufnahmegerät lief, gab die Erzählaufforderung und die Gruppendiskussion begann. Insgesamt dauerte die Gruppendiskussion knapp zwei Stunden.

Die teilnarrativen Einzelinterviews fanden einige Wochen später statt: mit der Mutter Drita Miftari und dem jüngeren Sohn Edwin Miftari. Die Auswahl dieser Familienmitglieder für die Einzelinterviews erfolgte aus mehreren Gründen: Zum einen hatten die beiden in ihren Beiträgen zur Gruppendiskussion Themen angesprochen, die für mein Forschungsvorhaben bedeutsam sind (etwa Rassismus in der Fußballmannschaft, Diskriminierungen im Herkunfts- und Aufnahmeland etc.), sodass angenommen werden konnte, dass im teilnarrativen Einzelinterview noch konkretere Angaben dazu folgen würden. Zum anderen war im Sinne einer Generationen- und Geschlechtervariabilität von Interesse, wie Mutter und Sohn im Einzelinterview über die besagten Themen sprechen und wie diese vom einzelnen Subjekt verhandelt werden. Darüber hinaus wurde Drita Miftari auch deshalb ausgewählt, da sie einem verbreiteten Bild der Rolle von Frauen in Migrationsfamilien widerspricht. Gängige Diskurse darüber geben oft vor, dass in einem patriarchal geprägten Haushalt insbesondere die Frauen wenig Mitspracherecht hätten und darüber hinaus über geringe Deutschkenntnisse verfügten. Drita Miftari positionierte sich demgegenüber als selbstbewusste, bildungsorientierte und zielstrebige Person.

Die teilnarrativen Einzelinterviews fanden ebenfalls bei der Familie Miftari zu Hause im Wohnzimmer statt und wurden von mir und meiner Projektkollegin durchgeführt. Zunächst wurde Drita Miftari interviewt, die Dauer des Interviews betrug etwa 55 Minuten. Im Anschluss daran wurde ihr Sohn Edwin Miftari befragt. Dieses zweite Einzelinterview dauerte rund 80 Minuten.

Die Gruppendiskussion und die Einzelinterviews waren geprägt von einer offenen und erzählbereiten Atmosphäre. Während sich Adriana Miftari deutlich zurückhielt und nur auf direkte Fragen antwortete – dies war sicherlich in erster Linie der sprachlichen Barriere geschuldet –, zeigten die anderen Teilnehmenden insgesamt große Redebereitschaft. Erwähnenswert ist, dass Drita Miftari neben ihrem Sohn Edwin die Diskussion über weite Teile wesentlich bestimmte, sich sprachlich gut ausdrücken konnte und auch diejenige war, die nach der Erzählaufforderung sehr bald das Wort ergriff.

4.3 Angesprochene Themen

Vor allem in der Gruppendiskussion mit der Familie Miftari, teilweise auch in den darauffolgenden Einzelinterviews mit Drita und Edwin Miftari, kamen verschiedene Themen zur Sprache, die im Folgenden kurz erläutert werden. Im Zentrum standen Narrationen über Bildung und Arbeit, Familie (Bedeutung und temporäre Trennungserfahrungen), (Heirats-)Migration sowie Diskriminierung und Rassismus.

Eine durchaus große Rolle spielen die Themen Bildung und Arbeit. Die Familie kann als stark bildungsorientiert betrachtet werden: Der Vater Lian besucht zunächst ein Gymnasium in Mazedonien, geht dann auf eine Fachschule und lässt sich anschließend zum Textiltechniker ausbilden. Auf Anraten seines Vaters, der damals in Deutschland arbeitete, erlernt Lian Miftari darüber hinaus noch den Beruf des Maurers, um später flexibler auf dem Arbeitsmarkt agieren zu können. Obwohl seine Frau Drita Miftari nur die Pflichtschule in Mazedonien besucht und durch die frühe Familiengründung keine Möglichkeit hat, eine weiterführende Schule zu absolvieren, wird ihr großes Interesse an einer soliden (Schul-)Bildung, insbesondere wenn es um die berufliche Zukunft ihres Sohnes Edwin geht, deutlich. Dieser wechselt – darauf wird an späterer Stelle noch näher eingegangen – von einem Gymnasium auf eine Handelsakademie und macht schließlich einen Abschluss auf einer Handelsschule. Momentan besucht Edwin Miftari die Abendschule, um dort die Matura nachzuholen. Drita Miftari beschreibt ihren Sohn Edwin als klug und bezieht sich dabei unter anderem auf die Aussage einer ehemaligen Lehrerin, die ihr gegenüber betont habe, ihr Sohn sei „sehr intelligent" (GD Miftari_Drita, 2000). Die hohe Bildungsaspiration der Eltern Miftari wird auch daran deutlich, dass sie sich wünschen, Edwin möge nach der Matura studieren, wohlwissend, dass er einen anderen Weg einschlagen möchte.

Mit der hohen Bildungsaspiration geht ein starkes Arbeitsethos einher. Die folgende Aussage von Drita Miftari drückt dies aus und kann zugleich auch als Begründung für das Familienprojekt Migration gelesen werden: „Deswegen sind wir hierhergekommen, um ein anderes, ein besseres Leben-. Aber man muss hart arbeiten, weil sonst @(.)@ ja" (GD Miftari_Drita, 15–17). Dass das Erreichen eines „besseren Lebens" mit viel Arbeit verbunden ist, zeigt auch Lian Miftaris Aussage: „Ohne Job ist es nichts" (GD Miftari_Lian, 70). Der oben angesprochene Wunsch der Familie, gängigen Normalitätskonstruktionen zu entsprechen, ist auch daran abzulesen, dass die Familienmitglieder immer wieder betonen, einer Arbeit nachzugehen. Bezugnehmend auf die erste Zeit seines Aufenthalts in Österreich sagt Lian Miftari: „Die ganze Zeit habe ich gearbeitet" (GD Miftari_Lian, 63). Auf diese Weise wird dem Gegenüber signalisiert, dass sich die Familie selbst finanziert und keine staatlichen Leistungen in Anspruch nimmt und genommen hat. Das gängige, diskursiv verhandelte Bild von der Migrationsfamilie, die sich ohne staatliche Unterstützung nicht finanzieren kann, wird mit diesem Gegenentwurf dekonstruiert. Immer wieder wird im Laufe der Diskussion auf das Thema Arbeit eingegangen, alle Familienmitglieder beteiligen sich am Gespräch darüber. Es kann demnach davon ausgegangen werden, dass Arbeit einen bedeutsamen Bezugspunkt für die Familie darstellt und somit als geteilter Orientierungshorizont betrachtet werden kann.

Darüber hinaus heben die Befragten mehrfach die große Bedeutung der Familie hervor. Sie berichten, dass sie für sie ein zentrales soziales Netzwerk darstelle und somit einen hohen Stellenwert besitze. Regelmäßige Besuche von Familienangehörigen (im In- und Ausland) zählen ebenso zur familialen Praxis wie das gegenseitige Unterstützen der Familienangehörigen bei der Wohnungssuche oder einem Krankenhausaufenthalt. Edwin Miftari äußert sich im Einzelinterview folgendermaßen: „Also, meine Familie ist extrem groß und mir auch extrem wichtig bzw. sehr wichtig" (EI Edwin Miftari, 616). Auch dass die Eltern Lian und Drita Miftari mit ihren beiden erwachsenen Söhnen und der Schwiegertochter momentan in einem gemeinsamen Haushalt leben und Edwin die Zukunftsvision äußert, ein Haus für die Familie bauen zu wollen, zeugt von einer engen Familienbindung. Dabei darf aber nicht außer Acht gelassen werden, dass diese Narration idealisierend sein kann und die tatsächlichen Gründe für das enge Zusammenleben woanders liegen könnten, sie beispielsweise mit finanziellen oder sozialen Notwendigkeiten zu tun haben könnten.

Ein anderes Thema, das zunächst nur zögerlich angesprochen wird, ist die familiale Trennung: sowohl jene, die Lian Miftari als Kind und Jugendlicher erfahren hat, als sein Vater viele Jahre in Deutschland lebte und sich die beiden nur in den Sommer- und Winterferien sahen; als auch jene von Lian Miftari und seiner Frau sowie seinen Kindern, von denen er sechs Jahre getrennt war. In den Narrationen darüber wird diese familiale Praxis relativ sachlich und unaufgeregt dargestellt und als selbstverständlich gedeutet (anders als in der Familie Lukic, wie an späterer Stelle ersichtlich wird). Der Umgang der Familienmitglieder mit der langen familialen Trennung ist hier nicht durch Schuldzuweisungen gekennzeichnet. Vielmehr wird die Trennung als Teil der Realität begriffen und akzeptiert, die aus Sicht der Familie notwendig war, um sich eine Zukunft in Österreich zu ermöglichen.

Darüber hinaus bestimmt das Thema Migration, verbunden mit den Erzählungen über das Leben in Mazedonien und Österreich, zu großen Teilen die Gruppendiskussion. Es wird darüber berichtet, dass die Familie vor allem aus sozio-ökonomischen Gründen und aufgrund verwehrter Zukunftschancen im Herkunftsland nach Österreich gegangen sei. Trotz der neuen Perspektiven im Ankunftsland musste die Familie aber gerade zu Beginn auch Zugeständnisse machen, etwa indem sie eine kleine und schlecht ausgestatte Wohnung anmietete. Dies fiel vor allem vor dem Hintergrund schwer, dass sie in Mazedonien ein eigenes Haus bewohnt hatte. Lian Miftari beschreibt diese Situation folgendermaßen und bezieht sich dabei auf die Aussage seiner Ehefrau Drita Miftari: „Anfangs hat die Frau gemeint, zu Hause hatten wir ein schönes Haus, hier haben wir eine schlechte Wohnung. @(.)@ Das war am Anfang ein bisschen ein Problem, aber dann (.) haben wir es schon geschafft" (GD Miftari_Lian, 101–103). Im Weiteren werden die unterschiedlichen Lebensbedingungen in den beiden Ländern angesprochen. Dabei wird hervorgehoben, dass man froh sei, in Österreich zu wohnen und hier ein gutes Leben zu führen.

Mit dem Prozess der Migration geht auch die Frage nach Zugehörigkeiten einher, die Edwin Miftari in die Gruppendiskussion einbringt und beschreibt. Er schwankt in seiner Narration zwischen verschiedenen Zugehörigkeitskonzepten, indem er sich teils zur österreichischen Gesellschaft zählt („ich fühle mich auch zum Teil als Österreicher in gewissen Punkten", GD Miftari_Edwin, 706), teils aber auch den, wie er es nennt, „Albanismus" hervorhebt: „In unserer Familie ist es stark ausgeprägt, dass wir stolz drauf sind, dass wir Albaner sind" (GD Miftari_Edwin, 694–695). Von einem Zugehörigkeitsgefühl zur mazedonischen Gesellschaft hingegen spricht niemand. Dies mag vor allem daran liegen, dass die Familie Miftari der albanischen Minderheit in Mazedonien angehört. Aufgrund der im Herkunftsland erlebten Diskriminierungen und Repressionen definiert sie sich dort als nicht zugehörig, sondern grenzt sich vielmehr von der mazedonischen Gesellschaft ab. Die Religionszugehörigkeit zum Islam wird zwar benannt, scheint aber in der Familie keine große Rolle zu spielen. Vielmehr wird ein pragmatischer Umgang deutlich, wenn die Mutter Drita Miftari diesbezüglich sagt: „nicht praktizierend, sondern so normal" (GD Miftari_Drita, 962). Ihr Ehemann Lian Miftari drückt es noch schärfer aus und macht seine nahezu ablehnende Haltung gegenüber der Religion sichtbar, indem er sagt: „Wir sind auch [Muslime, Anm. M. H.], aber wir halten nicht viel von der Religion. So wie ich, ich halte mich nicht daran. Ich bin auch Moslem, aber (.) ich halte die Gesetze des Glaubens nicht" (GD Miftari_Lian, 958–960).

Ein weiteres Thema, das von der Familie Miftari immer wieder verhandelt wird, kreist um Normalitätskonstruktionen. Wenn die Familie in der Gruppendiskussion von ihrem Leben in Österreich und Mazedonien berichtet, betont sie gleichzeitig, dass dieses keine Besonderheiten aufweise. Bereits zu Beginn des Gespräches sagt Drita Miftari: „Ich meine, das Leben geht normal (hier)" (GD Miftari_Drita, 12), eine Aussage, die auch als anfängliche Verlegenheitsäußerung gelesen werden kann. Im Weiteren sprechen Frau und Herr Miftari, sich ergänzend, über ihr Leben in Österreich:

Lian: Schwierigkeiten haben wir bis jetzt nicht gehabt. Da in Österreich haben wir gut gelebt. Wie soll man sagen? Gibt es da noch ein besseres Leben? Die Prominenten, aber das-.

Drita: Normal!

Lian: (Wie wir hier) leben, ist normal.

Drita: Normal. Arbeiten muss man überall.

(GD Miftari, 56–61)

Auch im weiteren Verlauf wird immer wieder deutlich, dass die Familienmitglieder darum bemüht sind, ein Bild der „Normalität" von sich und ihrem Leben
zu erzeugen. Zum einen können hieran ganz allgemein Überlegungen in Bezug
auf Normalitätserwartungen abgelesen werden, mit denen sich auch die Familie
Miftari – bewusst oder unbewusst – auseinandersetzt und die hier ihre Wirkung
zeigen. So werden gesellschaftlich normative Diskurse und Bilder über *die* Familie bzw. darüber, wer als Familie zu betrachten sei, sichtbar; unabhängig von
wissenschaftlichen Bemühungen zu einer – bisher nicht bestehenden – allge-
meingültigen Definition von „Familie" (vgl. Nave-Herz 2013: 34). Zum anderen
ist jedoch danach zu fragen, worauf genau sich diese normativen Annahmen
beziehen: Geht es um die Familie im Allgemeinen, im Sinne von „Wir sind eine
ganz normale *Familie*" mit Mutter, Vater und zwei Kindern; oder wird hier auf
die Migrationserfahrung der Familie rekurriert? Es kann vermutet werden, dass
sich die Familie Miftari vor allem vor dem Hintergrund des dargelegten Forschungsinteresses und der Tatsache, dass sie in einem sogenannten marginalisierten Stadtteil lebt, auf den Status der Migrationsfamilie bezieht. Indem die
Familienmitglieder ihr Leben vor Ort und ihre Migrationserfahrungen als „normal" bezeichnen, setzen sie dem gängigen, meist defizitär ausgerichteten Diskurs
über Migrationsfamilien etwas entgegen und positionieren sich bewusst als
„nicht anders". Zusammenfassend kann gesagt werden, dass in der Betonung von
Normalität der Wunsch zu lesen ist, der Norm zu entsprechen oder zumindest ein
Bild seiner eigenen Normalität zu erzeugen. Das Bedürfnis, nicht aufzufallen,
keine Sonderrolle einnehmen zu müssen oder eben der Norm zu entsprechen,
kann als Reaktion auf Prozesse des Othering betrachtet werden.
      Auch Erol Yildiz, der sich in vielen seiner Studien mit dem von Migration
geprägten urbanen Leben auseinandersetzt, konstatiert, dass die Sichtweisen und
Erfahrungen von Migrationsfamilien „allenfalls als Abweichung von der ,hiesi-
gen Normalität' zur Sprache [kommen]. Die konkreten Lebensstile und Veror-
tungspraktiken von Zugewanderten und deren Nachkommen erfahren dabei eine
Abwertung" (Yildiz 2013: 56).
      Ein weiteres Thema, über das in der Gruppendiskussion gerne gesprochen
wurde, waren die transnationalen familialen Verbindungen, die die Familie vor
allem ins Herkunftsland, aber auch in andere Länder (wie beispielsweise in die
Schweiz oder nach Deutschland) pflegt. Besonders bedeutsam scheinen in diesem Zusammenhang die regelmäßigen Sommerurlaube im Herkunftsort und die
dort stattfindenden Feste wie Hochzeiten etc. zu sein, die ebenfalls als Familien-
praxis gedeutet werden können.

Die Themen Rassismus und Diskriminierung, die im Folgenden noch näher analysiert werden, sprachen die Familienmitglieder sowohl in der Gruppendiskussion als auch in den Einzelinterviews an. Vor allem Edwin Miftari redet mehrfach über Rassismus und Rassismuserfahrungen und bezieht sich dabei sowohl auf Österreich als auch auf Mazedonien. Seine Mutter Drita Miftari, die im teilnarrativen Einzelinterview unter anderem von der Diskriminierung der albanischen Minderheit in Mazedonien berichtet, geht in erster Linie auf Ausgrenzungen in Mazedonien ein; ebenso der Vater Lian Miftari, er spricht in einigen Sequenzen von seinen Diskriminierungserfahrungen in Mazedonien, während er sich in Bezug auf Rassismus- oder Diskriminierungserfahrungen in Österreich zurückhält.

In die Gruppendiskussion bringt Edwin Miftari die Themen Rassismus und Diskriminierung von sich aus ein. Bereits in der sechsten Minute der Gruppendiskussion, als er über die Vorzüge des Lebens in Österreich spricht, weist er scheinbar beiläufig, aber kontrastierend auf erlebte Diskriminierungserfahrungen hin: „Und man hört es zwar auch, weil ich Fußball spiele, ab und zu beim Spiel: ‚Du scheiß Jugo!' Aber da sind die Emotionen dabei, das fällt- da fallen manchmal Beschimpfungen, aber (.) ((räuspert sich)) das Leben hier ist schön" (GD Miftari_Edwin, 122–124). An späterer Stelle weist er nochmals auf Rassismuserfahrungen hin, vor allem im Hinblick auf Ausschließungspraxen, Rassialisierung/Othering und eine differenzierende Macht (vgl. Terkessidis 2004: 98ff.). Auch sein Vater Lian Miftari berichtet im Weiteren von Alltagsrassismen und Diskriminierungen. In diesem Zusammenhang verweist er auf die schwierige Situation der albanischen Minderheit in Mazedonien, die von zahlreichen Diskriminierungen (bei Behörden, am Arbeitsplatz etc.) betroffen sei.

Im Einzelinterview spricht Edwin Miftari nochmals dezidiert von (alltäglichen) Rassismuserfahrungen: von der gesellschaftlichen Wahrnehmung der in Mazedonien lebenden Sinti und Roma und dem dortigen Umgang mit ihnen. Im Weiteren schildert er Erfahrungen mit Alltagsrassismus, konkret auch Beleidigungen, die sich auf seine Herkunft beziehen. Außerdem erzählt Edwin Miftari in einer Interviewsequenz davon, dass einmal mehrere Autos innerhalb der Wohnsiedlung, darunter auch das Auto seiner Familie, über Nacht mit einem Hakenkreuz beschmiert worden seien: „Zwar wurde uns einmal ein Hakenkreuz auf unser Auto geschmiert, aber- ja." (EI Edwin Miftari, 953–54). Sein Bruder habe dies am Morgen darauf bemerkt und ihn deshalb angerufen. Daraufhin sei Edwin Miftari zur Polizei gefahren und habe Anzeige gegen Unbekannt erstattet. Er habe diesem Vorfall, so seine Narration, jedoch keine große Bedeutung beigemessen. Auf diese Weise scheint er, den Zwischenfall abmildern zu wollen: „Wahrscheinlich waren es irgendwelche Jugendliche" (EI Edwin Miftari, 1007).

4.4 Displaying als bildungsorientierte Familie

Das Thema Bildung nimmt vor allem in der Gruppendiskussion mit der Familie Miftari eine wesentliche Rolle ein. Die hohe Bildungsaspiration der Eltern Lian und Drita Miftari wird in den Narrationen immer wieder deutlich hervorgehoben, familial verhandelt und nach außen getragen. Deshalb kann bei der Familie Miftari von „Displaying als bildungsorientierte Familie" gesprochen werden. Während Lian Miftari im Herkunftsland eine gute Schulbildung erfährt und sich anschließend beruflich weiterbildet, beendet seine Frau Drita Miftari die Schule aufgrund der Heirat sehr früh. In der Gruppendiskussion erzählt Drita Miftari, dass sie keine Möglichkeit gehabt habe, weiter die Schule zu besuchen, und ihr Sohn Edwin fügt diesbezüglich hinzu: „Sie konnte froh sein, dass sie in die Schule durfte, damals" (GD Miftari_Edwin, 197–198), womit gleichsam auf eine privilegierte Position hingewiesen wird. Drita Miftari erklärt im Weiteren: „[I]ch wollte, aber meine Eltern haben das damals nicht gewollt und es war so" (GD Miftari_Drita, 206–207). Daran ist abzulesen, dass Drita Miftari ihre Schullaufbahn gerne fortgeführt hätte, familiale – und eventuell auch äußere – Umstände dies aber nicht zugelassen haben. Darüber hinaus konnte sie damals als Jugendliche keinen Einfluss auf ihre Bildungskarriere nehmen. Es lässt sich vermuten, dass Drita Miftari gerade aufgrund ihrer eigenen verwehrten und frühzeitig beendeten Bildungsbiografie großen Wert darauf legt, dass nun ihr jüngerer Sohn Edwin, den sie immer wieder als intelligent beschreibt, einen guten Schulabschluss macht, um dann eventuell zu studieren. In der Gruppendiskussion wird das Thema von den Familienmitgliedern folgendermaßen verhandelt:

I2:   […] Ihr Sohn hatte gesagt, dass Sie ihm abgeraten haben, einen handwerklichen Beruf oder Maurer jetzt zu lernen, oder, oder? Ist das so, oder? @(.)@

Lian: Na. Wir wollten, dass er die Schule fertig macht.

I2:   Ach so, ok.

Lian: Dass er weiter in die Schule geht, studiert.

I2:   Schule. Mhm. Also, Sie hätten gerne gehabt, dass Ihr Sohn studiert.

Drita: Ich auch!

I2:   [.]

Drita: Ich hätte das so gerne.

Lian: Sie hat auch geweint.

I2:   Ja?

Drita: Ja.

Edwin: Weil ich nicht weiter in die Schule gegangen bin. @(.)@

I2:   Aber es ist ja-, Ihr Sohn ist ja noch jung. Oder?

Drita: Er hat noch Chancen, ja. Er ist noch jung, aber er muss-

I2:   └Aber das kommt für Sie

            nicht infrage? ((an Edwin gerichtet))

Lian: Momentan kommt es für ihn, glaube ich, nicht infrage.

I2:   Ein Studium?

Edwin: Momentan eher was arbeiten.

(GD Miftari, 1842–1862)

Der familiale Aushandlungsprozess zeigt deutlich, dass Edwins Bildungskarriere
innerhalb der Familie bereits ausführlich besprochen wurde, die Eltern große
Hoffnungen in den Bildungsweg ihres Sohnes gelegt haben, Edwin aber letztendlich andere Ziele verfolgt: einer Arbeit nachzugehen, anstatt im Anschluss an die
Matura ein Studium ins Auge zu fassen. Somit haben Edwin und seine Eltern
konträre Positionen, die aber, so scheint es, von allen Familienmitgliedern akzeptiert werden.

Immer wieder wird in den familialen Narrationen der jüngste Bruder von
Lian Miftari erwähnt und als bildungsorientiert sowie beruflich erfolgreich beschrieben. Er sei der einzige von vier Brüdern, so die Erzählung von Drita Miftari, der es im Herkunftsland „geschafft" habe (GD Miftari_Drita, 375). Als sein
Beruf wird einmal „Lehrer", dann wieder „Professor" oder auch „Direktor" ge-
nannt. In jedem Fall dient er der Familie Miftari als positiver Referenzrahmen.
Edwin Miftari spricht folgendermaßen über seinen Onkel:

Edwin: Und er war halt der Beste damals in der Schule, glaube ich, und obwohl
            alle vier Brüder die Fachhochschule dann fertig gemacht haben, nur da-
            mals ist Ex-Jugoslawien, also, Jugoslawien ist zusammengebrochen und
            keiner hatte einen Job und der war der Ein-, der Jüngste war der Einzige,
            der theoretisch die Chance hatte, irgendwo eine feste Stelle zu bekom-
            men. Er ist jetzt Professor unten und bei irgendeiner Schule auch Direk-
            tor.

I2:   […]

Edwin: Ja, der hat mehrere Funktionen halt und deswegen ist er unten geblieben
            und die sind ausgewandert.

(EI Edwin Miftari, 671–679)

Daran wird sichtbar, dass auch Edwin Miftari die Bildungskarriere seines Onkels positiv hervorhebt. Der Verweis darauf, dass sein Onkel „der Beste" in der Schule gewesen sei und jetzt „mehrere Funktionen" innehabe, macht auch Edwins anerkennende Sicht deutlich.

Interessant ist auch die Bildungsorientierung der Schwiegertochter Adriana Miftari. Die 23-Jährige hat in Mazedonien ihr Lehramtsstudium abgeschlossen und versucht nun, über ein zusätzliches Studium in Österreich (Englisch und Italienisch), die hiesige Lehrbefähigung zu bekommen. Adriana Miftari besucht derzeit sowohl einen Deutschkurs an der Universität als auch einen privaten. In Kürze möchte sie zudem einen Intensiv-Deutschkurs belegen. Um ihr Lehramtsstudium beginnen zu können, muss sie zuvor die Deutsch-Prüfung auf B2-Niveau absolvieren. Adriana Miftaris Aussagen bezüglich ihrer beruflichen Perspektiven in Österreich und ihres Berufsziels, hier als Lehrerin zu unterrichten, zeigen ihre Bildungsorientierung und ihren Ehrgeiz.

In der Gruppendiskussion wird deutlich, dass vor allem Drita Miftari die Bildungswege und das Berufsziel ihrer Schwiegertochter unterstützt und ihr auch Anerkennung entgegenbringt.

Insgesamt lässt sich ablesen, dass das Thema Bildung einen wichtigen Bezugsrahmen für die gesamte Familie darstellt. Dies wird auch an der familialen Verhandlung sichtbar, auch wenn teilweise gegensätzliche Vorstellungen – beispielsweise von Edwin Miftari und seinen Eltern – artikuliert werden.

4.5 Das Wissen der Familie

Im Folgenden werden ausgewählte Sequenzen aus der Gruppendiskussion und den beiden Einzelinterviews, die auf Rassismus, Diskriminierung und Ausschließungspraxen hinweisen, dargestellt und analysiert. In der Analyse wird darauf geachtet, wie die Familienmitglieder Rassismus zur Sprache bringen und verhandeln. Es geht hier vor allem darum, das Wissen der Familie in den Mittelpunkt zu stellen und die Erfahrungen aus der Perspektive der AkteurInnen zu deuten. Dieses „Erfahrungswissen" (Scharathow 2014: 414) ist von besonderer Bedeutung, da es in der Gesellschaft meist ausgeblendet wird und deshalb weitestgehend unsichtbar bleibt. An dieser Stelle soll der Versuch unternommen werden, jene Erfahrungen als vorhandenes Familienwissen zu deuten und darüber hinaus sichtbar zu machen.

Edwin Miftari ist das erste Familienmitglied, das in der Gruppendiskussion Erfahrungen mit Rassismus anspricht. Er ist darüber hinaus einer von wenigen InterviewpartnerInnen, die überhaupt dezidiert von „Rassismus" sprechen, obwohl er – wie sich im Folgenden noch zeigen wird – in seiner Benennungspraxis durchaus ambivalent ist. Edwin Miftaris Narrationen handeln von Alltagsrassismen wie beispielsweise Beschimpfungen beim Sport, von der Auswahlpraxis beim Fußball oder von der Ausgrenzung gegenüber Sinti und Roma in Mazedonien. Im Folgenden soll nun Edwin Miftaris Erzählung in Bezug auf Ausschließungspraxen beim Fußball betrachtet und analysiert werden.

Platzverweis: Rassismus beim Fußball

Edwin Miftari berichtet in der Gruppendiskussion, dass er als Jugendlicher eine Karriere als professioneller Fußballspieler angestrebt habe. Um diesem Ziel näherzukommen und häufiger trainieren zu können, habe er entgegen dem Rat seiner Eltern sogar einen Schulwechsel vom Gymnasium auf die Handelsakademie in Kauf genommen, obwohl er keinerlei Schwierigkeiten auf dem Gymnasium gehabt habe. Für den Schulwechsel sei vielmehr ausschlaggebend gewesen, dass die Handelsakademie eine Kooperation mit einem Fußballverein hatte und Edwin Miftari auf diese Weise häufiger trainieren konnte. Somit ging er das Risiko eines niedrigeren Bildungsabschlusses ein, um später einmal – so seine Annahme – als Fußballprofi arbeiten zu können. Jedoch blieb die erhoffte Karriere unter anderem aufgrund mehrerer Verletzungen, aber auch aufgrund einer diskriminierenden Auswahlpraxis bei der Spielerförderung aus.

Eine besonders markante Stelle in der Diskussion ist jene, an der Edwin Miftari sehr ausführlich davon berichtet, wie er nach einer Knieverletzung wieder aktiv mit dem Fußballtraining im Verein begonnen habe. Interessant ist dabei vor allem, wie er den Umgang des Vereins und der Trainer mit „ausländischen Spielern" im Gegensatz zu jenem mit den „Österreichern" beschreibt, als es darum geht, talentierte Spieler in eine höhere Liga zu bringen.

> Edwin: Das mit Fußball lief bis dahin gut und dann kam meine erste Verletzung, mit siebzehn oder achtzehn am linken Knie. [.] Dann habe ich zurückgekämpft und da habe ich das erste Mal gemerkt-, den Rassismus gemerkt. [.] Oder ein bisschen Freunderlwirtschaft [Vetternwirtschaft, Anm. M. H.].

(GD Miftari_Edwin, 1530–1536)

Edwin Miftari berichtet in dieser Sequenz von den Anstrengungen, die es ihn gekostet habe, sich nach der Verletzung wieder im Fußballsport zu etablieren, und macht dies deutlich, indem er seine Bemühungen als Kampf darstellt. Im Anschluss daran spricht er explizit von „Rassismus", unter anderem davon, dass er ihn in dieser Situation „das erste Mal" „gemerkt [bemerkt]" habe. Bis zu dieser Aussage bleibt noch vage, was genau er als „Rassismus" bezeichnet. Trotzdem kann angenommen werden, dass Edwin Miftari vorher bereits ähnliche Erfahrungen gemacht hatte, sie damals aber noch nicht als Rassismuserfahrungen identifizieren konnte. Erst in diesem besagten Moment wird ihm offenbar, zumindest rückblickend betrachtet, *bewusst*, dass es sich um „Rassismus" handelt. Indem er im Weiteren von „Freunderlwirtschaft" spricht, erfolgt eine Relativierung der vorherigen Benennung des Geschehens als „Rassismus" und eine diskursiv verfügbare Abschwächung des Begriffs. Im Weiteren erzählt Edwin Miftari:

> Edwin: Im Verein habe ich das dann gemerkt, dass eher die Österreicher bevorzugt worden sind. [.] Als ausländische Spieler. Egal, ob sie aus Kroatien, Bosnien, aus der Türkei oder sonst wo waren. [.] Also, es war schon-, also, bei unserer, wie soll ich sagen? Bei unserer Mannschaft, bei unserer Generation, also, im Jahrgang '89, '90 und '91. [.] Wurde schon geschaut, dass eher Wert auf die Österreicher gelegt wird.

(GD Miftari_Edwin, 1536–1546)

Edwin Miftari geht nun konkret auf die Ausschließungspraxen des Vereins ein und beschreibt die Bevorzugung der von ihm als „Österreicher" benannten Spieler. Er selbst, de jure mazedonischer Staatsangehöriger, sieht sich in dieser Argumentation nicht als Österreicher, sondern bezieht sich hier ausschließlich auf die Staatsangehörigkeit der Spieler. Diesen Ausschluss kann auch seine eigene Interpretation des Zugehörigkeitskonzepts, wie er es an früherer Stelle beschreibt („ich fühle mich auch zum Teil als Österreicher in gewissen Punkten", GD Miftari_Edwin, 706) nicht verhindern. Edwin Miftari erklärt im Weiteren explizit, dass es „egal" gewesen sei, welcher (ausländischer) Herkunft („Kroatien, Bosnien, aus der Türkei") die Spieler waren. Es gab demnach bezüglich der als „Andere" konstruierten Gruppe keine von außen zugeschriebene Hierarchie, lediglich die Nationalität, das Nicht-Österreicher-Sein, scheint hier ausschlaggebend gewesen zu sein. Umso mehr wird hier die banale binäre Konstruktion von „Wir" (Österreicher) und „den Anderen" (Nicht-Österreicher) deutlich, in der es keine möglichen „Zwischenräume", Uneindeutigkeiten oder changierenden Zugehörigkeiten gibt. Im Folgenden nimmt Edwin Miftari seine zuvor getätigte Aussage über die ausschließenden Praxen ein Stück weit zurück, indem er davon spricht, dass dies „[b]ei unserer Mannschaft, bei unserer Generation" so gewesen sei. Diese Formulierung legt nahe, dass es in anderen Mannschaften und bei anderen Jahrgängen hätte anders sein können. Der Rassismus, den er zuvor noch beklagt hat, wird damit als Ausnahmeerscheinung deklariert. Auch die abschließende Passage in dieser Sequenz, die Aussage, „dass eher Wert auf die Österreicher" gelegt worden sei, suggeriert eine Relativierung, zumindest eine Abschwächung der zuvor klar als „Rassismus" benannten Praxis.

Edwin Miftari bleibt in seinen hier beschriebenen Äußerungen zu Rassismus relativ vage. Er klagt Rassismus an – und relativiert ihn gleichzeitig. Zudem findet eine Vergegenständlichung des Rassismus statt, indem Ausschließungs-praxen durchgeführt werden. Die Vagheit in der Beschreibung kann als Schutz-mechanismus interpretiert werden und hat die Funktion, die Vorsicht zu zeigen, mit der Edwin Miftari rassistische Handlungen beurteilt – aufgrund seines Wissens über die gesellschaftliche Tabuisierung und Nicht-Anerkennung der Tatsache, dass es Rassismus gibt. Die Frage nach der Legitimität der Benennung von Rassismus schwingt hier indirekt ebenso mit wie die Frage danach, was überhaupt als Rassismus bezeichnet werden darf und was besser nicht. Allerdings, so zeigt sich in der folgenden Sequenz, geht Edwin Miftari doch sehr konkret auf die Ausschließungspraxis im Fußball ein:

> Edwin: Weil es dann Probleme gegeben hätte, weil wir ja die meisten keine Staatsbürgerschaft hätten. Dann müssten wir neu angemeldet werden, falls wir es geschafft hätten. Denn es gibt Förderungen vom ÖFB[23], je mehr Österreicher für die Kampfmannschaft spielen, desto mehr Geld bekommen sie vom ÖFB, und so weiter. Deswegen wurde immer geschaut, dass mehr Österreicher spielen.

(GD Miftari_Edwin, 1548–1552)

Demnach erfolgt die Förderung der österreichischen Spieler – so Edwin Miftaris Argumentation – sowohl aus finanziellen Gründen als auch aus nationalstaatlichem Interesse. Hieran wird deutlich, dass Edwin Miftari die beschriebene und zuvor als Rassismus benannte Auswahlpraxis in dieser Sequenz in einem anderen Licht sieht. Den ÖFB quasi in Schutz nehmend, berichtet er davon und führt gleichzeitig mögliche Motive für dessen Verhalten an (Probleme bei fehlender österreichischer Staatsangehörigkeit und finanzielle Aspekte), die die diskriminierende Auswahlpraxis als nachvollziehbar erscheinen lassen. In diesem Sinne werden die Ausschließungspraxen als logische Folge äußerer Umstände gedeutet.

In der weiteren Diskussion berichtet Edwin Miftari, dass die Mehrheit der Spieler, die in eine höhere Liga aufgestiegen sind, österreichische Staatsangehörige gewesen seien, und schätzt deren Zahl auf „weit mehr als 80 Prozent" (GD Miftari_Edwin, 1568–1569). Auf die Frage der Interviewerin, woher er dies wisse, ob ihm das gesagt worden sei, entgegnet Edwin Miftari:

> Edwin: Nein, nicht gesagt, aber man konnte es sehen.
>
> I2:   Ja.
>
> Edwin: Man konnte sehen, welcher Spieler welche Leistung gebracht hat und wann er, zum Beispiel als 17-Jähriger, von der U17 in die U19 oder bei den Amateuren oder gleich in die Kampfmannschaft gekommen ist.

---

23   ÖFB ist die Kurzform für Österreichischer Fußball-Bund, dessen Auswahlmannschaft die Österreichische Fußballnationalmannschaft ist.

I2:   Ja.

Edwin: Und andere Spieler, die besser gespielt haben, die schon reifer waren, nie
            die Chance bekommen haben.

I2:   Mhm, ja.

Edwin: Weil es-

I2:   Und haben Sie da mit-, mit Ihren Kollegen vielleicht darüber gesprochen,
            oder war da niemand (   )?

Edwin: Klar haben wir darüber gesprochen. Aber, was willst du da tun?

(GD Miftari_Edwin, 1574–1586)

In dieser Sequenz aus der Gruppendiskussion spricht Edwin Miftari erneut die
diskriminierende Praxis bei der Förderung geeigneter Spieler an. Ihm ist durchaus bewusst, dass dies nicht nach objektiven Kriterien geschieht, sondern dass
hier entlang von Differenzlinien nach Herkunft bzw. Staatsangehörigkeit ent-
schieden wird. Edwin Miftari beschreibt diesen Ausschluss mit den Worten, dass
andere „nie die Chance bekommen" hätten; eine Problematik, die nicht nur im
sportlichen Kontext, sondern auch in anderen Bereichen, wie beispielsweise im
Bildungssystem, vorzufinden ist. Sein abschließendes Fazit in dieser Sequenz
„Aber, was willst du da tun?" klingt ernüchtert. Er habe zwar mit seinen Kollegen darüber gesprochen – und später erzählt er, dass die Geförderten die benachteiligende Praxis gegenüber den Spielern mit nicht-österreichischer Staatsbürgerschaft durchaus registriert hätten –, aber selbst keine Möglichkeit gesehen, dagegen vorzugehen. Dies bedeutet für Edwin Miftari in weiterer Folge das Ende
seiner Zukunftsvision, Fußballprofi zu werden, und gleichzeitig eine berufliche
Neuorientierung.

Rassismus (nicht) beim Namen nennen

An Edwin Miftaris Erzählungen drücken sich während der gesamten Gruppendiskussion immer wieder Unsicherheiten in der Benennung dessen aus, was in
meiner Untersuchung als Rassismus gefasst wird. Dies wird auch an folgender
Interviewsequenz deutlich:

Edwin: Aber das war eigentlich das einzige Mal, weil ich mich jetzt daran erin-
            nert habe, wo man so eine Art Rassismus gespürt hat. [.] Oder Ausländer-
            feindlichkeit. [.] Nationalismus oder, keine Ahnung, [.] wie ich es nennen
            soll.

(GD Miftari_Edwin, 1614–1622)

Diese Passage zeigt in eindrücklicher Weise, wie schwer es Edwin Miftari fällt, bei seinem anfänglich klar formulierten Rassismusbegriff zu bleiben. Spricht er in der Sequenz vorher zunächst von „Rassismus", so wechselt er daraufhin zu einer „Art Rassismus" und greift dann den gängigen Begriff der „Ausländerfeindlichkeit" auf. Als suche er nach geeigneteren Wörtern, geht er über zu „Nationalismus", um dann mit einer offenen Frage bezüglich der Benennung zu enden. Hier drückt sich nicht nur seine individuelle Unsicherheit in der Benennung aus; vor allem wird die diskursiv verhandelte Tabuisierung des Rassismusbegriffs deutlich, die auch jene Subjekte irritiert, die ganz direkte Rassismuserfahrungen machen.

In diesem Zusammenhang hat auch Mark Terkessidis (2004) festgestellt, dass die Tatsache, dass Migrationsangehörige Rassismus identifizieren und als solchen benennen, von Mehrheitsangehörigen als disqualifiziertes Wissen gedeutet wird. „Diese Disqualifizierung wirft auch das bereits angesprochene Problem auf, was denn eigentlich von den Befragten unter Rassismus kategorisiert werden kann – in einem Land, dessen öffentlicher Diskurs eine Verwirrung über den Phänomenbereich einerseits und heftige Abwehrreaktionen gegen die Thematisierung andererseits transportiert" (Terkessidis 2004: 117). Hieran wird deutlich, dass die Identifizierung und Benennung von Rassismus nach wie vor ein Tabu darstellt und dass somit das generierte Wissen der Migrationsangehörigen als disqualifiziertes und nicht anerkanntes Wissen betrachtet wird.

Als ich als Interviewerin im Einzelinterview das Thema Zugehörigkeit einbringe, kommt Edwin Miftari sehr schnell auf Diskriminierungserfahrungen zu sprechen, die er hier aber nicht mit Rassismus in Verbindung bringt, der Begriff taucht in diesem Zusammenhang nicht auf. Vielmehr versucht er zu verdeutlichen, dass es ein Unterschied sei, ob man als „Jugo" oder „Scheiß Ausländer" beschimpft und diskriminiert werde oder ob man „richtigen" Rassismus erlebe. Diesbezüglich spricht er von den in Mazedonien lebenden Sinti und Roma, die in gravierender und massiver Weise von Rassismus betroffen seien, weshalb es ihm legitim erscheint, hier von „richtigem" Rassismus zu sprechen:

Edwin:	Also, ich fühle mich in Österreich schon zugehörig. Also, ich hatte nie große Probleme jetzt, bis auf den Fußball, aber das war kein Rassismus, sondern eher, weil der Verein es irgendwie machen musste. Aber so rassistisch-. Ich wurde schon beleidigt, ja, logisch, als Jugo und so weiter. Scheiß Ausländer, das hört man, aber das ist jetzt nicht so, dass ich das als Rassismus empfinde. Richtigen Rassismus habe ich eigentlich noch nie erlebt. Also, persönlich.
I2:	Mhm. Was wäre da so richtiger Rassismus?
Edwin:	Richtiger Rassismus wäre zum Beispiel, ähm, die Roma und Sinti, die in Mazedonien bei uns sind. [.] Wie sie von den Menschen behandelt wer-

den. [.] Als Untermenschen. [.] Das ist für mich dann richtiger Rassismus, weil teilweise sind wir oder die Ausländer, die nach Österreich kommen, sehr viel rassistischer als die Österreicher selbst oder überhaupt allgemein die Europäer und, also, ich habe schon richtigen Rassismus gesehen. Also, wie er von anderen an anderen ausgeübt wurde, aber ich persönlich habe nie-, vor allem in Österreich nicht, richtigen Rassismus erlebt.

(EI Edwin Miftari, 1181–1202)

Edwin Miftari spricht hier zu Beginn noch einmal kurz die Situation beim Fußball an, ohne diese zu vertiefen. Lediglich der Verweis, dass es sich dabei nicht um Rassismus gehandelt habe und dass die Auswahlpraxis des Vereins notwendig gewesen sei, wird angeführt. Die erlebten Beschimpfungen im Kontext von Othering und Ausschließungspraxen werden von ihm lediglich als Beleidigungen bezeichnet. Mit der Bemerkung „ja, logisch" weist er darauf hin, dass es sich um eine alltägliche und wiederkehrende Erfahrung handle, die als normalisiert betrachtet werden kann.

Im ersten und zweiten Teil der Interviewsequenz beschreibt Edwin Miftari Rassismus als etwas, das er „persönlich" noch nicht erlebt habe. Vielmehr verdeutlicht er den Rassismus am Beispiel der Diskriminierung von Sinti und Roma in seinem Herkunftsland. Er verortet das Phänomen somit außerhalb Österreichs, konkret in Mazedonien, und geht davon aus, dass „wir oder die Ausländer" teilweise „sehr viel rassistischer" seien „als die Österreicher". An dem zunächst verwendeten „Wir", das Edwin Miftari dann direkt revidiert und durch das Wort „Ausländer" ersetzt, kann abgelesen werden, dass hier indirekt auch die eigene Zugehörigkeitsfrage gestellt wird. Im Weiteren sind aber auch eine Abgrenzung zu den „Österreichern" und insgesamt eine binäre Zugehörigkeitskonstruktion ablesbar. Durch seine Äußerung wird deutlich, dass Edwin Miftari seine Zugehörigkeit nicht präzise benennen kann – vor dem Hintergrund seiner selbst aufgestellten binären Zugehörigkeitseinteilung ohnehin ein schwieriges Unterfangen.

Indem Edwin Miftari seine Rassismuserfahrungen an dieser Stelle von sich weist und sagt, dass er „persönlich" noch nie von Rassismus betroffen gewesen sei, kann seine Aussage auch als eine Form des Selbstschutzes und als Demonstration von Stärke interpretiert werden. Er lehnt die Opferrolle dezidiert ab und schreibt diese der Gruppe der „Roma und Sinti" zu. Demnach wird Rassismus („richtiger Rassismus") außerhalb Österreichs verortet und an eine andere Gruppe adressiert. Dies kann auch als Bewältigungsstrategie im Umgang mit Rassismus und Rassismuserfahrungen betrachtet werden.

Eine als eher ungewöhnlich zu bezeichnende, kurze Passage in der Gruppendiskussion, die ein irritierendes Moment bei den Beteiligten hervorruft, wird ebenfalls von Edwin Miftari initiiert. Dabei geht es um das Verhältnis zwischen

„Österreichern" und „Ausländern". Interessant an dieser Sequenz ist, dass sie gängige Diskurse zu Integration oder zum Miteinander von „Wir" (Einheimische) und „den Anderen" („AusländerInnen") kontrapunktisch, also entgegen der üblichen Lesart, aufgreift:

> Edwin: Man hört zwar in den Medien, ja, Probleme mit den Ausländern und so weiter, aber ich habe nie Probleme mit Österreichern gehabt.
>
> I2:   @ja@
>
>   ((Allgemeines Lachen))

(GD Miftari_Edwin, 114–115)

Edwin Miftari verschiebt hier berechtigterweise einmal die Perspektive, indem er sich darüber Gedanken macht, ob nicht auch „Ausländer" Schwierigkeiten mit „Österreichern" haben könnten. Diese andere Blickrichtung stellt gängige Diskurse über Menschen mit Migrationsgeschichte oder Migrationsfamilien infrage, die meist in einem defizitären Licht betrachtet werden. Allerdings ist hieran auch abzulesen, dass die Gegenüberstellung von „Österreichern" und „Ausländern" nicht aufgebrochen, sondern übernommen wird und dass Edwin Miftari somit in diesen dualen Denkstrukturen und Klassifikationen verhaftet bleibt.

Sprechen über Diskriminierung

Im Folgenden sollen die Narrationen von Drita Miftari in den Mittelpunkt der Betrachtung gerückt werden. Im teilnarrativen Einzelinterview erzählt Drita Miftari, dass ihr das Leben in Österreich besser gefalle als jenes in Mazedonien. Auf Nachfrage meiner Projektkollegin, warum dies so sei, antwortet Drita Miftari:

> Drita: Warum? (2) Weil (3) dort, wo ich lebe ((in Mazedonien)), in dieser-, in unserer-, weil wir leben nicht in der Stadt, sondern im Dorf, ga. Es ist nicht so-, keine Perspektive, kein nix, ga. Es ist nur-, die Leute sind-, wenn nur-, die Familien, die im Ausland sind. Geht es aber sonst, weil es ist ein bisschen-, weil wir sind die Albaner in Mazedonien. Immer ein bisschen diskriminiert von denen. Von der Regierung, die die Mazedonier haben, weil die Mazedonier haben mehr Rechte als die Albaner unten. Das ist so und nur deswegen. Die Leute sind nicht so-.

(EI Drita Miftari, 879–886)

Als wesentlichen Grund dafür, warum Drita Miftari das Leben in Österreich präferiert, nennt sie neben der Perspektivenlosigkeit in Mazedonien die benachteiligte Situation der dort lebenden AlbanerInnen. Als Angehörige dieser Minderheit fühlt sie sich direkt davon betroffen. Sie führt aus, dass diese Minderheit

„ein bisschen diskriminiert" werde, wobei anzunehmen ist, dass sie damit genau das Gegenteil ausdrücken möchte: dass die Diskriminierung sehr stark und weit verbreitet sei und viele deshalb ins Ausland gegangen seien. Im Weiteren erläutert sie, dass diese Benachteiligungen „von der Regierung" ausgehen würden und dass die MazedonierInnen mehr Rechte hätten als die albanische Minderheit. Die Diskriminierungen deutet sie somit als institutionalisierte und strukturelle Praxis.

Edwin Miftari stimmt mit seiner Mutter diesbezüglich überein. Es ist davon auszugehen, dass er sein Wissen über die Situation der albanischen Minderheit zu einem Großteil aus den Erfahrungen seiner Eltern generiert hat, weshalb ich es als Familienwissen interpretiere. Hier sind intergenerationale Transmissionsprozesse von Bedeutung, wenn das Wissen über Diskriminierung und Rassismus an die Kindergeneration weitergegeben wird. In der folgenden Interviewpassage wird die Frage der Staatsangehörigkeit und der Zugehörigkeit mit Rassismusphänomenen in Verbindung gebracht:

I2:   Also, das heißt, du fühlst dich-, also du hast aber die-. Welche Nationalität hast du dann?

Edwin: Die mazedonische. Am Papier.

I2:   Ja. Aber du fühlst dich └ dem nicht zugehörig?

Edwin: └ Nicht als Mazedonier. Überhaupt nicht, und da hat man-, da erlebe ich eigentlich Rassismus. Von der Regierung dort.

I2:   Ja.

Edwin: Also, die ganzen Albaner. Nicht nur die Albaner, auch die Türken und Roma und so. Also, von der mazedonischen Regierung. Da erlebt man richtigen Rassismus.

I2:   Und was ist das? Also, woran du das dann merkst?

Edwin: Ähm, Diskriminierung am Arbeitsplatz, die Diskriminierung von der Polizei, Diskriminierung von politischen Gefangenen.

I2:   Aha, ja.

Edwin: Ä:hm (2) und Diskriminierung, wie soll ich sagen, beim Geld.

(EI Edwin Miftari, 1241–1256)

In präziser Weise kann Edwin Miftari die Situation der Minderheitengruppen „Albaner", „Türken" und „Roma" benennen und spricht in diesem Zusammenhang dezidiert von „Rassismus". Interessant an dieser Passage ist, dass er diese Gruppen nebeneinanderstellt und nun nicht mehr, wie an früherer Stelle, davon spricht, dass ausschließlich Roma und Sinti von Diskriminierung und Rassismus betroffen seien.

Drita Miftari spricht im Einzelinterview einen für sie ganz wesentlichen
Aspekt an: dass sie sich hier in Österreich freier fühle und sie sich nicht einschränken müsse; in Anbetracht der zuvor erwähnten staatlichen Repressionen
gegenüber der albanischen Minderheit eine nachvollziehbare Argumentation.

> Drita: Weißt du, was ich da-. Da [hier, Anm. M. H.] bin ich mehr frei. Das sage
>   ich so. (.) Mehr frei, ga. Ich bin nicht von-, weil dort-, die Nachbarn oder
>   so, wo geht sie oder so. Das stört mich gar-. Da bin ich so in meiner Frei-
>   heit und mache, was ich will oder so.

(EI Drita Miftari, 888–892)

Verwehrte Chancen aufgrund (Nicht-)Zugehörigkeit

Der Familienvater Lian Miftari berichtet in seinen Erzählungen vor allem von
diskriminierenden Praxen in Mazedonien, die bis hin zu politisch motivierten
Verhaftungen reichen. Er und seine Familie hätten solche Diskriminierungen als
Angehörige der albanischen Minderheit selbst erlebt. Ein ganz wesentlicher
Grund für ihn, nach Österreich zu migrieren, sei demnach die Tatsache gewesen,
dass er und seine Brüder trotz abgeschlossener Berufsausbildungen und Studien-
gänge keinen Job in Mazedonien finden konnten. Dabei habe es keine Rolle
gespielt, wie gut die Ausbildung gewesen sei, allein die Zugehörigkeit zur albanischen Minderheit habe zu verwehrten beruflichen Perspektiven geführt. So war
Lian Miftari lange Zeit ohne Arbeit: „Vier, fünf Jahre war ich verheiratet und
hatte keinen Job" (GD Miftari_Lian, 275). Ein Umstand, der gerade in der Zeit,
als er ein junger Familienvater war, nicht akzeptabel gewesen sei. Dies sei – das
wird auch in anderen Interviewpassagen immer wieder hervorgehoben – eine
schwierige Situation gewesen.

> Lian: In der Zeit, ich habe ja eine Schule auch gemacht. Eine Mittelschule,
>   ein Gymnasium, so Textiltechniker. Da habe ich keinen Job bekom-
>   men. (   ) Damals hat es, bei uns waren wir ein Volk Albaner in Ma-
>   zedonien. Wir waren gegen das Volk von ganz Jugoslawien. Es war so
>   schlimm. Weißt du. Wir haben keinen Job bekommen. (   ) Doktor
>   oder Professor. Das war ein großes Problem. Meine beiden Brüder, der
>   eine hat die Schule, Ingenieur, gemacht, eine Fakultätsschule. Der andere
>   ist Lehrer und hat auch keinen Job bekommen. Ich habe damals beide
>   Brüder heraufgeholt. (2) Das ist kein Problem, sie machen alles. Gott sei
>   Dank war mein Vater in Deutschland.

(GD Miftari_Lian, 262–269)

Lian Miftari, der mit Formulierungen wie „Es war so schlimm" oder „Das war
ein großes Problem" betont, wie aussichtslos die Situation gewesen sei, da auch

Angehörige höherer Bildungsschichten wie „Doktor[en] oder Professor[en]" aufgrund ihrer Zugehörigkeit keine Möglichkeit der Berufsausübung bekommen hätten, sieht in der Migration nach Österreich eine gute Option, um für sich und seiner Familie eine Perspektive zu eröffnen und somit ein angemessenes Leben zu führen. In Mazedonien kann er sich keine berufliche Zukunft vorstellen; angesichts des Umstands, dass seine Frau Drita Miftari über keine Berufsausbildung verfügt, er selbst somit als Alleinverdiener die Familie ernähren muss, eine düstere Aussicht. In diesem Zusammenhang weist er auch auf die Migration seines Vaters hin, der – das wird in weiteren Interviewsequenzen deutlich – bereits viele Jahre zuvor nach Deutschland gegangen war, um die Familie zu ernähren. Hier wird die Abwesenheit des Vaters, trotz mutmaßlicher Entbehrungen, als positiver Orientierungshorizont betrachtet: „Gott sei Dank war mein Vater in Deutschland." So geht auch Lian Miftari als junger Mann, zunächst ohne Frau und Kinder, ins Ausland, um der prekären Lage in Mazedonien zu entfliehen.

In einer weiteren Interviewsequenz, nur wenige Minuten später, berichtet Lian Miftari abermals von massiven Diskriminierungen in Mazedonien, die er aufgrund seiner Zugehörigkeit erfahren habe. Er erzählt davon, wie er mit Mazedoniern Fußball gespielt habe und einmal „mitten im Spiel" die Polizei erschienen sei, nachdem er sich gegenüber dem Schiedsrichter geäußert hatte:

Lian: Ja, aber das war schwierig damals. Es war Kosovo, Mazedonien. Hälfte Mazedonien, ( ) sind Albaner. Das albanische Volk. Da waren die Probleme dann. Jeder zweite Albaner war im Gefängnis.

I2:   Ja.

Lian: Egal. Ich habe Fußball gespielt mit dem mazedonischen (.) Volk. Wie soll ich sagen, mit den (Orthodoxen).

I2:   Ja.

Lian: Und das mazedonische Volk. Und mitten im Spiel kommt ein Polizist, direkt ins Spiel. Ich habe so gekriegt, ein Dings bekommen von der Polizei, weil ich dem Schiri gesagt habe, er ist ein ( ), weil er (bei einem Tor gepfiffen hat). Und da kam direkt die Polizei.

(GD Miftari_Lian, 345–355)

Hieran wird deutlich, dass Lian Miftari den Übergriff der Polizei auch rückblickend noch als sehr gravierend bewertet und dieser für ihn in keiner Relation zu seiner Aussage gegenüber dem Schiedsrichter steht. Es bleibt offen, weshalb der Schiedsrichter „gepfiffen hat", was genau Lian Miftari damals gesagt hat, aber auch, in welcher Weise die Polizei darauf reagiert hat: mit einer Strafe, mit Gewalt oder mit Polizeigewahrsam. Deutlich ist jedoch an dieser Aussage, dass Lian Miftari das Einschreiten der Polizei als massiven Übergriff wahrgenommen hat und auch heute noch wahrnimmt und dass er ihn in einen direkten Zusammenhang mit seiner albanischen Zugehörigkeit stellt.

Die im ersten Teil der Passage gemachte Äußerung „Jeder zweite Albaner war im Gefängnis" lässt Lian Miftaris Sicht auf die Rechtsstaatlichkeit in Mazedonien erkennen: auf einen Staat, der sich gegenüber der albanischen Minderheit offen diskriminierend verhält und in dem diese Gruppe vielfachen Repressalien ausgesetzt ist.

Vor dem Hintergrund dieser gravierenden Erfahrungen scheint es durchaus nachvollziehbar, dass Lian Miftari das Leben in Österreich trotz der beschriebenen Anstrengungen insgesamt als positiv betrachtet und an keiner Stelle von Diskriminierungen oder Rassismus berichtet.

4.6 Familienressourcen

Die vorangegangenen Ausführungen haben gezeigt, dass die Familie Miftari über mehrfache Erfahrungen mit Rassismus, Diskriminierung und Ausschließungspraxen berichten kann und sich dementsprechend ein Wissen angeeignet hat. Diese Erfahrungen sind aber nicht als Einzelphänomene zu betrachten, viele Migrationsfamilien können von ähnlichen Erlebnissen berichten (vgl. Scharathow 2014; Terkessidis 2004; Jonuz 2009). Vor allem der erschwerte Zugang zu nationalen Ressourcen wie Bildung, Erwerbsarbeit oder Wohnen (vgl. Riegel/Stauber/Yildiz 2018c) führt dazu, dass Migrationsfamilien auf familiale, teilweise auch transnationale Ressourcen zurückgreifen, um ihr Leben aktiv gestalten zu können. Dabei nutzen sie ihr soziales und kulturelles Kapital, indem beispielsweise Verwandte eine Arbeitsstelle vermitteln oder ein Bekannter eines Angehörigen eine Wohnung anmietet. Diese familialen Netzwerke können von immenser Bedeutung sein, wenn dadurch Zugänge zu Arbeit, Bildung oder Wohnen geschaffen werden und sich Alternativen zu gesellschaftlichen Regelsystemen auftun. In diesem Sinne können diese Lebensstrategien als kreative und widerständige Reaktionen auf ausschließende Systeme gelesen werden.

Transnationale Netzwerke können aber auch bei der Planung und Initiierung einer Migration sehr hilfreich sein: wenn etwa das Wissen und die Erfahrung von Familienmitgliedern genutzt werden. So berichten viele der von mir befragten Familien davon, dass sie über Verwandte (Bruder, Onkel etc.), die bereits migriert waren, beispielsweise einen Arbeitsplatz vermittelt bekommen hätten. Aber auch das Familiennetzwerk im Herkunftsland ist für den Migrationsprozess von großer Bedeutung: wenn etwa minderjährige Kinder, deren Eltern migriert sind, (temporär) bei nahen Verwandten untergebracht werden, womit das Migrationsprojekt oft überhaupt erst ermöglicht wird.

Auch die Migrationsgeschichte der Familie Miftari zeigt, dass transnationale Ressourcen genutzt werden konnten, da zunächst der damals junge Familienvater Lian Miftari nach Österreich zog, um einer Arbeit nachzugehen:

> Lian: Ich war verheiratet und hatte keinen Job und dann habe ich einmal ein bisschen ( ). Und ich habe mir gedacht, ich werde mal heraufkommen. Ich war damals nach meinem Vater in Deutschland, in Dortmund. Dann war es mein Cousin, der gesagt hat: Probieren wir es da in Gerlach.

(GD Miftari_Lian, 278–281)

Hieran wird deutlich, dass Lian Miftari seine familialen Netzwerke und das Wissen seines Vaters nutzen kann, um die Migration zu wagen. Auch der Cousin, der ihn auffordert, gemeinsam eine Lebensperspektive in Gerlach zu entwickeln, kann als Motivator betrachtet werden, der das Migrationsprojekt ins Rollen bringt.

Wie in vielen anderen Familien auch geht zunächst der Vater ohne seine Frau und ohne Kinder nach Österreich. Erst sechs Jahre später holt Lian Miftari die drei nach. Diese familiale Trennung, die auch als (Über-)Lebensstrategie betrachtet werden kann, ermöglicht es dem Familienvater, seinen Status (Arbeit, Wohnen, Aufenthaltsberechtigung etc.) in Österreich zu festigen, während seine Frau und die zwei kleinen Söhne bei nahen Verwandten in Mazedonien bleiben.

Viele von Lian Miftaris Verwandten haben ebenfalls den Schritt in die Migration gewagt und sind nach Österreich, Deutschland oder in andere Länder gezogen. Zwei seiner drei Brüder leben mit ihren Familien in Österreich und konnten davon profitieren, dass Lian Miftari vorausgegangen ist: „Ich habe damals beide Brüder heraufgeholt" (GD Miftari_Lian, 268). Hieran wird deutlich, dass durch das Migrationswissen von Lian Miftari eine Lebensgrundlage für seine Brüder in Österreich geschaffen werden konnte. Dieses Wissen stellt damit eine wichtige Ressource dar.

Die Familie Miftari pflegt intensive Kontakte ins Herkunftsland Mazedonien. Dort besitzt sie ein eigenes Haus, das ein wichtiger Referenzpunkt für die Familie zu sein und ein Statussymbol für sie darzustellen scheint; vor allem vor dem Hintergrund, dass die Familie in Österreich (noch) keine eigene Immobilie besitzt, eine solche aber durchaus in naher Zukunft erwerben möchte. Regelmäßig reist die Familie nach Mazedonien, um einige Wochen im Sommer und im Winter dort zu verbringen. Bei diesen Gelegenheiten besuchen sie Verwandte und Freunde, viele von ihnen wohnen ebenfalls im Ausland und besuchen ihre Angehörigen zur gleichen Zeit. Der Aufenthalt in Mazedonien wird darüber hinaus aber auch bevorzugt für besondere Feierlichkeiten genutzt. So hat beispielsweise Milo Miftari, der ältere Sohn der Familie, seine Hochzeit dort gefeiert; eine durchaus übliche Praxis, auch für Familien, die wie die Familie Miftari ins Ausland migriert sind. Dass der Partner oder die Partnerin – wie Milo Miftaris Ehefrau, Adriana Miftari – aus demselben Ort wie die Familie kommt und dort bis zur Heirat lebt, ist ebenfalls als eine verbreitete transnationale Praxis zu deuten. Das Phänomen der Heiratsmigration ist in wissenschaftlichen Zusammenhängen vielfach untersucht worden. So hat etwa Elisabeth Beck-Gernsheim (2010) gezeigt, dass die Heirat zwischen MigrantInnen bzw. Menschen mit familialer Migrationsgeschichte und jenen, die im Herkunftsland (der Eltern) leben, durchaus üblich ist. Sie spricht in diesem Zusammenhang von einer „privilegierten Option" (Beck-Gernsheim 2010: 186) und weist darauf hin, dass die heiratswilligen PartnerInnen im Herkunftsland das Vorhandensein transnationaler Netzwerke nutzen.

Als weitere Familienressource kann die Verwendung von unterschiedlichen Sprachen in verschiedenen Kontexten (Urlaub in Mazedonien, zu Hause in Gerlach etc.) gedeutet werden. Es zeigt sich, dass die Familienmitglieder flexibel mit ihren Sprachkenntnissen umgehen. Vor allem die Brüder Edwin und Milo Miftari verwenden je nach Situation unterschiedliche Sprachen:

I2:	Aber zu Hause reden Sie ja sicherlich kein Deutsch miteinander, oder?
Drita:	Nein. Die Brüder schon eher Deutsch. Die sprechen ( ) Deutsch.
I2:	Ja?
Drita:	Fast immer, oder?
Lian:	Leichter, leichter verständlich.
Drita:	Ich weiß nicht, der hiesige Dialekt ist so schwer.
Edwin:	Es kommt auch drauf an. Wenn wir unten sind auf Urlaub, dann nur Albanisch eigentlich.
I2:	Mhm.
Edwin:	Weil die Situation, die wir zum Beispiel bereden, oder so, sozusagen, auf Albanisch stattgefunden hat, und deswegen Albanisch.
I2:	Ok.
Edwin:	Und hier leben wir in Österreich und die Situationen erleben wir, sozusagen, auf Deutsch.
I2:	Ja.
Edwin:	Deswegen ist-, fällt es uns leichter, wenn wir Deutsch miteinander reden.

(GD Miftari, 2079–2094)

Dass Lian und Drita Miftari im Familienkontext meist Albanisch sprechen, argumentiert Drita damit, dass „der hiesige Dialekt so schwer" sei – ein Umstand, der auch von anderen InterviewpartnerInnen immer wieder beschrieben wird. Edwin Miftari erzählt dagegen, dass er zwischen zwei Sprachen wechsle: In Mazedonien spreche er Albanisch, in Österreich Deutsch, vor allem mit seinem älteren Bruder.

Es ist deutlich geworden, dass die Familie Miftari ihre transnationalen Netzwerke und ihre Mehrsprachigkeit flexibel und je nach Kontext nutzt. Dadurch agieren die Familienmitglieder über Länder- und Sprachgrenzen hinweg, entwickeln mehrheimische Praktiken und erweitern somit ihre familialen Möglichkeitsräume.

4.7 Praxen im Umgang mit Rassismus

Die Analyse der Interviewdaten, die zur Familie Miftari erhoben wurden, hat gezeigt, dass die Familienmitglieder Rassismus, Diskriminierung und damit verbundene Ausschließungspraxen in unterschiedlicher Weise zur Sprache bringen. Es ist im Weiteren deutlich geworden, dass diese Themen einen großen Raum innerhalb der Gruppendiskussion und der beiden Einzelinterviews eingenommen haben. Daraus ist zu schließen, dass sie auch familial verhandelt werden. Obwohl Lian Miftari im Gegensatz zu seinem Sohn Edwin Rassismus und Diskriminierung in Österreich nicht anklagt, sondern betont, dass er froh sei, der schwierigen Situation in Mazedonien entkommen zu sein, ist doch ein gemeinsamer familialer Orientierungshorizont erkennbar: Diskriminierungen und Rassismuserfahrungen stellen keine Tabuthemen innerhalb der Familie dar, sondern werden offen angesprochen. Es kann aufgrund der Narrationen sogar davon ausgegangen werden, dass diese Phänomene ein Stück weit zur Geschichte der Familie Miftari dazugehören, da sie als Angehörige der albanischen Minderheit mehrfach von diskriminierenden Praxen sprechen, die die einzelnen Familienmitglieder selbst erlebt haben. Allerdings wird ebenfalls sichtbar, dass Edwin Miftari anders als seine Eltern auf Rassismus und Diskriminierung (beispielsweise beim Fußball) reagiert und diese, wenn auch in ambivalenter Weise, benennt. Im Weiteren kann vermutet werden, dass die Elterngeneration aufgrund der teilweise massiven diskriminierenden Erfahrungen in Mazedonien mit dem Anklagen von Rassismus in Österreich vorsichtig ist. Vor allem die Äußerungen Lian Miftaris lassen auf diese Art des Umgangs mit Rassismus und Diskriminierung schließen.

Somit muss die Familie kreative Lösungen im Umgang mit Rassismus entwickeln, um sich einerseits ihr gemeinsames Leben zu ermöglichen (beispielsweise durch die Migration von Mazedonien nach Österreich) und um andererseits angestrebte Lebensziele (berufliche, private etc.) aktiv umzusetzen. Hierbei greift die Familie Miftari auch auf ihr großes transnationales und familiales Netzwerk zurück, um ihren Möglichkeitsraum zu erweitern und als handelnde Subjekte agieren zu können.

5 Familie Demir

5.1 Fallporträt

Die Familie Demir lebt seit über 15 Jahren in Gerlach. Der Familienvater Kaya Demir migriert 1995 von der Türkei nach Österreich. Seine Frau Nazan Demir lernt er bereits mehrere Jahre zuvor in Istanbul kennen, wo die beiden auch heiraten. Während Kaya Demir zu diesem Zeitpunkt schon in Österreich lebt, wohnt seine Frau damals noch in der Türkei und übersiedelt erst einige Monate nach der Heirat nach Österreich. Das Ehepaar Demir hat drei Kinder, die alle in Österreich geboren sind und zum Zeitpunkt des Interviews in Gerlach die Schule besuchen.

Auch in der Familie Demir ist die familiale Migrationsgeschichte keine lineare, sondern geprägt von Unterbrechungen und Ungleichzeitigkeiten. Kaya Demir macht bereits im Kindesalter erste Migrationserfahrungen. Sein Vater geht aufgrund eines Stellenangebots in einem Schlachthof nach Norddeutschland und nimmt seine Familie – die Ehefrau und zwei kleine Kinder – mit. Kaya Demir verbringt vier Jahre in Deutschland, wo er auch die Grundschule besucht. Als sein Vater arbeitslos wird, zieht die Familie wieder zurück in die Türkei. Einige Jahre später trifft der Vater zufällig einen ehemaligen Arbeitskollegen aus Deutschland, der ihn fragt, ob er in Österreich arbeiten wolle. Kaya Demirs Vater sagt zu und geht zunächst allein nach Österreich, ein Jahr darauf kommen Kaya Demirs Mutter und seine um drei Jahre jüngere Schwester nach. Kaya Demir selbst darf die Türkei nicht verlassen, da er trotz mehrfacher Antragstellung kein Visum bekommt. Auch ein Touristenvisum wird ihm verweigert. In dieser Zeit lebt Kaya Demir bei seinen Großeltern und seiner Tante in Istanbul. Bei der Arbeit lernt er seine spätere Ehefrau Nazan kennen. Nach Absolvierung der zweijährigen Bundesheerzeit in der Türkei stellt Kaya Demir abermals einen Antrag auf Einreise nach Österreich. Auch diese Bemühungen bleiben erfolglos.

So versucht Kaya Demir schließlich, ohne ein gültiges Visum über Slowenien nach Österreich einzureisen. Allerdings scheitert dies zunächst und Kaya Demir muss in Ljubljana in Arrest. Am Tag nach der Verhaftung fliegt er zurück in die Türkei. In einem zweiten Versuch gelingt ihm schließlich die Einreise nach Österreich. Dort angekommen, beantragt Kaya Demir Asyl, da er in Österreich bei seiner Familie bleiben will und keine andere Möglichkeit sieht, sich legal aufzuhalten. Nach einem längeren Asylverfahren wird sein Antrag jedoch

© Springer Fachmedien Wiesbaden GmbH, ein Teil von Springer Nature 2020
M. Hill, *Migrationsfamilien und Rassismus*, Interkulturelle Studien,
https://doi.org/10.1007/978-3-658-30087-6_6

abgelehnt. Kaya Demir berichtet, dass ihm daraufhin von unterschiedlichen Seiten geraten worden sei, eine Frau mit österreichischer oder deutscher Staatsangehörigkeit zu heiraten. Dies habe er jedoch abgelehnt, da er sich, ohne Wissen der Eltern, in der Türkei bereits mit Nazan verlobt hat. Mit Unterstützung seines Vaters macht sich Kaya Demir schließlich im Gastronomiebereich selbstständig und erhält dadurch einen eingeschränkten Aufenthaltsstatus in Österreich. In regelmäßigen Abständen muss er diesen jedoch verlängern lassen. In dieser Zeit wird Kaya Demir von seinen Eltern finanziell unterstützt.

Nazan Demir ist in der Türkei geboren und lebt bis zu ihrer Migration nach Österreich in Istanbul. Dort besucht sie die Schule und lässt sich auf dem Handelsgymnasium zur Buchhalterin ausbilden. Ihre Eltern sind Jahre zuvor aus Anatolien nach Istanbul umgezogen. Nazan Demir hat zwei Brüder und eine Schwester, die ebenfalls migriert und heute in Frankfurt wohnt.

Ende der 1990er Jahre heiraten Kaya und Nazan Demir in Istanbul. Ein Jahr später zieht Nazan Demir zu ihrem Mann nach Österreich. Dieser Schritt – so erzählt sie – sei ihr nicht leichtgefallen, da sie ihre sichere Arbeitsstelle als Buchhalterin, ihre Eltern und Geschwister sowie ihr Leben in Istanbul hinter sich lassen musste. Kaya Demir arbeitet in dieser Zeit noch immer in der Gastronomie. 1998 wird die Tochter Nurhan geboren, zwei Jahre danach kommt der Sohn Bülent auf die Welt und weitere fünf Jahre später der Sohn Tarkan. Nazan Demir verbringt nun die ersten Jahre in Österreich zu Hause bei ihren Kindern, nebenbei hilft sie ihrem Mann im Kebabladen. Gerne hätte sie auch in Österreich den erlernten Beruf ausgeübt. Allerdings gelingt ihr der Wiedereinstieg trotz Absolvierung mehrerer Deutschkurse und eines Praktikums nicht. Sie erzählt, dass sie sich zeitweise mit der Doppelbelastung als Mutter und Berufstätige überfordert gefühlt habe. Noch zum Zeitpunkt der Gruppendiskussion ist Nazan Demir nicht berufstätig; mehrere Wochen später, als die Einzelinterviews mit Kaya Demir und seiner Tochter Nurhan stattfinden, berichtet Kaya Demir, dass seine Frau nun als Reinigungskraft arbeite.

Der jüngere Sohn Tarkan besucht zum Zeitpunkt der Gruppendiskussion die Volksschule, sein älterer Bruder Bülent das Gymnasium und die Tochter Nurhan die Neue Mittelschule, nachdem sie zuvor ein Jahr lang ebenfalls auf dem Gymnasium war. Zum Zeitpunkt der Einzelinterviews hat Nurhan bereits ein weiteres Mal die Schule gewechselt, sie besucht nun die Handelsschule (HAS).

Die Familie Demir lebt in einem ruhigen Stadtteil in Gerlach, wo sie sich eine Eigentumswohnung in einem Mehrparteienhaus gekauft hat.

Nach 17-jähriger Berufstätigkeit als Gewerbetreibender ist Kaya Demir nun seit drei Jahren als Busfahrer tätig. Er beschreibt die Phase der selbstständigen Tätigkeit im Nachhinein als sehr zeit- und arbeitsaufwändig, mit Arbeitstagen von teilweise 15 Stunden. Dadurch habe er seine Familie nur selten gesehen.

Deshalb sei er froh, nun in einem geregelten Arbeitsverhältnis zu stehen und genügend Zeit mit seiner Familie verbringen zu können. Die Religionszugehörigkeit der Familie wird von ihren Mitgliedern als muslimisch beschrieben. Die Tochter Nurhan erwähnt, dass sie Aleviten seien und deshalb nicht in die Moschee gingen. Auch ihr Vater Kaya Demir erzählt, dass er keine Moschee besuche, andere Glaubenspraktiken aber respektiere. In diesem Zusammenhang weist er darauf hin, dass er die freie Entscheidung bei der Religionsausübung für wichtig halte: „Mich stört nur dieser Zwang" (EI Kaya Demir, 679).

Familie Demir	Kaya	Nazan	Nurhan	Bülent	Tarkan
Verwandtschafts-verhältnis	Vater	Mutter	Tochter	Älterer Sohn	Jüngerer Sohn
Einzelinterview	X		X	X	

Abbildung 6: Familie Demir

5.2 Zugang zur Familie und Interviewsituation

Den Kontakt zur Familie Demir erhielt das Projektteam über einen guten Freund und Arbeitskollegen von Kaya Demir, Benjamin Rekic[24], der uns als Schlüsselperson diente. Bei der Gruppendiskussion waren die Eltern Kaya und Nazan Demir sowie ihre drei Kinder anwesend. Benjamin Rekic nahm ebenfalls an der Gruppendiskussion teil und brachte sich vereinzelt auch mit Redebeiträgen in die Diskussion ein. Die beiden Söhne Bülent (12 Jahre alt) und Tarkan (7 Jahre alt) hielten sich die meiste Zeit im Kinderzimmer auf und brachten sich nicht aktiv in die Gruppendiskussion ein. Die Tochter Nurhan (14 Jahre alt) nahm phasenweise an der Gruppendiskussion teil und konnte sich dann auch mit Redebeiträgen einbringen.

Die Gruppendiskussion fand bei der Familie Demir zu Hause statt. In sehr freundlicher Weise wurden meine Projektkollegin, Benjamin Rekic und ich von Kaya und Nazan Demir an der Wohnungstür begrüßt und direkt ins Wohnzimmer geführt. Dort nahmen wir auf dem Sofa Platz und wenig später wurde uns Kaffee und Gebäck serviert. Es entwickelte sich ein lockeres Gespräch, in dem Kaya und Nazan Demir bereits anfingen, unter anderem über ihre Familie, ihre

---

24 Benjamin Rekic und seine Familie wurden im Rahmen des D-A-CH-Forschungsprojektes ebenfalls interviewt. Die Familie Rekic hat eine bosnische Migrationsgeschichte und lebt bereits seit vielen Jahren in Gerlach. Einzelne Sequenzen und deren Analyse können im Sammelband „LebensWegeStrategien. Familiale Aushandlungsprozesse in der Migrationsgesellschaft" (Riegel/Stauber/Yildiz 2018c) nachgelesen werden.

Familiengeschichte und ihre Hochzeit zu erzählen. Nazan Demir zeigte uns ihr Fotoalbum und wir betrachteten gemeinsam die Bilder, vor allem Fotos von ihrer Hochzeit. Nach diesem informellen Gespräch, das noch nicht auf Band aufgenommen wurde, erörterten wir nochmals das Forschungsinteresse. Nazan Demir wies uns an dieser Stelle darauf hin, dass ihre Deutschkenntnisse im Mündlichen nicht so gut seien und dass sie deshalb nicht so viel sagen könne. Wir nahmen dies zur Kenntnis und sagten ihr Unterstützung während der Diskussion zu. Später merkten wir jedoch, dass ihre Sorge unbegründet war, da sie sich aktiv an der Gruppendiskussion beteiligte und sich gut verständlich ausdrücken konnte – auch wenn zwischendurch spürbar war, dass ihr das längere Reden auf Deutsch nicht ganz leichtfiel. Nach diesem Vorgespräch wurde das Aufnahmegerät eingeschaltet und die Erzählaufforderung gestellt.

Die Gesprächsatmosphäre war insgesamt sehr entspannt und offen. Die Eltern sprachen ausführlich und in teilweise sich ergänzenden Redebeiträgen. Zeitweise verließen Kaya Demir und Benjamin Rekic das Wohnzimmer, um in der Küche eine Zigarette zu rauchen. Insgesamt dauerte die Gruppendiskussion über zwei Stunden.

Die teilnarrativen Einzelinterviews fanden wenige Monate später mit dem Vater Kaya Demir und der Tochter Nurhan statt. Außerdem wurde ein weiteres spontanes Einzelinterview mit dem Sohn Bülent geführt, das allerdings nur 13 Minuten dauerte. Zur Auswahl von Vater und Tochter als Interviewpartner bzw. Interviewpartnerin für Einzelinterviews kam es aufgrund der Perspektive, dass generationenrelevante Themen (Bildung, Arbeit etc.) in unterschiedlicher Weise verhandelt und gedeutet werden können. Vor allem der Vater Kaya Demir sprach bereits in der Gruppendiskussion forschungsrelevante Themen wie Othering oder diverse Diskriminierungserfahrungen an, sodass angenommen wurde, dass er diese im Einzelinterview nochmals erwähnen bzw. vertiefen würde.

5.3 Angesprochene Themen

Die Familie Demir berichtete vor allem in der Gruppendiskussion über mehrere Themen, die für sie bzw. für einzelne Familienmitglieder von Bedeutung sind. Zu den wesentlichen Themen zählten Migration, Arbeit und damit verbundene Dequalifizierungserfahrungen sowie Familie und Bildung. Diese Themen wurden selten separat diskutiert, stattdessen tauchten sie meist in Verflechtung mit anderen Gesprächsgegenständen auf. Immer wieder wurden auch Aspekte von Ausschließung, Othering und Diskriminierung beschrieben.

Im Folgenden sollen die wesentlichen angesprochenen Themen erörtert werden, bevor dann an späterer Stelle insbesondere auf relevante Narrationen über erlebte Diskriminierungen eingegangen wird.

Zunächst spielen die familialen Migrationsgeschichten eine bedeutende Rolle in den Erzählungen der DiskutantInnen. So gehen die Eltern ausführlich auf ihre individuellen Migrationserfahrungen ein und berichten über die mit der Migration verbundenen Schwierigkeiten und Hürden. Kaya Demir erzählt, dass er bereits als Kind mit seinen Eltern und seiner jüngeren Schwester vier Jahre in Deutschland gelebt und dort auch die Schule besucht habe. Als der Vater in Deutschland seine Arbeit verliert, geht die Familie wieder zurück in die Türkei, um dann einige Jahre später wieder zu migrieren, diesmal nach Österreich. Kaya Demir, der als junger Mann als Einziger aus seiner Familie kein Visum für Österreich bekommt und deshalb in Istanbul bleiben muss, absolviert zunächst den Wehrdienst in der Türkei. Dann versucht er, über Slowenien nach Österreich einzureisen. Nach dem ersten gescheiterten Versuch schafft Kaya Demir es dann schließlich beim zweiten Mal. Zu diesem Zeitpunkt ist es für ihn unvorstellbar, noch länger getrennt von seiner Herkunftsfamilie zu leben. Kaya Demirs Narrationen über seine Migration sind sehr ausführlich. Teilweise berichtet er über gefahrvolle Momente und Situationen während seiner Einreise, vor allem an den Grenzen. Insgesamt wird deutlich, dass die Migrationsgeschichte, verbunden mit zahlreichen Hürden und Unwägbarkeiten, einen wesentlichen Teil von Kaya Demirs Biografie ausmacht.

Auch seine Frau Nazan Demir beschreibt in der Gruppendiskussion ihre Migration nach Österreich, die einen besonderen Einschnitt in ihrem Leben markiert. Als gut ausgebildete junge Frau, die eine feste Arbeitsstelle und ein gutes Leben in Istanbul führt, ist die Migration nach Österreich für sie mit einigen Entbehrungen, Umstellungen und Schwierigkeiten verbunden. Der einzige Grund, warum sie nach Österreich gekommen ist, sei ihr Mann gewesen: „Normalerweise wegen dem schönen Leben oder schönen Verdienen brauche ich nicht herkommen. Weil ich habe alles in Ordnung. Gute Familie, guten Beruf, Arbeitsstelle, soziales Leben hatte ich und so" (GD Demir_Nazan, 644–646). In ihren Erzählungen wird deutlich, dass ihr der Schritt, ein neues Leben in Österreich zu wagen, nicht leichtgefallen sein dürfte und dass sie ihre damalige Entscheidung heute ambivalent betrachtet. Vor allem ihre beruflichen Dequalifizierungserfahrungen, also der Umstand, dass sie keine Aussicht auf die Ausübung ihres erlernten Berufes als Buchhalterin hat, sind für sie schwer zu ertragen. Immer wieder kontrastiert sie ihr damaliges Leben in Istanbul als berufstätige, gut verdienende junge Frau, die einen großen Freundes- und Familienkreis hat, mit dem Leben in Österreich nach ihrer Migration, als sie von ganz vorne beginnen muss: ohne Kenntnisse der Landessprache, ohne Angehörige ihrer Herkunftsfamilie, ohne Freunde und ohne Arbeit. Auch erwähnt sie in der Gruppendiskussion, als Kaya Demir und Benjamin Rekic für einige Minuten in der Küche sind, dass sie damals aufgrund der schwierigen Lebensumstände eine Tren-

nung von ihrem Ehemann in Erwägung gezogen, diesen Schritt aber nicht vollzogen habe.

Kaya Demir ist die prekäre und teilweise auch belastende Situation seiner
Ehefrau durchaus bewusst. Im Einzelinterview äußert er sich, auch bezugnehmend auf die aktuelle Tätigkeit seiner Frau, die nun als Reinigungskraft arbeitet,
folgendermaßen:

> Kaya: Aber es könnte besser sein. [.] Nicht wegen der Arbeitszeiten, sondern
>   wegen der Arbeitsstelle, weil sie ist gelernte Buchhalterin. Sie hat auch in
>   der Türkei die HAK [Handelsakademie, Anm. M. H.] fertig gemacht und
>   studiert und in einer großen Firma gearbeitet. Aber nachdem wir geheira-
>   tet haben, ist sie auch hergekommen. Das wollte sie eigentlich nicht. Ei-
>   gentlich. Also sie hat gesagt, nein, bleiben wir da hier. Da hatte sie auf
>   einer Seite recht, aber jetzt sind wir hier. Ja, jetzt haben wir alle die
>   Staatsbürgerschaft.
>
> (EI Kaya Demir, 254–261).

An dieser Passage wird deutlich, dass Nazan Demir allein ihrem Mann zuliebe
nach Österreich migriert ist und dass es einen Aushandlungsprozess bezüglich des
Wohnortes des Paares gegeben haben muss, in dem sich Kaya Demir aber letztendlich durchsetzen konnte. Er untermauert seine Begründung, in Österreich bleiben
zu wollen, mit dem nunmehrigen Besitz der hiesigen Staatsangehörigkeit.

Ein weiteres zentrales Thema in den Erzählungen der Familie Demir ist das
der Arbeit – und diesbezüglich vor allem die langjährige Selbstständigkeit von
Kaya Demir. Diese berufliche Phase wird von allen DiskutantInnen als insgesamt schwierige und belastende Zeit beschrieben, in der der Vater kaum Zeit für
seine Kinder und die Ehefrau hat, weil er nahezu durchgehend arbeiten muss. Im
Folgenden wird eine Situation beschrieben, in der Kaya Demir trotz einer Verletzung an der Hand weiter in seinem Kebabladen arbeitet, um keine finanziellen
Verluste zu erleiden:[25]

> Kaya: Ich war nie Krankenstand. Zehn Jahre war ich nie Krankenstand.
>
> Nazan: Ja. Mit dem Gips, in die Finger geschnitten, Nähte, Gips-
>
> Kaya: Ja. Die Sehne war durchgeschnitten. Habe so mit der Serviette gehalten.
>   Bin ins Krankenhaus gekommen, wurde operiert und- weiterarbeiten.
>
> Benjamin: U:h.

---

25 Die folgende Sequenz aus der Gruppendiskussion wurde auch im Hinblick auf Lebensstrate-
    gien im Kontext von Erwerbsarbeit von Lalitha Chamakalayil und Julia Tschuggnall analysiert
    und findet sich im Sammelband „LebensWegeStrategien. Familiale Aushandlungsprozesse in
    der Migrationsgesellschaft" (Riegel/Stauber/Yildiz 2018c).

Kaya: Ich habe einfach so eine Folie draufgehabt. Fleisch-, damals habe ich das Fleisch immer selber gemacht, deswegen.

Benjamin: Ja.

Nazan: Kein Urlaub und so.

Kaya: Und wenn ich krank oder verkühlt war, war vis-à-vis eine Apotheke, wo ich reingegangen bin und habe gesagt: „Herr Magister, ich fühle mich so und so, gib mir etwas!"

Benjamin: Das war dein Arzt.

Kaya: Ja.

(GD Demir, 1946–1960)

An dieser Narration wird deutlich, dass Kaya Demirs Selbstständigkeit durchgehende Gesundheit von ihm erforderte und er im Falle von auftretenden Erkrankungen oder Verletzungen weiterarbeiten musste. Auch in anderen Interviewsequenzen wird die damalige berufliche Tätigkeit von Kaya Demir mehr als überbordende Belastung denn als eine gute und angemessene Form von Erwerbstätigkeit bewertet. So erwähnt Kaya Demir, dass er sehr froh darüber sei, seine Selbstständigkeit aufgegeben zu haben: „Also, nie mehr selbstständig oder Kebab. Wenn jetzt einer sagt, da, kannst du mein Geschäft haben, zahle ich etwas drauf, dass er das selber behält" (GD Demir_Kaya, 1935–1937).

Auch die 14-jährige Tochter Nurhan scheint diese Sichtweise zu teilen und beschreibt im Einzelinterview die lange Phase der väterlichen Selbstständigkeit als schwierig, da diese mit großen zeitlichen Entbehrungen für die Familie verbunden gewesen sei:

Nurhan: Er hat jeden Tag gearbeitet außer sonntags. Und sonntags war er müde, da ist er immer nur geschlafen und so. Da haben wir eigentlich nichts zusammen unternehmen können und so. Er war Tag und Nacht immer im Dönerladen. Deswegen. Er wollte es auch nicht, er wollte auch mit seinen Kindern etwas unternehmen, deswegen hat er es verkauft. Wir wollten auch, dass er verkauft.

(EI Nurhan Demir, 204–209)

An dieser Aussage lässt sich ablesen, dass alle Familienmitglieder, also auch die Kinder, den Entschluss, die Selbstständigkeit aufzugeben, forciert und unterstützt haben.

Als Kaya Demir sich entschließt, den Laden nicht mehr weiterzuführen, pausiert er zunächst ein Jahr lang. Anschließend beginnt er, als Taxifahrer zu arbeiten. Über den damaligen Ehemann seiner Schwester wird er auf den Job als Busfahrer aufmerksam. Er macht einen Busführerschein, den er selbst finanziert,

und wird kurze Zeit später über eine Leasingfirma als Busfahrer eingestellt. Seither übt er diese Tätigkeit aus. Er und seine Familie betonen immer wieder, dass
dies eine enorme Verbesserung sei und die Familie von den geregelten Arbeitszeiten profitiere. Die Tochter Nurhan stellt diesbezüglich fest: „Aber jetzt hat er
mehr Zeit. Jetzt hat er unter der Woche, zum Beispiel Mittwoch, Donnerstag, hat
er manchmal frei und ja, jetzt hat er viel Zeit" (EI Nurhan Demir, 232–234).

Das Thema Arbeit wird weitgehend in Verbindung mit Kaya Demirs Selbstständigkeit angesprochen. Aber auch in Passagen, in denen es um andere Arten
der Erwerbsarbeit geht, wird häufig Bezug auf seine damalige Selbstständigkeit
genommen, sowohl in der Gruppendiskussion als auch in den Einzelinterviews.
Kaya Demir unterstreicht, dass er immer für sein Geld gearbeitet habe, auch
aushilfsweise für seinen Vater im Schlachthof. Gerne hätte er als junger Mann
eine Ausbildung zum Automechaniker gemacht, jedoch sei ihm dies aus sozio-
ökonomischen Gründen nicht möglich gewesen. Als Kaya Demir im Einzelinterview die aktuelle Tätigkeit seiner Frau anspricht, versucht er sich gleichzeitig zu
positionieren und sagt:

> Kaya: „[U]nd meine Frau ist Steuerberaterin [Buchhalterin, Anm. M. H.] und
>   wegen der Sprache muss sie da in einer Putzfirma arbeiten. Das ist für
>   uns nicht peinlich, also für uns ist es egal, Hauptsache arbeiten, also-. Ich
>   habe auch am Anfang überall gearbeitet. Auch WC putzen. Also ich
>   schäme mich nie"

(EI Kaya Demir, 430–433).

Obwohl Kaya Demir hervorhebt, dass es seiner Familie „nicht peinlich", sondern
„egal" sei, welcher Erwerbsarbeit Nazan Demir aktuell nachgeht oder er selbst
früher nachgegangen ist, kann angenommen werden, dass vor allem seine Frau
die Tätigkeit der Reinigungskraft als stark dequalifizierend, eventuell auch als
beschämend betrachtet. Schließlich erwähnt Nazan Demir in der Gruppendiskussion mehrfach, dass sie als ausgebildete Buchhalterin in der Türkei einer angese-
henen Arbeit nachgegangen sei. Sie positioniert sich somit als gut ausgebildete,
beruflich erfolgreiche und finanziell unabhängige Frau. Auch Kaya Demir weist
darauf hin, dass seine Ehefrau nur „wegen der Sprache" die Tätigkeit einer Reinigungskraft ausübe. Er versucht im Weiteren, gängige Diskurse über Migrant-
Innen, die nicht arbeiten wollten und unrechtmäßig Sozialleistungen beziehen
würden, zu dekonstruieren und durch das Bild von fleißigen und arbeitswilligen
Migrationsfamilien zu ersetzen.

Ein Thema, das vor allem von den Eltern Nazan und Kaya Demir in der
Gruppendiskussion verhandelt wird, bezieht sich auf die Kenntnisse der deutschen Sprache. Nazan Demir erzählt, dass es ihr gerade in der ersten Zeit in Österreich schwergefallen sei, die neue Sprache zu erlernen, da sie überwiegend mit

ihren Kindern zu Hause war, wenig Sozialkontakte hatte und ihr Mann viel arbeiten musste. Dadurch sei es ihr nicht möglich gewesen, einen Sprachkurs zu besuchen oder die Sprache zu praktizieren. Vieles bringt sie sich deshalb zunächst selbst bei, bevor sie Jahre später mehrere Deutschkurse besucht. Der Erwerb der deutschen Sprache ist für Nazan Demir mit der Hoffnung verbunden, bald in ihrem erlernten Beruf arbeiten zu können. Jedoch stellt sich der berufliche Wiedereinstieg weitaus schwieriger dar als vermutet. Immer wieder wird ihr ein Anfängerdeutschkurs empfohlen, obwohl sie darum bittet, auf einer höheren Stufe einsteigen zu dürfen – ein Anliegen, das ihr jedoch wiederholt abgeschlagen wird. Auch diverse Praktika führen nicht zum Wiedereinstieg in ihren Beruf als Buchhalterin. So arbeitet Nazan Demir zunächst aushilfsweise bei ihrem Ehemann im Kebabladen und zum Zeitpunkt der Einzelinterviews als Reinigungskraft. Die Erfahrung der Dequalifizierung bedeutet für Nazan Demir einen großen Verlust ihrer Autonomie. Dies beschreibt sie auch in Bezug auf den Kontext Schule: Ihren Kindern habe sie in der Vergangenheit aufgrund ihrer eingeschränkten Deutschkenntnisse in schulischen Belangen kaum helfen können. Den Wechsel ihrer Tochter Nurhan vom Gymnasium auf die Neue Mittelschule begründet Nazan Demir mit fehlender Unterstützung ihrerseits, diese wiederum mit ihren mangelnden Sprachkenntnissen.

> Nazan: „Ein Jahr war sie im Mozartgymnasium. Das war schwer und ich konnte nicht helfen, kein Deutsch und war immer im Geschäft, deswegen leider, und jetzt ist es ein bisschen besser. Ich kann ein bisschen helfen"

(GD Demir_Nazan, 1111–1114).

Auch an anderen Interviewpassagen wird deutlich, wie Nazan Demir ihr Selbstkonzept infrage stellt bzw. wie ambivalent sie es betrachtet. Ihren Wunsch, sich gut auf Deutsch auszudrücken sowie in Alltagssituationen uneingeschränkt und selbstbestimmt zu handeln, kann sie sich nur begrenzt erfüllen. Somit gerät auch ihr Bild von der fürsorglichen Mutter, die ihren Kindern helfend und unterstützend zur Seite steht, ins Wanken.

Die Schwierigkeiten beim Erlernen der deutschen Sprache und die damit verbundenen negativen Gefühle wie Angst und Scham sind immer wieder Thema in Nazan Demirs Narrationen. Sie berichtet, dass es ihr schwerfalle, Deutsch zu sprechen, sie aber Freude am Lesen habe: „Gott sei Dank lese ich gerne die Zeitung, Bücher. Ich habe schöne Bücher, eine Seite Türkisch, eine Seite Deutsch" (GD Demir_Nazan, 659–661). Auch das Schreiben von deutschen Texten falle ihr nicht schwer: „[B]ei mir Schreiben ist so ganz gut" (GD Demir_Nazan, 668–669). Hingegen sei das Sprechen der deutschen Sprache im öffentlichen Raum für sie immer eine große Herausforderung gewesen. Aufgrund des geringen Kontaktes zu Personen außerhalb ihrer Familie habe sie

kaum Sprachpraxis im Deutschen gehabt. Nazan Demir drückt ihre diesbezüglichen Gedanken und Erfahrungen und die damit verbundenen Ängste folgendermaßen aus:

> Nazan: Deswegen mein Verstehen und Hören ist ein bisschen schlimm. Nicht so
> gut, weil ich war immer mit den Kindern zu Hause. Keine Sprache. Ich
> habe Angst davor, draußen alleine zu gehen. Wenn den Kindern etwas
> passiert, was soll ich machen? [.] Ganz selten war ich draußen und so.
> Oder-, aber-, ich war immer traurig, weil ich muss sowieso die Kinder
> schützen, weil ich die Mama bin. Der Papa muss arbeiten und beim El-
> ternsprechtag schäme ich mich, weil ich hier lebe. Sowieso muss ich
> Deutsch lernen.

(GD Demir_Nazan, 671–680)

An dieser Passage aus der Gruppendiskussion wird deutlich, wie sich die eingeschränkten Deutschkenntnisse von Nazan Demir auf ihr alltägliches Leben auswirken. Während sie sich anfangs überwiegend zu Hause bei den Kindern aufhält
und die deutsche Sprache dadurch kaum praktizieren kann, muss sie in schulischen Belangen, wie dem Elternsprechtag, ohne die Hilfe ihres Ehemannes, mit
den LehrerInnen kommunizieren; eine vermutlich einschneidende Erfahrung, die
sie vor allem mit Scham darüber verbindet, dass sie sich verbal nicht so ausdrücken kann, wie sie es gerne möchte. In einer weiteren Interviewsequenz erzählt
Nazan Demir abermals von einer ihr sehr unangenehmen Situation, die in Zusammenhang mit ihren Deutschkenntnissen steht:

> Nazan: Ja, aber zum Beispiel, wenn ich einen Kurs angefangen habe, Vorstel-
> lungsgespräch, wenn die Lehrerin mich gefragt hat: „Seit wann bist du
> hier?" Bin ich ganz rot geworden, ich wollte nicht sagen: Seit 16 Jahren
> bin ich hier und (2) mit diesem Deutsch.
>
> I2:   Ja.
>
> Nazan: Das gefällt mir nicht, aber was soll ich machen? Ich will das nicht- @(.)@

(GD Demir_Nazan, 1793–1800)

Diese Narration verdeutlicht, dass Nazan Demir nur ungern zugibt, bereits seit
16 Jahren in Österreich zu leben, da sie selbst den Anspruch an sich stellt, nach
dieser recht langen Aufenthaltsdauer fließend Deutsch zu sprechen. Sicherlich
müssen in diesem Zusammenhang aber auch gesellschaftlich verhandelte Diskurse berücksichtigt werden, die das Erlernen der deutschen Sprache im Zuge
einer Migration als notwendig und als Zeichen der Integration in die österreichische Gesellschaft deuten. Diesem individuellen und gesellschaftlichen Anspruch
kann Nazan Demir aktuell jedoch nicht genügen, weshalb sie bei diesbezüglichen Fragen auch Scham verspürt.

Das zentrale Thema Rassismus, Othering und ausschließende Praxen wurde vor allem in der Gruppendiskussion, teilweise auch in den Einzelinterviews mit Kaya und Nurhan Demir erwähnt und von den Teilnehmenden verhandelt. Kaya Demir spricht die Thematik von sich aus und relativ zu Beginn der Diskussion an, nachdem er seine Migrationsgeschichte ausführlich dargelegt hat. Anhand von konkreten Erlebnissen berichtet er von Diskriminierungserfahrungen, die er und seine Frau gemacht hätten. Zwar bezeichnet er sie nicht dezidiert als solche, in der rekonstruktiven Analyse können sie aber als solche identifiziert werden. Auch wenn diese Erlebnisse teilweise schon über 15 Jahre zurückliegen, kann er sie sehr detailliert beschreiben. In den Erzählungen von diesen diskriminierenden Erfahrungen geht es häufig um Othering-Prozesse im Alltag, bei denen das Ehepaar als ausländisch markiert und in Folge mit Ausschließungspraxen konfrontiert wird. So berichtet Kaya Demir beispielsweise von einer Situation in einem Kaufhaus, als die Familie Geschirr kaufen möchte und in ein Streitgespräch mit der Verkäuferin gerät – Nazan Demir sieht den Grund für diesen Streit im „ausländischen" Aussehen ihres Mannes. Die Erfahrung von Othering und Ausschließungsprozessen wird aber auch an anderen Sequenzen deutlich, etwa wenn Kaya und Nazan Demir über alltägliche Situationen bei der Arbeit oder in der Freizeit berichten. Diese „konjunktiven Erfahrungen", wie Karl Mannheim (1980: 219) sie nennt, werden von Kaya und Nazan Demir in der Gruppendiskussion gemeinsam verhandelt und ergänzend beschrieben. Auch Benjamin Rekic bringt sich diesbezüglich immer wieder mit mehreren kurzen, zum Teil bestätigenden Redebeiträgen ein. Daran ist abzulesen, dass auch er derartige Erfahrungen gemacht hat.

Insgesamt werden die Passagen, in denen es um Ausschließungspraxen und Rassismuserfahrungen geht, teilweise von heiteren Gesprächsmomenten begleitet, in denen gescherzt und gelacht wird. Diese nach außen hin präsentierte Heiterkeit kann auch als eine mögliche Umgangsweise mit Rassismus- oder Diskriminierungserfahrungen gedeutet werden. Humor wäre in diesem Fall als Mittel zu verstehen, mit dem die Betroffenen deutlich machen, dass sie sich nicht einschränken oder einschüchtern lassen, sondern vielmehr ein Wissen darüber generiert und in Folge Gegenstrategien entwickelt haben.

5.4 Displaying als erwerbsorientierte Familie

Für die Familie Demir spielt die Erwerbsarbeit eine wesentliche Rolle, wenn es um die familiale Lebensgestaltung und um familiale Praxen geht. Deshalb kann hier auch von „Displaying als erwerbsorientierte Familie" gesprochen werden. Obwohl – oder vielleicht gerade *weil* – die Eltern Kaya und Nazan Demir ihre beruflichen Ziele aufgrund der Migration nur bedingt umsetzen konnten, wünschen sie sich für ihre Kinder eine gute Bildungs- und Berufskarriere. Damit die

Kinder dies erreichen, setzen sich die Eltern aktiv ein und unterstützen sie in schulischen Belangen. Hierfür nutzen sie Informationsveranstaltungen der Schule, nehmen an Elternsprechtagen teil oder erkundigen sich über mögliche Berufsausbildungen für ihre Tochter.

Die hohe Bildungsaspiration der Eltern, die sicherlich auch mit dem Wunsch nach beruflichen Aufstiegsmöglichkeiten zusammenhängt, zeigt bei den Kindern bereits ihre Wirkung; dies wird etwa daran ersichtlich, dass Nurhan Demir ihre anfängliche Wahl einer weiterführenden Schule revidiert und im Sinne des mütterlichen Wunsches nicht auf eine Modeschule, sondern auf eine Handelsschule geht, um im Anschluss daran einen soliden Beruf anzustreben. Auch berichtet Nurhan, ihr Traumberuf sei es, in einer Bank zu arbeiten. Auf die Frage der Interviewerin, was sie so reizvoll an dieser Tätigkeit finde, antwortet sie mit: „Naja, alles" (GD Demir_Nurhan, 1216). Zwar scheint Nurhan, wie diese Aussage vermuten lässt, kein konkretes Berufsbild im Kopf zu haben, trotzdem betrachtet sie eine Tätigkeit in einer Bank als geeignet für sich und möchte, dem Wunsch der Mutter folgend, auch einen entsprechenden Beruf erlernen. In einer weiteren Sequenz aus Nurhans Einzelinterview wird deutlich, dass Nurhan den Berufswunsch der Bankangestellten zwar benennen kann, aber sich auch noch keine Gedanken gemacht hat, wie sie dazu ausgebildet werden kann: „Aber ich weiß nicht, wo ich arbeiten soll. Weiß ich noch nicht. Ich will in der Bank arbeiten, aber ich weiß nicht, ob man da eine Lehre machen kann oder arbeiten kann. Weiß ich nicht. Eigentlich will ich nach der Schule zur Uni gehen, aber-" (EI Nurhan Demir, 628–631). An diesen Aussagen kann deutlich abgelesen werden, dass die Eltern Kaya und Nazan Demir die Berufswahl ihrer Tochter zu beeinflussen scheinen. Ob Nurhan Demir auf die von den Eltern für sie angestrebte Tätigkeit einer Bankangestellten hinarbeiten wird oder ob sie doch einen anderen beruflichen Weg einschlägt, wird sich erst in den nächsten Jahren zeigen.

Die Familienmitglieder sind sich darin einig, dass Arbeit einen wesentlichen Bezugspunkt für sie darstellt. Immer wieder sprechen sie darüber, dass es wichtig sei, einer Erwerbsarbeit nachzugehen, und neben den Berufswünschen der Tochter werden auch jene des älteren Sohnes verhandelt. Dabei hat die Elterngeneration erfahren, dass es nach einer Migration schwierig ist, in Österreich beruflich Fuß zu fassen bzw. sich zu verwirklichen. Deshalb sehen sie für sich selbst nur noch geringe Chancen, sich beruflich weiter zu etablieren. Umso mehr haben sie für ihre Kinder konkrete berufliche Wünsche und Vorstellungen, die mit einem Studium oder einer soliden Berufsausbildung verbunden sind.

Kaya Demir und seine Ehefrau weisen insgesamt ein hohes Arbeitsethos auf, was sich auch an folgender Aussage von Kaya Demir ablesen lässt: „Wir arbeiten gern für unser Brot, so wie jeder" (EI Kaya Demir, 445). Damit verdeutlicht er, dass es für ihn eine Selbstverständlichkeit darstelle, arbeiten zu gehen, um sich und seine Familie ernähren zu können. Gleichzeitig wendet er sich mit dieser Äußerung gegen gängige, meist defizitär ausgerichtete Diskurse über Migrationsandere, denen häufig pauschal unterstellt wird, sie wollten lediglich Sozialleistungen in Anspruch nehmen und keiner geregelten Erwerbsarbeit nachgehen. Auch weist er mit der finalen Aussage „so wie jeder" darauf hin, dass seine Familie keine Ausnahme in der österreichischen Gesellschaft darstelle, sondern er es als normal ansehe, für sein Geld zu arbeiten.

Seine Arbeit als Busfahrer betrachtet Kaya Demir durchweg als positive Referenz: „Seit drei Jahren bin ich dabei. Ich liebe meine Arbeit" (EI Kaya Demir, 506–507). Immer wieder wird deutlich, dass Kaya Demir sein derzeitiges Angestelltenverhältnis gegenüber der Selbstständigkeit, die ihm risikoreich erscheint, klar präferiert. Sogar die derzeitige Tätigkeit von Nazan Demir als Reinigungskraft wird zwar nicht als erstrebenswert, aber als durchaus akzeptabel betrachtet.

Gut ausgebildet zu sein, bedeutet vor allem für die Eltern Demir auch, sich in der Landessprache gut ausdrücken zu können. Das Beherrschen der deutschen Sprache wird immer wieder thematisiert und als wichtiger Bestandteil für die gesellschaftliche Anerkennung und den Einstieg ins Berufsleben gewertet, auch wenn gerade Nazan Demir erfahren musste, dass die Umsetzung dieser Ziele mit vielen Hürden verbunden ist. In der folgenden Analyse wird der diesbezügliche familiale Aushandlungsprozess analysiert.

5.5 Das Wissen der Familie

Anhand von ausgewählten Sequenzen aus der Gruppendiskussion und den Einzelinterviews werden nun die Erfahrungen mit Diskriminierung, Othering und Ausschließungspraxen beschrieben und analysiert.

Wie bereits in der Fallanalyse der Familie Miftari erwähnt, geht es bei der Frage nach dem Wissen der Familie um die Perspektive und Deutung der Angehörigen in Bezug auf Rassismus- und Diskriminierungserfahrungen. Hier sollen deshalb die AkteurInnen in den Mittelpunkt gerückt, ihr Wissen über Rassismus soll thematisiert werden.

Bei der Familie Demir bringen vor allem die Eltern Kaya und Nazan Demir erlebte Diskriminierungen zur Sprache und verhandeln diese im familialen Kontext. Die Kinder Nurhan, Bülent und Tarkan berichten nur begrenzt von ausschließenden Praxen. In diesem Zusammenhang muss allerdings auf das Alter der Kinder verwiesen werden, die mit vierzehn, zwölf und sieben Jahren noch sehr jung für diese Thematik sind. Am ehesten ist das älteste Kind, die Tochter Nurhan, in der Lage, sich einer Auseinandersetzung mit diesem Thema zu stellen. Jedoch bleibt sie in ihren Äußerungen meist sehr vage.

Die Eltern Kaya und Nazan Demir benennen mehrere Diskriminierungserfahrungen, die sie im Alltag und dabei besonders im Berufsleben gemacht haben und die im Folgenden analysiert werden.

Sprachkenntnisse als Schutz

Das Beherrschen der deutschen Sprache ist für die Familie Demir eng mit der
Frage verknüpft, ob und wie man Ausgrenzungserfahrungen in Österreich macht.
Zugleich verbindet sie damit die Annahme, dass man sich durch gute Sprach-
kenntnisse davor schützen könne, Ausgrenzung zu erleben. Kaya und Nazan
Demir sehen die Beherrschung der deutschen Sprache deshalb als einen wichti-
gen Faktor, um sich aktiv gegen Othering und Ausschließungspraxen zur Wehr
zu setzen. In der nachfolgenden Diskussion, bei der das Ehepaar Demir sowie
Benjamin Rekic sprechen, wird diese Thematik verhandelt:

Kaya:	Ja, das Leben ist so halt. Also, ich habe nie Probleme gehabt mit Öster-reichern hier und so, weil wenn du gut Deutsch kannst-, so wie meine Frau sagt, man soll im Ausland die Sprache lernen. Auch wenn sie in der Türkei sind, in Bosnien, das ist egal. Du musst die Sprache lernen, dann kannst du dich schützen.
Nazan:	Sprache studieren, dann (arbeiten).
Kaya:	Ja, kann keiner sagen: „Schau, der versteht nichts. Der ist Ausländer."
Nazan:	∟ Aber ohne Sprache studieren, lernen, das geht nicht ( ) (arbeiten).
I1:	Mhm.
Benjamin:	Sagen sie trotzdem.
Kaya:	Egal, aber du kannst es beantworten.
Benjamin:	Du verstehst es, ja.
Kaya:	Und wenn ein paar Leute daneben stehen, dann geben sie dir recht. Wenn die Ausländer so schöne Antworten geben, dann schämt der sich irgend-wann einmal.

(GD Demir, 582–597)

Im ersten Teil der Sequenz berichtet Kaya Demir davon, dass er bisher keine
Schwierigkeiten mit ÖsterreicherInnen gehabt habe, und führt dies auf seine
guten Deutschkenntnisse zurück. In ähnlicher Weise wie der Interviewpartner

Edwin Miftari, dessen Aussagen im Kapitel zuvor analysiert wurden, kehrt Kaya Demir die gewohnte Perspektive auf das Verhältnis „Inländer versus Ausländer" um, indem er sagt, er habe noch nie Schwierigkeiten mit ÖsterreicherInnen gehabt. Somit werden gängige Diskurse, bei denen „AusländerInnen" oder Angehörige von Migrationsfamilien als Problem für die aufnehmende Gesellschaft, also für ÖsterreicherInnen, betrachtet werden, ins Wanken gebracht und anders als üblich aus der Perspektive der Migrationsangehörigen verhandelt. Allerdings ist an Kaya Demirs Aussage im Weiteren auch abzulesen, dass er ein Szenario entwirft, in dem die vermeintlichen „AusländerInnen" ihre etwaige schwierige Situation selbst verschuldet hätten, nämlich dann, wenn sie der deutschen Sprache nicht mächtig seien. Die Bringschuld liegt dieser Argumentation zufolge bei den „AusländerInnen": Nur wenn sie die deutsche Sprache beherrschen, können sie sich gegen Anfeindungen und Rassismus zur Wehr setzen.

Kaya Demir erläutert dann, dass es – unabhängig vom Aufenthaltsort – wichtig sei, die Landessprache zu beherrschen, egal ob in Österreich, in der Türkei oder in Bosnien. Somit stellt er ein universelles Paradigma auf. Kaya Demir spricht in dieser Sequenz davon, dass man sich durch die Kenntnisse der jeweiligen Landessprache schützen könne. Zwar bleibt er in der Benennung dessen, wovor man sich schützen müsse, vage, es kann jedoch angenommen werden, dass er den Schutz vor Diskriminierung und Ausschließungspraxen meint. In diesem Sinne werden Sprachkompetenzen nicht nur als Kommunikationsmittel verstanden, sondern haben auch die Funktion, Ausschließungspraxen und Diskriminierung abzuwehren. Auch Nazan Demir stimmt der Argumentation ihres Ehemannes zu. Sie ist ebenfalls der Meinung, dass es notwendig sei, die jeweilige Landessprache zu lernen, um dann einer Arbeit nachgehen zu können. Dass dies in der Praxis nicht immer leicht umzusetzen ist, mit bürokratischen, zeitlichen und finanziellen Hürden verbunden sein kann und einige Menschen mit Migrationsgeschichte trotz guter Deutschkenntnisse keinen adäquaten Job finden, wird an dieser Stelle jedoch nicht erwähnt.

Die Ansicht, dass die gesellschaftliche Anerkennung von Migrationsangehörigen vom Beherrschen der deutschen Sprache abhängig ist, wird aber nicht von allen TeilnehmerInnen der Gruppendiskussion geteilt, wie die Interviewsequenz auch zeigt. Während Kaya und Nazan Demir davon sprechen, dass die Beherrschung der deutschen Sprache als Schutz gegen Ausschließungsprozesse betrachtet werden kann, ist Benjamin Rekic nicht dieser Meinung. Kaya Demir macht seine eigene Position zunächst durch folgende Aussage deutlich: „Ja, kann keiner sagen: ‚Schau, der versteht nichts. Der ist Ausländer'" (GD Demir_Kaya, 588). Er vertritt die Auffassung, dass man durch gute Deutschkenntnisse unangreifbar sei. Benjamin Rekic entgegnet hier jedoch seinem Arbeitskollegen: „Sagen sie trotzdem" (GD Demir_Benjamin Rekic, 592). Hieran kann abgelesen werden, dass Benjamin Rekic vermutlich die Erfahrung von Ausschluss oder Abwertung gemacht hat, *obwohl* er die deutsche Sprache beherrscht. Im Weiteren betont Kaya Demir jedoch, dass dies „egal" sei, da er auf abwertende Äußerungen etwas erwidern könne und ihm anwesende Dritte recht geben würden. Es wird hier deutlich, dass Kaya Demir über die Beherrschung der deutschen Sprache handlungsmächtig bleiben und auf Äußerungen von anderen angemessen und situationsbedingt reagieren möchte. Auch der Umstand, dass er sich durch sein Handeln und Sprechen im Recht sieht, und die Hoffnung, dass das Gegenüber sein Fehlverhalten einsieht, ist für Kaya Demir wichtig, da er dies als Genugtuung zu empfinden scheint.

Festgehalten muss an dieser Stelle werden, dass das Ehepaar Demir seine Argumentation in der weiteren Gruppendiskussion teilweise selbst widerlegt, indem es auf bereits erlebte Ausschließungs- und Diskriminierungspraxen hinweist, zu denen es kam, obwohl vor allem Kaya Demir über gute Deutschsprachkenntnisse und eine langjährige Sprachpraxis verfügt.

Diskriminierungserfahrungen im Alltag

Kaya Demir berichtet im Anschluss an die oben analysierte Sequenz, dass er vor längerer Zeit, als er gemeinsam mit seiner Ehefrau Geschirr kaufen wollte, einen Streit mit einer Verkäuferin gehabt habe, die zunächst unfreundlich und abweisend auf das Ehepaar reagiert habe. In der Gruppendiskussion wird die Situation folgendermaßen wiedergegeben:

> Kaya: Wir waren beim Metro, haben dieses Set ( ) angeschaut. Hat sie [Nazan Demir, Anm. M. H.] gesagt, kaufen wir das. Habe ich gesagt, ok, nehmen wir den Karton, aber draußen stehen viele Teile, ja. Woher sollst du jetzt wissen, ob da ein Teil fehlt oder nicht. Wir haben es aufgemacht, die Verkäuferin da: Nein, nix aufmachen! Hin und her.

> Benjamin: @(.)@

> Nazan: Weil er schaut so (2) ausländisch aus, weißt du.

>   […]

> Kaya: Ja, dann habe ich die Verkäuferin gerufen und gesagt: Bitte kommen Sie einmal her. Was ist, wenn da jetzt ein Teil fehlt? Da steht: 100 Teile. Dann muss ich wieder herfahren. Zahlen Sie das? Ja, ja, passt. Entschuldigung, schauen Sie. Aber wenn du da nicht Deutsch kannst, dann schaust du so blöd und die kann dich noch mehr-.

> Benjamin: Ja. Kann dir noch eine drübergeben.

Kaya: Ja.

(GD Demir, 599–631)

Den Grund für das Verhalten der Verkäuferin sieht Nazan Demir eindeutig im „ausländischen" Aussehen ihres Ehemannes. Deshalb habe die Verkäuferin den beiden zunächst verweigert, die Verpackung zu öffnen, dann aber eingesehen, dass es notwendig sei, den Karton auf Vollständigkeit hin zu überprüfen. Kaya Demir spricht davon, dass die Verkäuferin sich sogar entschuldigt habe und das Ehepaar schlussendlich den Karton habe öffnen dürfen. Hier argumentiert er damit, dass Deutschkenntnisse wichtig seien, um sich zur Wehr setzen und auf sein Recht bestehen zu können. Sein Arbeitskollege Benjamin Rekic stimmt ihm zu und ergänzt, dass man seinem Gegenüber ohne Deutschkenntnisse ausgeliefert sei: „Ja. Kann dir noch eine drübergeben" (GD Demir_Benjamin Rekic, 598).

Hieran wird deutlich, dass alltägliche Handlungen, wie beispielsweise ein Einkauf, mit Othering und Ausschließungsprozessen verbunden sein können und dass die Betroffenen damit rechnen müssen, Diskriminierungserfahrungen im Alltag zu machen. Kaya und Nazan Demir teilen die Auffassung, dass das „ausländische" Aussehen von Kaya Demir für jene Erfahrung ausschlaggebend gewesen sei, und kommen somit zu der Erkenntnis, dass sie allein aufgrund eines körperlichen Merkmals – ihr „ausländisches" Aussehen – als anders markiert und deshalb von ihrem Gegenüber diskriminiert worden seien. Dieses Wissen ist insofern bedeutsam, als das Ehepaar bei vergleichbaren Situationen weiß, dass es derartige Erfahrungen machen kann, und sich im Vorfeld darauf einstellt bzw. bestimmte Umgangsweisen damit entwickelt.

Zuschreibungen und Markierungen

In einer weiteren Interviewsequenz aus der Gruppendiskussion wird noch einmal auf das „ausländische" Aussehen von Kaya Demir Bezug genommen. Kaya Demir berichtet von einer Situation, als er gemeinsam mit seiner Ehefrau ein Gasthaus in Österreich betritt. Dabei hebt er hervor, wie die anderen Gäste, wahrscheinlich Einheimische, auf ihn und seine Frau reagiert hätten. Er erklärt, dass er damals noch nicht so viele graue Haare gehabt habe und demnach eindeutig als „Ausländer" markiert worden sei, während seine Ehefrau Nazan mit ihren blond gefärbten Haaren als „Österreicherin" betrachtet worden sei.

Kaya: Ja. Sie hat blau-, blonde Haare gehabt, ga.

Nazan: └ Deswegen (   ) Menschen von hier schauen nicht so aus.

Kaya: Ausländer! War ich früher-, habe ich nicht so viele graue Haare gehabt, sie hat früher blonde Haare gehabt. Am Anfang, wo sie gekommen ist.

Wir sind ins Gasthaus reingegangen, egal, wohin, ja. Alle haben mich so angeschaut.

Benjamin: @(.)@

I2:   Ja? Ja:.

Kaya: Weißt warum? Österreicherin.

Nazan: ∟(   ) Hallo, Grüß Gott und so. @(.)@

Kaya: Zu ihr Grüß Gott, zu mir (2) so. Ich habe das gespürt. @Wie du sagst, aber es ist so@. Aber es ist ein gutes Gefühlt, ga.

Benjamin: Ja, glaube ich, ja.

Kaya: Die mögen dich nicht als Ausländer, aber du hast eine Österreicherin.

Alle: ((Allgemeines Lachen))

Kaya: @Das ist mir so wurscht, ob sie mich so anschauen oder wie@.

          @(.)@ Da bist du stolz.

Alle: ((Allgemeines Lachen))

(GD Demir, 606–624)

Kaya Demir berichtet in dieser Sequenz, wie er und seine Frau in unterschiedlicher Weise wahrgenommen und begrüßt worden seien. Ihm ist bewusst, dass dies auf unterschiedliche Zuschreibungen aufgrund ihres Aussehens zurückzuführen ist. Während er als „Ausländer" markiert worden sei, sei seine Ehefrau aufgrund ihrer gefärbten Haare als Einheimische betrachtet worden. Nicht nur die Blicke der ÖsterreicherInnen auf ihn, sondern auch die Begrüßung sind Kaya Demir stark in Erinnerung geblieben, obwohl dieses Erlebnis über 15 Jahre zurückliegen muss („Am Anfang, wo sie gekommen ist …"). Die mit vielen Lachern verbundene Erzählung macht auch deutlich, dass Kaya Demir dieses binäre Konstrukt als oberflächlich und fehlerhaft entlarvt. Daran, dass die anderen Gäste offenbar angenommen haben, seine Frau wäre eine Einheimische, nur weil sie blonde Haare hatte, wird diese starre Denkweise sichtbar.

Kaya Demir erzählt auch davon, dass BesucherInnen des Gasthauses – vermutlich Angehörige der Mehrheitsgesellschaft – seine Frau beim Eintreten in das Lokal mit „Grüß Gott" willkommen geheißen hätten, ihn jedoch nicht. „Ich habe das gespürt", fährt er fort und spricht damit das diskriminierende Verhalten der Anwesenden an, aber auch nonverbale Handlungen wie Blicke, Gesten etc. Auch die subtilen Formen des Rassismus werden von Kaya Demir genau identifiziert. Somit braucht es nicht unbedingt Worte oder Handlungen, damit die Betroffen Diskriminierungserfahrungen machen. Paul Mecheril konstatiert, dass Rassismuserfahrungen „sozial bedingte und sozial gerahmte, subjektive Zustände" (Mecheril 2006: 469) seien. Demnach kann die hier beschriebene Erfahrung von Kaya Demir, die in einem direkten Zusammenhang mit Herkunftskonstruktionen steht, als solche bezeichnet werden.

Während Kaya Demir einerseits die ablehnende und ausschließende Haltung der Gäste ihm gegenüber spürt und diese Erfahrung als verletzend und diskriminierend betrachtet, schwingt in seiner Narration auch Genugtuung und das Gefühl von Handlungsmacht mit. Dies zeigt sich an seiner Aussage: „Die mögen dich nicht als Ausländer, aber du hast eine Österreicherin." Indem Kaya Demir die Anwesenden im Glauben lässt, seine Frau wäre eine Österreicherin, die sich in einer Beziehung mit einem „Ausländer" befindet, schlägt er die Einheimischen mit ihren eigenen Waffen und löst Irritation aus. Kaya Demir beschreibt, dass er in dieser Situation „stolz" gewesen sei. Somit befreit er sich aus seiner ohnmächtigen Position, wird handlungsmächtig und erlebt dadurch ein Gefühl der Genugtuung. In konkreter Weise werden hier gängige Diskurse über „Wir" und „die Anderen" sichtbar und in weiterer Folge Fragen bezüglich gesellschaftlicher Macht- und Geschlechterverhältnisse verhandelt.

An dieser Interviewsequenz, in der Kaya Demir die erfahrenen Diskriminierungen klar beschreiben kann, ist jedoch keine resignierte Haltung abzulesen. Im Gegenteil: Kaya Demir scheint trotz negativer Erfahrungen mit den Fremdzuschreibungen zu spielen und ihnen auf humorvolle Art zu begegnen. In diesem Sinne entwickelt er eine individuelle Umgangsweise mit Diskriminierungserfahrungen.

Mark Terkessidis hat in seiner mit Migrationsjugendlichen durchgeführten Studie festgestellt, dass das Sprechen über scheinbar kleine, banale und subtile Diskriminierungserfahrungen den Befragten nicht leichtfalle, da ihnen häufig gar nicht bewusst sei, dass es sich um eine Diskriminierungserfahrung handelt: „Man muss eine gewisse Stärke fühlen, um eine mögliche Disqualifikation ertragen zu können" (Terkessidis 2004: 208). In diesem Sinne kann Kaya Demir aufgrund seiner Umgangsweise mit den ihm widerfahrenen Diskriminierungen als starke Persönlichkeit betrachtet werden, die es schafft, Ausschließungspraxen und Othering als alltägliche Erfahrung zu akzeptieren und gleichzeitig darüber zu sprechen.

Auch Gwendolyn Gilliéron, Sevda Güneş und Christine Riegel (2018) stellen in Anlehnung an Judith Butler (2001) fest, dass sich das Subjekt durch seine Artikulation positionieren und somit hegemonial verhandelte Bilder, Diskurse und Narrationen dekonstruieren oder auch übernehmen könne. „Dies kann in affirmativer Weise geschehen, indem beispielsweise auf rassismusrelevante Anrufungen (re-)agiert und diese hegemoniale Verortung als ‚Andere' auch in die eigene Selbstpositionierung integriert wird; oder in widerständiger Form, indem mit Gegenpositionierungen zu solchen Diskursen eine andere Akzentuierung oder Verschie-

bung von vorherrschenden Bedeutungen vorgenommen wird" (Gilliéron/Gü-
neş/Riegel 2018: 34). Das bedeutet, dass auch von Diskriminierung betroffene
Subjekte (bewusst oder unbewusst) binäre Konstruktionen über „Wir" und „die
Anderen" übernehmen können, denn auch sie sind in gesellschaftliche Domi-
nanz- und Differenzverhältnisse eingebunden und positionieren sich in unterschiedlicher Weise.

An den hier analysierten Interviewsequenzen wird im Weiteren deutlich,
dass Kaya Demir, der bereits seit fast zehn Jahren im Besitz der österreichischen
Staatsangehörigkeit ist, seit über 17 Jahren in Österreich lebt und zuvor vier
Jahre in Deutschland verbracht hat, sich selbst dennoch als „Ausländer" bezeichnet. An keiner Stelle der Gruppendiskussion oder des Einzelinterviews thematisiert er seine Zugehörigkeit zur österreichischen Gesellschaft. Darüber hinaus
kann konstatiert werden, dass gerade auch subtile Diskriminierungserfahrungen
wie Blicke oder die Art der Begrüßung gravierende Erlebnisse für Migrationsandere sein können, die lang anhaltende Wirkung zeigen.

Die Arbeit als Busfahrer – bitte einsteigen!

Ein weiteres Thema, das im Kontext von Diskriminierungserfahrungen in der
Gruppendiskussion angesprochen wurde, ist Kaya Demirs Arbeit als Busfahrer.
Obwohl er immer wieder betont, dass er seine Tätigkeit sehr gerne ausübe, berichtet er auch von herausfordernden Alltagserfahrungen, vor allem über die Art
und Weise, wie Fahrgäste im Bus auftreten und wie sie sich ihm gegenüber verhalten. Auf meine Frage in der Gruppendiskussion, ob er als Busfahrer besondere Erlebnisse in einzelnen Stadtteilen oder generell in Gerlach gehabt habe, antwortet Kaya Demir:

Kaya: Nein. Eigentlich ich selber kriege mit Ausländern nie Probleme.

I2:   Mhm.

           […]

Kaya: Nie. Sogar umgekehrt, mit Gerlachern, mit Österreichern kriege ich Prob-
           leme.

I2:   Ja, w-?

Kaya: Weil die Ausländer, die-, weil ich auch Ausländer bin, die begrüßen
           mich.

(GD Demir_Kaya, 2319–2329)

In dieser Sequenz bezieht sich Kaya Demir auf seine Erfahrungen, die er mit Fahrgästen macht. Dabei geht er wie selbstverständlich auf den Herkunftskontext ein, indem er von „Ausländern" und „Österreichern" spricht, die sich ihm gegenüber in unterschiedlicher Weise verhalten würden. Somit bleibt auch er in der „Wir-und-die-Anderen-Konfiguration" verhaftet. Er kontrastiert das Verhalten der „Ausländer" mit dem der „Österreicher". Während er mit „Ausländern" gut zurechtkomme, habe er „mit Gerlachern, mit Österreichern [...] Probleme". Seine Erklärung dafür ist, dass er als „Ausländer" von anderen auch als solcher wahrgenommen werde oder bekannt sei und er deshalb ein gutes Verhältnis zu anderen Menschen mit Migrationserfahrungen habe. Dies beschreibt er auch im weiteren Diskussionsverlauf:

> Kaya: Oder ich begrüße sie [die „AusländerInnen", Anm. M. H.], dann sie mich auch. Ob ich sie kenne oder nicht. Egal, ob er Tschetschene, Serbe oder Türke ist. Ich kriege nie Probleme. Umgekehrt jetzt: Die Österreicher-. Bei der Haltestelle halte ich an: „Wann kommt der 77er nach Pöschl?" Österreicher, ga. Sage ich: „Ja, er wird gleich kommen, in ein paar Minuten." – „Was weißt du, du Ausländer?" Hin und her.
>
> [...]
>
> Und da sitzt eine Österreicherin und sagt: „Du bist Österreicher? Dann kannst du den Plan lesen, wann er kommt." Fertig, aus. So höflich. Tür zu und ich bin weitergefahren, aber-.

(GD Demir_Kaya, 2329–2338)

Kaya Demir schildert hier eine alltägliche Situation, in der er als Busfahrer von „Österreichern" beschimpft und diskriminiert wird, während ihm Migrationsandere freundlich begegnen. Allerdings löst Kaya Demir gegen Ende der Sequenz das zuvor beschriebene Bild bezüglich der gegensätzlichen Verhaltensweisen von „Ausländern" und „Österreichern" ein Stück weit auf, indem er erwähnt, dass auch „Österreicher" seinen Umgang mit schwierigen Fahrgästen loben würden. Er selbst erwähnt immer wieder, dass er in brisanten Situationen mit einem dezidiert höflichen Auftreten reagiere und sich nicht auf eine Diskussion einlasse. Dabei betont er seine Rechte und Pflichten, die er als Busfahrer habe. Dies wird auch an folgender Aussage deutlich: „Aber ich gehe immer so höflich zu, weil, wie sagt man, ich habe keine Angst davor. Egal was" (GD Demir_Kaya, 2343–2344). Wovor konkret er „keine Angst" habe, bleibt vage: vor der Reaktion der Fahrgäste oder vor möglichen Beschwerden über ihn als Busfahrer, die auch mit einer Kündigung des Arbeitsverhältnisses einhergehen könnten. Schließlich, so wird an anderer Stelle im Interview erwähnt, ist Kaya Demir noch über einen Leasingvertrag angestellt, der ihm keine Sicherheit bezüglich seines Arbeitsverhältnisses gibt. Das bedeutet, dass er sein Verhalten gegenüber Fahrgästen immer abwägen und vor dem Hintergrund möglicher beruflicher Einschränkungen (wie Kündigung, Abmahnung etc.) betrachten muss; vor allem für ihn als Familienvater und Hauptverdiener ein schwieriges Unterfangen.

Dequalifizierung trotz guter Ausbildung

Wenn Nazan Demir über ihre beruflichen Wünsche und Perspektiven in Österreich spricht, so schwingen meist wehmütige Erzählungen über ihre frühere Tätigkeit als Buchhalterin in einem renommierten Betrieb in Istanbul mit – eine Zeit, die für sie einen positiven Referenzrahmen darstellt. Hier in Österreich kann sie ihren erlernten Beruf nicht ausüben, obwohl es ihr ein großes Anliegen wäre. Als massive Hürde beschreibt Nazan Demir vor allem die geforderten sehr guten Deutschkenntnisse. Immer wieder besuchte sie deshalb in der Vergangenheit diverse Deutschkurse sowie einen Berufsorientierungskurs, zudem absolvierte sie ein Praktikum in einem Buchhaltungsbüro, um den beruflichen Wiedereinstieg zu schaffen. Leider musste sie feststellen, dass die hohen zeitlichen und fachlichen Anforderungen sowie die Doppelbelastung als Mutter von drei Kindern und als Berufstätige sie überforderten. Obwohl Nazan Demir hart daran arbeitete, ihre Deutschkenntnisse zu verbessern, wurde sie immer wieder in einen Anfängerkurs geschickt.

Nazan: (Irgendwo) einmal war ich in Brizenegg, einmal war ich in der Volkshochschule, Thauerstraße. […] Anfängergruppe, zweite Stufe. Zweimal Anfängergruppe, nein, einmal war ich zu Hause und habe selber ein bisschen gelernt und-. Das AMS[26] hat mich dreimal in die gleiche Stufe geschickt. Einmal ist das okay, das geht. Grammatik habe ich gelernt. Jetzt beim Sprechen, wegen wenig Kontakt, mache ich es falsch, aber beim Lesen und so Schreiben weiß ich, dass ich es schon gelernt habe.

I2: Ja.

Nazan: Und beim zweiten Mal, die Beraterin hat-, ich habe gesagt: „Ich habe die zweite Stufe schon besucht. Ich brauche die höchste Stufe." Sie hat gesagt: „Es geht schon, du bist sowieso zu Hause und Wiederholung ist immer besser, okay?" Dann beim dritten Mal hat sie mich wieder, es war eine andere Beraterin, hat sie mich geschickt. Ich habe gesagt: „Bitte, das nervt mich, weil das geht nicht." In dieser Gruppe Anfänger auch gibt es das. Ich habe von-, früher habe ich schon genug gelernt. Ich höre immer das Gleiche, das geht nicht, das nervt mich. Ich brauche-, meine Zeit ist

26   AMS ist die Abkürzung für „Arbeitsmarktservice". Es handelt sich dabei um das öffentlich-rechtliche österreichische Arbeitsamt, das für die Vermittlung von Arbeit über Beratung, Information, Qualifizierung und finanzielle Förderung von Arbeitssuchenden zuständig ist.

weg, ich bin nicht zwanzig Jahre alt und so. Ich brauche die höchste Stufe. Ich habe sie vielmals gebeten. Letztes Mal, letzte-. Hab' ein bisschen
diskutiert und gekriegt. Sie hat mich zur Uni geschickt.

I2:   Ach ja.

Nazan: Für drei Wochen im Sommer und Gott sei Dank Kaya ist jetzt Busfahrer,
             er hat den Urlaub benützt und auf die Kinder geschaut. Er hat sich um sie
             gekümmert und ich bin beruhigt gegangen.

(GD Demir_Nazan, 699–724)

An ihrer Narration wird deutlich, wie ehrgeizig und zielorientiert Nazan Demir
versucht, über die Absolvierung von Deutschkursen (über das AMS oder an der
Universität) einen beruflichen Wiedereinstieg zu schaffen. Auch dass sie ihre
Beraterin beim AMS von der Notwendigkeit überzeugt, einen höheren Kurs –
und nicht zum wiederholten Male einen Anfängerkurs – zu besuchen, zeugt von
hohem Engagement. Zunächst ist Nazan Demirs Handeln insofern erfolgreich,
als ihr der Besuch eines Fortgeschrittenenkurses an der Universität ermöglicht
wird. In letzter Konsequenz bleibt ihr Vorhaben, den Wiedereinstieg in den von
ihr erlernten Beruf zu schaffen, jedoch erfolglos. Nur wenige Monate nach der
Gruppendiskussion nimmt Nazan Demir eine Arbeit als Reinigungskraft auf. Die
Dequalifizierungserfahrung muss für sie wie auch für andere Angehörige von
Migrationsfamilien, die trotz guter Ausbildung den Wiedereinstieg in den von
ihnen erlernten Beruf in Österreich nicht schaffen, bitter und demotivierend sein.
Letztendlich ist die Nichtanerkennung von im Herkunftsland gemachten Bil-
dungs- und Berufsabschlüssen auch im Lichte von national orientierten Aus-
schließungspraxen und institutioneller Diskriminierung zu lesen.

5.6 Familienressourcen

In der vorangegangenen Analyse ist deutlich geworden, dass vor allem die Eltern
in der Familie Demir über Diskriminierungserfahrungen und Ausschließungspraxen berichten konnten. In diesem Zusammenhang waren auch Zugehörig-
keits- und Herkunftskontexte relevant. Außerdem erwähnten Kaya und Nazan
Demir, im Alltag und im Berufsleben die Erfahrung mit Othering gemacht zu
haben.
    Um ihr Leben trotz Diskriminierungserfahrungen handlungsmächtig und
selbstständig gestalten zu können, greift die Familie Demir auf familiale Ressourcen zurück. Bereits als Schulkind macht Kaya Demir erste Migrationserfahrungen, als seine Eltern mit ihm und seiner Schwester für vier Jahre nach
Deutschland gehen. Hier lernt er zunächst Deutsch und entwickelt die Fähigkeit,

sich in einem anderen Schulsystem und in einer neuen Umgebung zurechtzufinden. Auch als er mehrere Jahre später als junger Mann und als letztes Mitglied
seiner Familie von Istanbul nach Österreich migriert, werden Familienressourcen
bedeutsam. Hier ist Kaya Demir auf die aktive und finanzielle Unterstützung
seiner Eltern angewiesen, ohne die er das Migrationsprojekt nicht erfolgreich
umsetzen hätte können. Vor allem sein Vater spielt hier eine zentrale Rolle. In
Österreich angekommen, wohnt Kaya Demir zunächst in der elterlichen Wohnung und kann sich mithilfe seines Vaters als Gastronomiebetreiber selbstständig
machen. Kaya Demir beschreibt die familiale Unterstützung folgendermaßen:
„Ich habe Glück gehabt, weil wenn du jemanden hier hast. Wenn ich jetzt alleine
gewesen wäre-. Ich hatte jemanden, wo ich schlafen und essen konnte" (GD
Demir_Kaya, 472–474). Auch hinsichtlich der beruflichen Umorientierung
konnte Kaya Demir seine familialen Netzwerke nutzen: Durch seinen damaligen
Schwager wurde er auf den Beruf des Busfahrers aufmerksam und bewarb sich
auf dessen Anraten auf die Stelle.

Auch in Bezug auf Nazan Demir kann festgehalten werden, dass sie große
Unterstützung durch ihre Herkunftsfamilie erfahren hat. Noch heute pflegt sie
engen Kontakt zu ihren Eltern und Geschwistern. Ihre Schwester, die mit ihrer
Familie in Deutschland lebt, besucht sie regelmäßig, sie ist für Nazan Demir eine
wichtige Bezugsperson. Nazan Demirs Eltern und ihr Bruder leben nach wie vor in
der Türkei. Trotz der großen Distanz verbringt die Familie Demir dort, so oft es ihr
möglich ist, die Sommermonate. Die transnationalen Netzwerke der Familie Demir
hat Nazan Demirs Bruder genutzt, um nach einem abgeschlossenen Studium in der
Türkei ein Aufbaustudium in Gerlach zu absolvieren. Hierfür lebte er zwei Jahre
bei seiner Schwester und ihrer Familie. Heute arbeitet Nazan Demirs Bruder in
einer großen Bank, im Bereich der Internetkommunikation. Seine Auslandser-
fahrungen halfen ihm, sich in der Türkei beruflich zu etablieren.

Daran wird sichtbar, wie wichtig es für Migrationsfamilien ist, (transnationale) Familiennetzwerke aufrechtzuerhalten und Familienressourcen zu nutzen.
Gerade sie können dazu beitragen, Zugänge zu Arbeit, Wohnen oder Bildung zu
schaffen. Ohne diese Familienressourcen könnten oftmals wichtige Einstiegs-
möglichkeiten verwehrt bleiben.

Dass die Familie im Migrationsprozess eine wesentliche Rolle spielt, ist
sowohl im theoretischen als auch im empirischen Teil meiner Arbeit mehrfach
dargelegt worden. Sowohl in finanzieller und organisatorischer als auch in sozialer Hinsicht ist dieses Potenzial der Unterstützung nicht zu unterschätzen. Umgekehrt ist, so muss auch konstatiert werden, die Bewältigung des alltäglichen
Lebens gerade für jene Migrationsfamilien herausfordernd, bei denen diese familiale Unterstützung von vornherein fehlt oder wegfällt. In der Familie Demir
wird in einigen Interviewsequenzen berichtet, dass das Verhältnis zwischen Kaya

Demirs Eltern und seiner Ehefrau Nazan Demir immer sehr angespannt gewesen sei und dass seit kurzer Zeit nur noch Kaya Demir und die drei Kinder die Eltern besuchen würden, insgesamt aber wenig Kontakt bestehe. Somit kann Kaya Demirs Herkunftsfamilie aktuell nur noch bedingt als Familienressource betrachtet werden. Umso schwerer gestaltet sich das Leben der Familie Demir in Gerlach, da sie keine weiteren Verwandten vor Ort hat, auf die sie in schwierigen Lebenslagen zurückgreifen kann. Deshalb versuchen Kaya und Nazan Demir sowie ihre drei Kinder, die Freizeit gemeinsam als Familie zu nutzen und zu gestalten, befürworten die geregelten Arbeitszeiten des Vaters und führen diesen geteilten Orientierungshorizont immer wieder in den Narrationen an.

5.7 Praxen im Umgang mit Rassismus

Die Mitglieder der Familie Demir berichten in mehreren Interviewpassagen von Diskriminierungserfahrungen, Ausschließungspraxen und Othering. Dabei werden unterschiedliche Umgangsweisen mit diesen Erfahrungen beschrieben.

Zunächst einmal versucht die Familie Demir, sich mit einem höflichen Auftreten gegenüber diskriminierenden Angriffen zur Wehr zu setzen. Vor allem Kaya Demir erzählt davon, wie er beispielsweise als Busfahrer bestimmt, aber stets höflich auftrete und auch bei Auseinandersetzungen mit Fahrgästen auf einen korrekten Umgangston achte. Dabei erwähnt er, dass sein bedachtes Auftreten im Umgang mit diskriminierenden Äußerungen auch von Außenstehenden honoriert und gelobt werde: „Und wenn ein paar Leute daneben stehen, dann geben sie dir recht. Wenn die Ausländer so schöne Antworten geben, dann schämt der sich irgendwann einmal" (GD Demir_Kaya, 595–597). Diese Aussage macht deutlich, dass Kaya Demir darauf vertraut, dass die VerursacherInnen von Diskriminierung letztendlich zu der Einsicht kämen, etwas falsch gemacht zu haben, und sich dann dafür „schämen" würden. Auch scheint es für Kaya Demir bedeutsam zu sein, dass anwesende Dritte seine Art des Umgangs gutheißen.

Sowohl Kaya Demir als auch seine Ehefrau sind darüber hinaus der Auffassung, dass das Beherrschen der deutschen Sprache sie vor möglichen Ausschließungspraxen oder Diskriminierungen schützen könne. Durch gute Deutschsprachkenntnisse sei man in der Lage, sich zu artikulieren und seinem Gegenüber die Stirn zu bieten.

Die Familie Demir versucht, sich in alltäglichen Situationen eher unauffällig und angepasst zu verhalten. Direkte Konfrontationen im Umgang mit Ausschließungspraxen werden vermieden und nur eingesetzt, wenn es die Situation unbedingt erfordert. Somit kann festgehalten werden, dass die Familie Demir Diskriminierungserfahrungen einerseits klar benennen und identifizieren kann, andererseits einen vorsichtigen Umgang diesbezüglich pflegt. Vielmehr setzt sie

auf Anpassung und ein dezentes Auftreten, um die Wahrscheinlichkeit individueller Diskriminierungen von vornherein gering zu halten. Auch der viel zitierte
Rückzug ins Private und der Hinweis, dass man außerhalb der Familie nur wenige Kontakte pflege, können als Gegenstrategie im Umgang mit Rassismus und
Diskriminierung gelesen werden.

6 Vertiefung: Transnational migrieren – familial verhandeln am Beispiel der Familie Lukic

Lange Zeit wurde dem Forschungsgegenstand „Familie im Migrationsprozess" kaum Beachtung geschenkt. Vielmehr überwog im deutschsprachigen Raum, sowohl in wissenschaftlichen Arbeiten als auch in medial aufbereiteten Auseinandersetzungen, der Fokus auf die (Arbeits-)Migration von einzelnen Individuen – losgelöst von jedweden familienrelevanten Bezügen. Zu diesem verengten Blick hat auch die Tatsache beigetragen, dass Aufnahmeländer wie Deutschland oder Österreich das Phänomen der Arbeitsmigration als temporäre Erscheinung betrachteten und diesem somit kaum Aufmerksamkeit schenkten, schon gar nicht, wenn es um gesellschaftliche Teilhabe von MigrantInnen oder um soziale (Integrations-)Prozesse ging. Somit stellten Migrationsfamilien und ihre transnationalen Praxen über Jahre hinweg ein Forschungsdesiderat dar, entsprechende Themen wurden erst im Laufe der letzten zehn Jahre intensiver bearbeitet. Mittlerweile gibt es in der Familien- und Migrationsforschung eine steigende Zahl von Beiträgen über familiale Transmissionsprozesse, Generationenverhältnisse und Aushandlungsprozesse (vgl. Apitzsch 2006a und 2009; Beck-Gernsheim 2006). Dadurch ist die Bedeutung der Familie im Kontext von Migration mehr in den Blick geraten, und transnationale Familienprozesse und -strategien[27] rücken nun zusehends häufiger ins Interesse der Forschung.

Durch den stärkeren Fokus auf die Verknüpfung von Familie und Migration wird der Tatsache Rechnung getragen, dass Migration meist ein Familienprojekt darstellt (vgl. Apitzsch 2006a; Pries 1997 und 2011; Vuorela/Bryceson 2002) und somit Auswirkungen auf das gesamte familiale Gefüge hat. Besonders deutlich werden die Veränderungen, die sich für das Leben der gesamten Familie ergeben, wenn der Blick auf eine konkrete Migrationsgeschichte gerichtet wird; beispielsweise auf eine Familie, in welcher ein Elternteil (meist der Familienvater) sein Herkunftsland verlässt, um in einem anderen Land über eine oft unbe-

---

27 Mit dem Begriff „Lebensstrategien" wird nach Riegel/Stauber/Yildiz (2018a) „das aktive ‚Tun' gefasst, das sowohl habitualisierte, routinierte und alltägliche Praktiken als auch mehr oder weniger reflektierte oder zielgerichtete Handlungsweisen umfasst" (Riegel/Stauber/Yildiz 2018a: 23). Der Begriff der „Lebensstrategien" wird aufgrund seiner Offenheit im Forschungskontext „Migrationsfamilien" als geeignet betrachtet und gegenüber Begrifflichkeiten wie beispielsweise „Bewältigung", „Bewältigungsstrategien" oder „Lebensführung" bevorzugt verwendet (vgl. Riegel/Stauber/Yildiz 2018a: 22).

© Springer Fachmedien Wiesbaden GmbH, ein Teil von Springer Nature 2020
M. Hill, *Migrationsfamilien und Rassismus*, Interkulturelle Studien,
https://doi.org/10.1007/978-3-658-30087-6_7

stimmte Zeit hinweg einer Arbeit nachzugehen, und die Kinder mit dem anderen Elternteil im Herkunftsland bleiben. In jedem Fall muss das Familienleben neu arrangiert und organisiert werden, oft müssen nahe Verwandte mit der Erziehung und Betreuung der Kinder beauftragt werden. Für den migrierenden Teil der Familie bedeutet dies, mit neuen Strukturen, einer neuen Umgebung, bestimmten aufenthaltsrechtlichen Bestimmungen und insgesamt einer völlig neuen Lebenssituation konfrontiert zu sein. Folglich muss auch das Familienleben neu justiert und an die neuen Gegebenheiten angeglichen werden. In Anlehnung an Ursula Apitzsch und Irini Siouti (2008) können diese familialen Lebensformen als multilokal verortete Biografien gedeutet werden, durch die neue Familienstrukturen und transnationale Familiennetzwerke entstehen. Im neuen Familiengefüge bedürfen diese transnationalen Netzwerke einer besonderen Pflege (etwa durch regelmäßige Telefonate oder Familienbesuche), nur so kann das soziale System Familie aufrechterhalten werden. Somit sind familiale Netzwerke im Migrationsprozess von enormer Bedeutung und können als soziales Kapital betrachtet werden. Andrea Janßen beschreibt die existenzielle Bedeutung von Prozessen, in denen beispielsweise migrierten Familienmitgliedern informell eine freie Arbeitsstelle oder eine Wohnung vermittelt wird (vgl. Janßen 2011: 294ff.); die Familie agiert damit als unterstützendes System und greift ein, wo staatliche und institutionelle Hilfeleistungen entweder fehlen oder nur bedingt greifen.

Am vorliegenden Fallbeispiel der Familie Lukic soll nachgezeichnet werden, welche Wege im Zuge einer Migration eingeschlagen und welche Entscheidungen hierfür getroffen werden (müssen). Dabei soll der Blick vor allem darauf gerichtet sein, wie die Familie mit der Diskrepanz zwischen nationalen Vorgaben und Strukturen einerseits und ihrem transnationalen Leben andererseits umgeht. Durch die Fokussierung auf die Handlungsebene und auf die Herstellungspraxis von Familie im transnationalen Raum kann in diesem Sinne und in Erweiterung des Terminus „Doing Family" (Jurczyk/Lange/Thiessen 2014b; Schier/Jurczyk 2007) von „Doing Family Migration" gesprochen werden. Damit soll der Prozess des Migrierens mit all seinen Unwägbarkeiten, seinen Risiken, aber auch mit der Eröffnung neuer Möglichkeiten durch familiales Handeln ins Zentrum der Betrachtung gerückt werden.

Der vertiefende Blick auf transnationale Familienpraktiken dient dazu, Möglichkeitsräume sichtbar zu machen, innerhalb derer Familien handeln, auch vor dem Hintergrund restriktiver Gesetzgebungen. Dabei ist von Interesse, auf welche veränderten Familienrealitäten die einzelnen Familienmitglieder im Zuge einer Migration blicken, welche familial bedeutenden Situationen und Prozesse durch die Migration entstehen und wie sie intergenerational verhandelt werden. Im Fokus der Betrachtung stehen hier die Aushandlungsprozesse sowohl der Kinder- als auch der Elterngeneration, die im vorliegenden Fallbeispiel vor allem

in den Aussagen von Suzana Lukic und ihrer Mutter Branka Lukic deutlich werden.[28] Deren ambivalente Bewertungen des Migrationsprojekts werden nachgezeichnet und analysiert.

Die familialen Praxen und Aushandlungsprozesse werden hier exemplarisch
an der Familie Lukic verdeutlicht, wesentliche migrationsbedingte Phänomene,
wie etwa die zeitliche Trennung, finden sich bei vielen anderen Migrationsfamilien auch.

In der folgenden Fallanalyse wird der Blick konkret auf die transnationalen
Lebensstrategien *einer* ausgewählten Familie gerichtet, die von Slowenien (Vater) bzw. von Serbien (zunächst die Mutter, später die Kinder) nach Österreich
migrierte. Die Familie Lukic wurde deshalb ausgewählt, da bestimmte transnationale Migrationsphänomene, wie etwa die temporäre Trennung einzelner Familienmitglieder voneinander sowie die Praxis der Pendelmigration oder der Heiratsmigration, an ihrem Beispiel besonders klar zum Ausdruck kommen. Zudem
verdeutlicht der Umgang der Familie Lukic mit der Migration anschaulich, mit
welchen Anstrengungen dieser Prozess verbunden ist und welche familialen
Aushandlungen er notwendig macht. In spezieller Weise wird dies an den Begründungen und Argumentationen sichtbar, die in Bezug auf die migrationsbedingte temporäre Trennung einzelner Familienmitglieder zutage treten. Voraus-
zuschicken ist in diesem Zusammenhang, dass die Erfahrungen, Bewertungen
und Umgangsweisen, die in der Analyse der Familie Lukic deutlich werden,
keine individuell-familialen Phänomene darstellen, auch wenn es hier auf den
ersten Blick um die bloße Rekonstruktion eines Einzelfalls geht. Vielmehr kann
die Familie Lukic stellvertretend für all jene Migrationsfamilien betrachtet werden, für die der Prozess der Migration eine große Herausforderung darstellt.
Unterschiedliche Bewertungen des Migrationsprozesses, wie sie etwa Branka
Lukic und ihre Tochter Suzana Lukic bezüglich der familialen Trennungssituation zum Ausdruck bringen, können hierbei als besonders dominantes Thema
betrachtet werden.

6.1 Fallporträt

Bei der Familie Lukic handelt es sich um eine Familie, die infolge von prekären
sozio-ökonomischen Bedingungen, aber auch aufgrund von aufkeimenden krie-
gerischen Konflikten im Herkunftsland schrittweise nach Österreich migriert ist.

---

28   Es handelt sich hierbei um eine Einzelfallstudie, die nicht den Anspruch auf Allgemeingültig-
keit erhebt, jedoch wichtige Phänomene von transnationalen Familien sichtbar macht. Viele der
hier angesprochenen Aspekte wurden auch von anderen Familien im Sample in ähnlicher Weise thematisiert.

Die Eltern, Branka (55 Jahre alt) und Dragan Lukic (59 Jahre alt), lernen sich in den 1980er Jahren in Slowenien kennen. Dorthin sind sie, beide in Serbien gebürtig, aufgrund der besseren Chancen auf dem Arbeitsmarkt, übersiedelt. Sie heiraten und bekommen drei Töchter (Vesna, Milena und Suzana). Die ersten Jahre verbringt die Familie noch gemeinsam in Slowenien. Zu Beginn der 1990er Jahre – die Kinder sind noch klein – migriert zuerst der Vater nach Österreich, um dort zu arbeiten. Die Mutter übersiedelt zunächst mit ihren Töchtern zu ihren Schwiegereltern nach Serbien, wo sie ein knappes Jahr bleibt. Dann migriert auch sie nach Österreich, um dort einer Arbeit nachzugehen. Die drei Töchter bleiben vorerst in der Obhut der Großeltern. Nach vier Jahren bekommen die beiden jüngeren Töchter Suzana und Milena, mittlerweile elf und zwölf Jahre alt, eine Einreise- und Aufenthaltsgenehmigung für die Republik Österreich. Die älteste Tochter Vesna beendet in Serbien die Schule und zieht dann als junge Frau zu ihrer Tante nach Slowenien, um dort ein Studium zu absolvieren; als einziges Mitglied der Familie migriert sie nicht nach Österreich.

Zum Zeitpunkt des Interviews leben die Eltern Dragan und Branka Lukic in einer kleinen Zweizimmerwohnung in einer Hochhaussiedlung in Gerlach. Suzana Lukic, die jüngste Tochter, wohnt mit ihrem Ehemann Boris Lukic (er hat bei der Heirat den Nachnamen seiner Frau angenommen) und der gemeinsamen vierjährigen Tochter Tamara in einem Neubaukomplex in der Nähe der elterlichen Wohnung. Die älteste Tochter lebt nach wie vor in Slowenien, die mittlere zu diesem Zeitpunkt in Wien.

Familie Lukic	Dragan	Branka	Suzana	Boris	Tamara	Milena	Vesna
Verwandtschaftsverhältnis	Vater	Mutter	Jüngere Tochter	Schwiegersohn (verheiratet mit Suzana)	Enkelin	Mittlere Tochter (nicht anwesend)	Ältere Tochter (nicht anwesend)
Einzelinterview		X	X	X			

Abbildung 7:   Familie Lukic

6.2 Zugang zur Familie und Interviewsituation

Den Kontakt zur Familie Lukic erhielt unser Projektteam über einen guten Freund der Familie, der bei der Gruppendiskussion ebenfalls anwesend war. Die Familie Lukic zeigte von unserer ersten Kontaktaufnahme an großes Interesse am Forschungsvorhaben und erklärte sich gerne bereit, an einer Gruppendiskussion und einige Wochen später auch an Einzelinterviews teilzunehmen.

In der Hochhaussiedlung in Gerlach, in der Dragan und Branka Lukic wohnen, findet an einem Tag im September 2013 die Gruppendiskussion statt. Wir haben einen Termin für den frühen Abend vereinbart, an dem alle in Gerlach lebenden Familienmitglieder zusammenkommen. Die Gruppendiskussion führe ich (Interviewerin 2 [I2]) gemeinsam mit meiner Projektkollegin (Interviewerin 1 [I1]) durch. Nachdem uns die Haustür geöffnet worden ist und wir mit dem Aufzug in den vierten Stock gelangt sind, kommt uns im Flur bereits der Schwiegersohn Boris Lukic entgegen. Er begrüßt uns freundlich und bittet uns in die kleine Zweizimmerwohnung seiner Schwiegereltern. Dort führt er uns in den Wohn-Ess-Bereich, wo uns bereits die anderen Familienmitglieder – Branka und Dragan sowie Suzana und ihre kleine Tochter Tamara – erwarten. Wir begrüßen uns und stellen uns gegenseitig vor. Nachdem wir uns an den Esstisch gesetzt haben, bekommen wir Kaffee und Gebäck angeboten. In der darauffolgenden Unterhaltung erläutern wir ein weiteres Mal unser Forschungsinteresse. Kurz darauf beginnen wir mit der Gruppendiskussion, die knapp zweieinhalb Stunden dauert. Großteils findet diese Diskussion in Deutsch statt, nur vereinzelt wird Serbisch gesprochen, vor allem vom Vater Dragan Lukic, der zuweilen Schwierigkeiten hat, sich auf Deutsch zu artikulieren. Hier kann meine Projektkollegin, die über bosnische/kroatische/serbische Sprachkenntnisse verfügt, das Gespräch auf Serbisch weiterführen. Insgesamt ist die Gruppendiskussion von einer offenen Atmosphäre geprägt.

Das Tondokument zur Gruppendiskussion wurde anschließend vollständig und in der jeweils gesprochenen Sprache transkribiert. Serbische Passagen wurden in einem weiteren Schritt ins Deutsche übersetzt und durch kursive Schreibweise markiert.

Einige Wochen nach der Gruppendiskussion führen wir mit Branka Lukic sowie mit Suzana und Boris Lukic jeweils ein teilnarratives Einzelinterview durch. Die Einzelinterviews mit Suzana und Boris Lukic finden in ihrer gemeinsamen Wohnung statt und dauern jeweils eine gute Stunde. Das Einzelinterview mit Branka Lukic findet ebenfalls in ihrer eigenen Wohnung statt und ist mit einer Stunde und 40 Minuten deutlich länger. Die Auswahl der Familienmitglieder für ein Einzelinterview liegt in folgenden Überlegungen begründet: Boris Lukic lebt erst seit wenigen Jahren in Österreich und ist über seine Ehefrau hierher migriert. Er berichtet in der Gruppendiskussion über interessante Aspekte transnationaler Familienpraxen und diesbezüglich über hinderliche und förderliche Faktoren. Suzana Lukic und ihre Mutter blicken aufgrund der langjährigen familialen Trennungssituation auf einen gemeinsamen Erfahrungsraum, der jedoch unterschiedlich verhandelt und bewertet wird. Anhand der Einzelinterviews sollten sie beide die Möglichkeit bekommen, das Migrationsprojekt und die damit verbundenen Trennungserfahrungen aus ihrer individuellen Sicht zu erzählen und zu bewerten.

6.3 Displaying als transnationale Familie

Die Familie Lukic blickt, wie sich an der Kurzdarstellung bereits ablesen lässt, auf eine von Trennungen durchzogene und bewegte Migrationsgeschichte zurück, die über mehrere Ländergrenzen hinweg vollzogen wurde. Bei der Familie Lukic kann deshalb von „Displaying als transnationale Familie" gesprochen werden, da sie vielfältige familiale Verbindungen zu unterschiedlichen Ländern, Orten und Sprachen hat. Darüber hinaus wird anhand ihrer familialen Migration deutlich, dass sie den transnationalen Raum aktiv nutzte, um das Projekt Migration überhaupt gelingen zu lassen. Auch heute noch gehören die transnationalen Bezüge zum Alltag der Familie Lukic, wenn etwa mit der ältesten Tochter in Slowenien telefoniert wird oder Verwandte aus Serbien besucht werden.

Die eingangs beschriebenen familialen Trennungen erscheinen bei der Familie Lukic zwar in besonders akzentuierter Form, stellen unter Migrationsfamilien aber keine Ausnahme dar. Viele andere Mitglieder von Migrationsfamilien können von ähnlichen Trennungserfahrungen berichten: beispielsweise ein Vater, der über Jahrzehnte hinweg in Deutschland arbeitet und die Familie nur in den Sommer- und Winterferien besuchen kann (wie das Beispiel der Familie Miftari zeigt); oder eine Schülerin, die zwischen Deutschland und der Türkei pendelt und dieses Pendeln, mit den wechselnden Schulbesuchen in den beiden Ländern, als familiale Normalität erlebt. Solche temporären Trennungen von Eltern(-teilen) und Kindern, die Wochen, Monate oder auch Jahre dauern können, sind häufig. Insbesondere das Eltern-Kind-Verhältnis kann durch eine langjährige familiale Trennung einer Destabilität ausgesetzt sein: Oft werden die Kinder bei nahen Verwandten wie Großeltern, Tanten oder Geschwistern untergebracht, während die Eltern im Aufnahmeland einer Arbeit nachgehen oder ihren Aufenthaltsstatus festigen. Aufgrund von restriktiven migrationsrechtlichen Bestimmungen der Aufnahme- und/oder Herkunftsländer kann eine geplante Familienzusammenführung viel Zeit in Anspruch nehmen; Zeit, in der ungewiss ist, wie und an welchem Ort sich die Zukunft der Familie dauerhaft gestalten lässt. Diese Phase empfinden Familienangehörige unter Umständen als belastend, sie erfordert von allen Beteiligten viel Geduld und große Anstrengungen, nur so lässt sich das Migrationsprojekt erfolgreich gestalten. Den Familienpraxen stehen die politischen und nationalstaatlich verhandelten Interessen gegenüber. Hier wird immer wieder und immer nachdrücklicher die Begrenzung des Familiennachzuges diskutiert, transnationale Familienwirklichkeiten werden dabei meist unbeachtet gelassen. Gerade in hegemonial geführten Debatten zu transnationalen Familienpraxen erfahren Begrifflichkeiten wie „Heiratsmigration", „Kettenmigration", „Familiennachzug" oder „Kofferkinder" große Aufmerksamkeit. Die entsprechenden Migrationsgeschichten werden damit als unrechtmäßige Formen der Migration dargestellt, wodurch Angehörige von Migrationsfamilien diskreditiert werden.

An dieser Stelle sei das Beispiel des Begriffs „Kofferkinder" herausgegriffen, der meist in populärwissenschaftlichen Beiträgen zu finden ist. Gemeint sind damit jene Kinder, die migrationsbedingte Trennungserfahrungen machen und an mehreren Orten beheimatet sind. Kritisch zu betrachten ist hierbei die Intention des Begriffs. Er stellt weniger ein neutrales, transnationales Phänomen dar als vielmehr eine negativ ausgerichtete Perspektive auf Migrationsprozesse. Der Begriff „Kofferkinder" stellt die Eltern in pathologisierender Weise als unverantwortliche und egoistische Entscheidungsträger, die Kinder dagegen als unmündige Opfer dar (vgl. Hill/Tschuggnall 2016). Dass die Trennungssituation zu unweigerlich schmerzhaften Erfahrungen, vor allem für ein zurückgelassenes Kind, führen kann, steht außer Frage und darf nicht unberücksichtigt bleiben. Jedoch müssen die Entscheidungskontexte der Elterngeneration (prekäre sozioökonomische, finanzielle und aufenthaltsrechtliche Situation) in einem Migrationsprozess stets mitbedacht werden, da sie auf mögliche Ausschließungspraxen und Diskriminierungen verweisen. Nur durch die Einbeziehung beider Seiten – der Kinder- und der Elternperspektive – ist es möglich, die oft komplexen transnationalen Familienpraxen erkenntnisgenerierend zu erforschen.

6.4 Migrationsbedingte Trennung und familiale Aushandlungsprozesse intergenerational betrachtet

Die Tochterperspektive

Im Folgenden soll nachgezeichnet werden, wie Suzana, die jüngste Tochter von Dragan und Branka Lukic, die Trennungsphase erlebt hat und rückblickend interpretiert.[29]

---

29 Im Artikel „Transnationales Leben – von familialen Praktiken im Kontext von Migration" (Hill/Tschuggnall 2018a) wird unter anderem die Familie Lukic als Fallbeispiel behandelt und

Sowohl in der Interviewsituation selbst als auch in der Analyse des Datenmaterials wird deutlich, dass die heute dreißigjährige Suzana Lukic, die als Kind mehrere Jahre von ihren Eltern getrennt war, kritisch auf die familiale Migration zurückblickt. Während der Gruppendiskussion, bei der ihre Eltern, ihr Ehemann, die gemeinsame vierjährige Tochter sowie Suzana selbst anwesend sind, kommt es immer wieder zu sehr emotionalen Phasen. Insbesondere dann, wenn es um die familiale Trennung geht, scheint Suzana Lukic so sehr von der Thematik betroffen, dass sie ihre Tränen nicht zurückhalten kann. Neben der Migration ihres Vaters und ihrer Mutter, die innerhalb eines Jahres den gemeinsamen Wohnort verlassen, muss Suzana Lukic zudem ihre eigene Migration zu den Großeltern in Serbien und somit das Verlassen ihrer vertrauten Umgebung in Kauf nehmen. In ihrer Erzählung berichtet sie vom Gefühl, als kleines Kind keinen Einfluss auf das elterliche Migrationsprojekt gehabt zu haben und diesem passiv ausgesetzt gewesen zu sein. Ihre Eltern hätten den Entschluss zur Migration gefasst, ohne ihre drei Töchter einzubinden, weshalb Suzana Lukic deren Weggang als etwas erinnert, das sehr plötzlich und unvorhersehbar für sie gewesen sei: „Wir haben nicht gewusst, wie und was" (EI Suzana Lukic, 377), sagt sie, ihre Schwestern im „Wir" mit einbindend. Weiter erinnert sie sich an das Gefühl der Machtlosigkeit, als ihre Eltern ihr den Entschluss zur Migration mitteilten, und führt dies auf ihre Lage als Kind zurück: „Ich war damals klein, keiner wollte mir zuhören" (EI Suzana Lukic, 206). Daran wird deutlich, dass Suzana Lukic der familialen Migration nicht zugeneigt war. Rückblickend beschreibt sie ihre Kindheit in Slowenien als unbeschwert und glücklich, mit dem Hinweis auf die Anwesenheit ihrer Eltern. Dies wird auch an folgender Interviewsequenz deutlich:

Suzana: In Slowenien, da, wo ich war. Da war die schönste Zeit für mich, ja.

I1:   Wie würdest du sie beschreiben?

Suzana: Ja, eine schöne Kindheit, also, wirklich.

I2:   Was war das so, was du so-, also, war es auch, dass die Familie zusammen war, oder-?

Suzana: Ja. Ja, genau, ja. Also, die waren immer da und wir waren überall mit den Eltern und das hat so, irgendwie gutgetan. @(.)@ Ich habe immer gewusst, dass sie da sind und-, ja.

(EI Suzana Lukic, 359–366)

---

vor dem Hintergrund der Projektthematik analysiert. In meiner hier vorliegenden Arbeit habe ich die Familie Lukic im Hinblick auf Ausschließungspraxen und benachteiligende Strukturen betrachtet. Dies stellt somit ein eigenständiges Analyse-Schema und eine eigene Interpretation dar.

Das bisher bekannte gemeinsame und positiv erfahrene Familienleben verändert sich mit der Migration von Slowenien nach Serbien auf einschneidende Art und Weise. So bringt das Leben bei den Großeltern für Suzana Lukic eine große Umstellung mit sich, zum einen, da ihr zunächst der Vater, dann auch die Mutter fehlt, und zum anderen, da sie von nun an von den Großeltern erzogen wird. In der Retrospektive konstatiert sie, dass ihre Großeltern zu alt gewesen seien, um sich adäquat um ihre drei kleinen Enkeltöchter kümmern zu können. Deshalb habe in dieser Zeit die älteste Schwester Vesna immer wieder Aufgaben im Haushalt übernommen und sei mit der Betreuung ihrer jüngeren Schwestern betraut gewesen.

Nach rund vierjähriger Trennung von den Eltern dürfen Suzana Lukic und ihre Schwester Milena endlich nach Österreich zu den Eltern ziehen. Eine frühere Familienzusammenführung ist aufgrund von aufenthaltsrechtlichen Vorgaben nicht möglich. Die älteste Schwester bleibt hingegen in Serbien bei den Großeltern und beendet hier ihre Schule, bevor sie zu ihrer Tante nach Slowenien zieht.

Für Suzana Lukic ist die erneute Migration, auch wenn sie das Ende der elterlichen Trennung bedeutet, ein weiterer schwerer Einschnitt in ihrer Biografie. Als Elfjährige muss sie ihre vertraute Umgebung und ihre FreundInnen abermals zurücklassen. Auch in diesem Zusammenhang berichtet sie, dass die Eltern sie nicht in ihre Migrationspläne einbezogen hätten und dass sie den Geschehnissen handlungsunfähig ausgesetzt gewesen sei.

Die zweifache einschneidende Trennungserfahrung, zunächst die Migration ihrer Eltern und dann ihre eigene Migration, ist ein Phänomen, das in transnationalen Familien immer wieder vorzufinden ist. Auch Ursula Apitzsch (2009) weist in ihren Studien zu Migrationsfamilien darauf hin, dass deren Mitglieder, und hier vor allem die heranwachsende Kindergeneration, diversen Brüchen und Veränderungsprozessen ausgesetzt sind:

> Mehrfacher Wechsel zwischen Bezugspersonen, Hochsprachen und Dialekten, näheren und ferneren Umgebungen mit ihren alltäglichen Selbstverständlichkeiten während der Phase der Adoleszenz sind für Heranwachsende aus Migrantenfamilien die Regel. Gerade weil die durch Migration hervorgerufenen Veränderungen die Herkunftsregionen nicht unberührt lassen, beginnen diese Brucherfahrungen zumeist nicht erst mit der eigentlichen Auswanderung, sondern längst vorher (Kinder und Heranwachsende werden, wenn die Eltern zunächst allein in die Migration gehen, bei näheren oder ferneren Verwandten oder in Internaten untergebracht usw.). (Apitzsch 2009: 83)

Veränderungsprozesse können also sowohl im Herkunftsland als auch im Aufnahmeland biografisch bedeutsam werden und einen Einfluss auf das familiale Gefüge haben.

Was nun für Suzana Lukic in Österreich folgt, ist mit vielen Mühen und Hürden verbunden. Der Umgang mit der neuen Lebenssituation erfordert eine enorme Anpassungsleistung. Sie muss zunächst eine ihr völlig neue Sprache erlernen und sich in einem neuen Schulsystem zurechtfinden. In ihrer Schulklasse macht sie zeitweise negative Erfahrungen, beispielsweise dann, wenn sie beschimpft oder in anderer Weise ausgegrenzt wird. Ihre Eltern können ihr dabei kaum Unterstützung anbieten, da sie berufstätig sind und zunächst selbst nur über geringe Deutschsprachkenntnisse verfügen. Auch der Umstand, dass Suzana Lukic nun wieder mit ihren Eltern zusammenlebt, während die älteste Schwester und die Großeltern in Serbien geblieben sind, bedeutet eine Herausforderung. Zudem muss sie neue soziale Kontakte aufbauen, in einer Umgebung und Sprache, die ihr zunächst noch nicht vertraut sind. In diesem Zusammenhang berichtet Suzana Lukic von einem aus Bosnien migrierten Mädchen, mit dem sie sich in der Schulzeit angefreundet hat und bis heute eine enge Freundschaft pflegt.

Nach Abschluss der Hauptschule absolviert Suzana Lukic erfolgreich die Handelsschule und findet eine Arbeit in einer Produktionsfirma, bei der sie heute noch beschäftigt ist.

Im Jahre 2006 heiratet Suzana Lukic ihren heutigen Ehemann Boris Lukic, mit dem sie eine vierjährige Tochter hat. Suzana und Boris Lukic kennen sich bereits von Kind an, sie lebten im gleichen Dorf in Serbien. Nach der Migration von Suzana Lukic nach Österreich, so macht die Erzählung von Boris Lukic deutlich, gibt es zunächst nur einen losen Kontakt über Telefonate und SMS. Es folgen mehrere Treffen und schließlich der Entschluss, eine gemeinsame Zukunft zu gestalten. Nach der Heirat muss Boris Lukic noch für einige Zeit in Serbien bleiben, da er kein Visum für Österreich bekommt. Erst über Umwege und lange Wartezeiten gelingt es der Familie, Boris Lukic nach Österreich zu holen. Dort lernt er schnell die deutsche Sprache und findet eine Arbeit in einem Catering-Betrieb. Die Migration nach Österreich bewertet Boris Lukic als positiv, die damit verbundenen Aussichten als chancenreich, er erläutert dazu: „Ich habe unten nichts zum Verlieren, sagen wir so" (EI Boris Lukic, 1028).

Am Beispiel von Suzana und Boris Lukic zeigt sich das Phänomen der Heiratsmigration in einer bestimmten Ausprägung: Obwohl Suzana Lukic bereits seit vielen Jahren in Österreich lebt, unterhält sie als Jugendliche transnationale Netzwerke nach Serbien. So kommt es auch zu einem vermehrten Kontakt mit Boris Lukic. Einige Zeit nach der Heirat migriert Boris Lukic schließlich nach Österreich. Die Soziologin Elisabeth Beck-Gernsheim spricht in diesem Zusammenhang von einer „privilegierten Option" (Beck-Gernsheim 2010: 186) der Heiratsmigration. Damit meint sie jene Ehen, die über bereits bestehende familiale Netzwerke im Herkunftsland zustande kommen. Die Motive für eine Heirat mit anschließender Migration können dabei sehr unterschiedlich sein (vgl. Hill/ Tschuggnall 2017).[30] Da die Heiratsmigration eine der noch wenigen verbliebenen Möglichkeiten darstellt, legal ins europäische Ausland zu migrieren, wird sie von Heiratswilligen, vor allem in sozio-ökonomisch schwachen Regionen, gerne in Anspruch genommen. Dabei darf nicht übersehen werden, dass auch diese „privilegierte Option" mit vielen Hürden verbunden ist.

Aus der Rekonstruktion der Migrationsgeschichte der Familie Lukic wird deutlich, wie flexibel die beteiligten Mitglieder mit verschiedenen Herausforderungen, wie beispielsweise dem verwehrten Zusammenleben des Ehepaares, umgehen müssen. Sie entwickeln spezifische Lebensstrategien, um lösungsorientiert handeln zu können. Hier spielen vor allem zeitliche und familiale Ressourcen eine große Rolle – sie sind notwendig, um das Projekt Migration verwirklichen zu können.

Bisher wurde die Migrationsgeschichte der Familie Lukic aus Sicht der Tochter dargestellt. Hierbei sollte noch einmal betont werden, dass Suzana Lukic in der Bewertung der Trennungserfahrung eine ambivalente Haltung einnimmt. Auch wenn sie die Gründe für die lange Trennungsphase rational nachvollziehen kann, scheint sie diese auf emotionaler Ebene nicht akzeptieren zu können: „Die konnten nicht gleich ein Visum für uns bekommen. […] Ob das der Grund war, das weiß ich nicht, aber, ja" (EI Suzana Lukic, 108). Aus ihrer Trennungserfahrung leitet Suzana Lukic den Vorsatz ab, sich selbst als Mutter nie von ihrem Kind zu trennen, so wie ihre Mutter dies getan hat. Da strukturelle Barrieren und Grenzregime nicht konkret zu fassen sind und ebenso wenig an Personen festgemacht werden können, bleiben sie diffus. Suzana Lukic sieht somit die Verantwortlichkeit für die zeitweise familiale Trennung allein bei ihren Eltern, also auf der individuellen Ebene, während sie strukturelle Diskriminierungen, also Systeme und die damit verbundenen Ausgrenzungspraxen, als gegeben hinnimmt und nicht infrage stellt.

Die Mutterperspektive

Im Folgenden soll nun ergänzend die Perspektive der Mutter, Branka Lukic, auf die migrationsbedingte Trennung dargelegt werden, da meines Erachtens beide Perspektiven – die der Eltern- und die der Kindergeneration – notwendig sind, um das Phänomen adäquat analysieren zu können. Mehr als der Blick der Kindergeneration erlaubt es jener der Elterngeneration, auf Begründungszusammenhänge zu schauen sowie politische und soziale Kontexte der Migrationsentschei-

---

30 Im Sample des österreichischen D-A-CH-Teilprojekts traf das Phänomen „Heiratsmigration" auf sechs von neun befragten Familien zu.

dung in die Analyse miteinzubeziehen. Hieran können Ausgrenzungspraxen deutlich werden, die eng mit Rassismus verbunden sind.

Branka Lukic wird in Serbien geboren. Nach der frühen Scheidung ihrer Eltern wächst sie bei ihren Großeltern auf. Bereits mit 14 Jahren verlässt Branka Lukic ihr Zuhause und geht allein nach Slowenien, um eine Arbeit zu suchen. Sie beginnt in einer Fabrik zu arbeiten, in der Autoteile produziert werden. Mit ihrem Lohn ist sie in der Lage, ihren Lebensunterhalt zu bestreiten und zudem noch etwas Geld zu sparen. Nach der Heirat mit Dragan Lukic und mit der Geburt der Kinder gibt Branka Lukic ihre Berufstätigkeit auf. Während Dragan Lukic eine eigene Firma gründet und für den Lebensunterhalt der Familie sorgt, bleibt seine Frau zu Hause bei ihren kleinen Töchtern. Anfang der 1990er Jahre – die ökonomische Situation in Slowenien hat sich bereits deutlich verschlechtert – bekommt Dragan Lukic ein Stellenangebot aus Österreich. Er nimmt dieses an und lässt seine Frau mit den Kindern in Slowenien zurück. Nach einem weiteren knappen Jahr folgt Branka Lukic ihrem Ehemann nach. Zuvor werden die drei Kinder bei den Großeltern in Obhut gegeben. Im teilbiografischen Einzelinterview mit Branka Lukic wird deutlich, dass auch für sie die Zeit der Trennung schwierig war. Vor allem in der Anfangszeit habe sie ihre Töchter sehr vermisst, dies wird auch an folgender Interviewsequenz deutlich:

> Branka: '91 bin ich dann raufgekommen zu ihm. […] Schwer. Hier hattest du ja gar nichts. Musstest wieder alles von neu anfangen. […] Aber wir zwei waren immer an die Kinder gewohnt, die Kinder waren immer mit uns, und du kannst es, weil, wenn ich, sagen wir, am Wochenende das Mittagessen vorbereiten. Da kaufst du nicht so viel, ein Hendl oder was weiß ich, aber wenn ich das Hendl esse und das isst mich, weil muss man plärren. Ich weiß, die Kinder haben bei der Schwiegermutter alles gehabt, aber das ist nicht das Richtige, und dann plärren wir beide zehn Minuten und dann essen wir. @(.)@

(EI Branka Lukic, 114–121)

Obwohl Branka Lukic damals davon ausgegangen ist, dass die Kinder von ihrer Schwiegermutter gut versorgt werden, bezeichnet sie die Situation als „nicht das Richtige". Hieran wird deutlich, dass ihre Vorstellung von Familie an das gemeinsame Zusammenleben von Eltern und Kindern an einem Ort geknüpft ist. Im weiteren Interviewverlauf sagt sie: „[D]ie Zeit war schwer, wie die Kinder unten waren, die vier Jahre. Das waren die schwersten Jahre in meinem Leben" (EI Branka Lukic, 124–126).

Dass die Eltern Branka und Dragan Lukic ihre Kinder erst so spät zu sich nach Österreich holen, hat, wie bereits angedeutet, mit aufenthaltsrechtlichen Bestimmungen zu tun. Eine wesentliche Rolle hierbei spielten die Höhe des Einkommens von Branka und Dragan Lukic sowie, damit verbunden, das Vorhandensein einer ausreichend großen Wohnung für das Zusammenleben aller Familienmitglieder. Branka Lukic erklärt: „Dreieinhalb Jahre haben [...] wir ja gekämpft für diese Wohnung. Erst wenn wir eine Wohnung bekommen, konnte ich die Kinder heraufbringen" (EI Branka Lukic, 110–113). Daran wird deutlich, wie schwicrig es für die Eltern Lukic war, erstens zu einem ausreichenden Einkommen zu gelangen und zweitens eine entsprechend große Wohnung anzumieten, die der geforderten Quadratmeterzahl für den Familiennachzug entsprach. Gerade Anfang der 1990er Jahre, als Wohnraum knapp und teuer war und darüber hinaus viele Ressentiments gegenüber ArbeitsmigrantInnen herrschten, bedeutete das Anmieten einer Familienwohnung eine große Hürde für die Eltern Lukic. Nicht ohne Grund beschreibt Branka Lukic diese Bemühungen auch als jahrelangen „Kampf", der gleichzeitig ein Überwinden von strukturellen Benachteiligungen und Barrieren bedeutete.

Trotz aller Entbehrungen und der teilweise widrigen Umstände blickt Branka Lukic heute zufrieden auf die familiale Migrationsgeschichte zurück. Sie beschreibt das Migrationsprojekt als ökonomisch erfolgreich. So haben ihre drei Töchter einen Bildungsaufstieg geschafft, indem sie eine Berufsausbildung oder eine höhere Schule abgeschlossen haben. Damit sind sie in der Lage, sich und ihren Familien einen angemessenen Lebensstandard zu ermöglichen. Branka Lukic wertet diesen sozialen Aufstieg, der auch mit einem Statusgewinn einhergegangen ist, als Ergebnis eines jahrelangen und zähen Migrationsprozesses – und damit einer Lebensphase, die von harter Arbeit und mehrjährigen Trennungen durchzogen war. Letztendlich sieht Branka Lukic ihre Vision von der Verwirklichung eines besseren Lebens umgesetzt, da beide jüngeren Töchter ihr Leben in Österreich aktiv gestalten und einen sozialen Aufstieg geschafft haben (vgl. Hill/Tschuggnall 2018a: 256ff.).

Diese „Erfolgsgeschichte", die am Beispiel der Familie Lukic skizziert wurde, ist kein Einzelfall. Sie zeigt, dass Familien in der Migration enorme Anstrengungen aufwenden müssen, um erfolgreich zu sein. Dennoch werden ihre Anpassungsleistungen und Kompetenzen nur selten anerkannt.

(De-)Thematisierung familialer Trennung

Die Darstellungen der Migrationsgeschichte durch Suzana und Branka Lukic haben gezeigt, dass die familiale Trennung sowohl für die Kinder- als auch für die Elterngeneration eine einschneidende Erfahrung im Migrationsprozess darstellt. Dennoch – oder gerade deswegen – wird sie, so scheint es, innerhalb der Familie nicht oder nur kaum thematisiert. Dies zeigt sich beispielsweise an der folgenden Passage aus dem teilnarrativen Einzelinterview mit Branka Lukic:

Branka: Für die Kinder war es auch schwer, ich weiß, aber ich konnte nichts anders machen. [...] Sonst, wenn ein bisschen, bisschen weniger Geld gewesen ist, dann verteilt, und hungrig waren wir nie oder, was weiß ich, für die Schule hatten sie immer alles gehabt, und das. Aus meiner Sicht. Ich weiß nicht, was sich die Kinder gedacht haben, aber (3)-.

(EI Branka Lukic, 113–114, 125–130)

Der Trennungssituation ist im Diskursraum Familie bislang also offenbar kaum oder nur wenig Beachtung geschenkt worden. In besonderer Weise wird dies an der Aussage deutlich, dass Branka Lukic nicht wisse, „was sich die Kinder gedacht haben" (EI Branka Lukic, 129–130). Hervorzuheben ist in diesem Zusammenhang außerdem, dass die Trennungserfahrung in der gemeinsamen Gruppendiskussion nur gestreift und erst in den teilnarrativen Einzelinterviews ausführlicher thematisiert wird. Dabei scheinen Mutter und Tochter noch immer emotional davon betroffen zu sein. Trotz der unterschiedlichen Bewertung und Sinngebung der Trennungssituation – Branka Lukic sieht das Migrationsprojekt als Erfolgsgeschichte, während ihre Tochter in einer ambivalenten Haltung zur Migration verharrt – zeigt sich im weiteren Interviewverlauf, dass beide dem gleichen Familienideal zugewandt sind: dem Bild von Familienangehörigen, die an einem gemeinsamen Ort leben und ihren Alltag teilen. Letztlich kann dieses geteilte Familienideal erst nach vielen Jahren umgesetzt werden.

Heute leben Suzana Lukic und ihre Eltern nur wenige Minuten voneinander entfernt. Dragan und Branka Lukic haben sich eine kleine Wohnung gemietet. Suzana Lukic pflegt engen Kontakt zu ihren Eltern. Mehrmals in der Woche besuchen sie sich gegenseitig. Branka Lukic übernimmt regelmäßig die Betreuung ihrer Enkelin Tamara, so holt sie diese vom Kindergarten ab, wenn Suzana Lukic arbeitet. Suzana Lukic' ältere Schwester Milena ist vor mehreren Jahren nach Wien gezogen, wo sie mit ihrer Familie lebt und als Krankenschwester tätig ist. Suzana Lukic' älteste Schwester Vesna lebt und arbeitet nach wie vor in Slowenien.

Dragan Lukic hat jahrelang als Spengler, Dachdecker und Baggerfahrer gearbeitet, bevor er aus gesundheitlichen Gründen in Frühpension gehen musste. Auch seine Frau Branka Lukic befindet sich derzeit im Krankenstand, zuvor arbeitete sie als Küchenhilfe in einer Großküche. Beide waren, so wird im Interview angesprochen, aufgrund von körperlich sehr belastenden Tätigkeiten, wie das Heben von schweren Lasten, das Arbeiten bei widrigen Wetterverhältnissen und das zeitweilige Fehlen ausreichender Sicherheitskleidung (bei Dragan Lukic), einem erhöhten Krankheitsrisiko ausgesetzt.

6.5 Praxen im Umgang mit Rassismus

Das Fallbeispiel der Familie Lukic zeigt, dass eine Migration für die einzelnen Familienmitglieder mit großen Herausforderungen und oft unvorhersehbaren Situationen verbunden ist. In diesem Kontext wurde das Phänomen der migrationsbedingten zeitlichen Trennung herausgearbeitet und mit aufenthaltsrechtlichen Hürden und Ausschließungspraxen in Zusammenhang gebracht. In der rückblickenden familialen Betrachtung des Migrationsprojekts wurden strukturelle Hürden und Ausschließungspraxen kaum angesprochen oder kritisiert, somit wird die Verantwortung für die zeitliche Trennung in erster Linie auf die individuelle Entscheidungsebene, also auf die Eltern, übertragen, anstatt strukturelle Mechanismen miteinzubeziehen.

Im Weiteren ist deutlich geworden, dass im Diskursraum Familie nicht alle Beteiligten gleichermaßen in den Entscheidungsprozess der Migration einbezogen werden (können) und dass Kinder den geschaffenen Tatsachen oft handlungsunfähig ausgesetzt sind. Nicht selten blicken sie später als Erwachsene mit Unverständnis oder mit ambivalenten Gefühlen auf die Migrationsphase zurück. Die Eltern Lukic gehen das Wagnis einer Migration ein, um der chancenlosen Situation im Herkunftsland zu entfliehen und ihren Kindern ein besseres Leben zu ermöglichen. All die jahrelangen Entbehrungen und Widrigkeiten nehmen sie in Kauf, in der Hoffnung, die Kindergeneration könne später einmal davon profitieren. Ob sich die Visionen der Eltern erfüllen, zeigt sich erst in den nachfolgenden Generationen und anhand derer Bewertung des Migrationsprojekts. Somit investieren Migrationsfamilien in die Zukunft und können als Motivator für gesellschaftliche Veränderungsprozesse betrachtet werden. Letztlich ist die Geschichte der Familie Lukic aber auch ein Beispiel dafür, in welcher Weise die Herausforderungen, die eine transnationale Migration für familiale Beziehungen darstellt, gemeistert werden können.

7 Zusammenschau des empirischen Teils

Die Analyse der Familien- und Einzelinterviews hat gezeigt, dass die Befragten sich in unterschiedlicher Weise über die von ihnen erlebten Diskriminierungen und Rassismen äußerten. Sie beschrieben in diesem Zusammenhang oft einen rassistischen Kontext, in dem unter anderem die Sprache, physische Merkmale (wie etwa dunkle Haarfarbe) und die Herkunft zum Diskriminierungstatbestand wurden. Die befragten Familienmitglieder thematisierten im Interview sowohl grobe als auch subtile Ausprägungen von Rassismus, wobei die eher subtilen meist als „normale" und wiederkehrende Erscheinungen beschrieben und von den Befragten nur teilweise als Rassismus identifiziert wurden. Darüber hinaus wurden primär individuelle Rassismuserfahrungen benannt, auf strukturelle und institutionelle Diskriminierungen wurde nur begrenzt hingewiesen.

Im Forschungsprozess konnte zunächst festgestellt werden, dass das Sprechen über Rassismus und Ausschließungspraxen einzelnen Befragten schwerfiel. Sichtbar wurde zudem ein unsicherer Umgang in der Benennung von Rassismus. Dies manifestierte sich beispielsweise darin, dass anstatt des Rassismusbegriffs andere Begriffe, wie zum Beispiel „Freunderlwirtschaft", „Nationalismus" etc., bevorzugt verwendet wurden. Mittels der qualitativ-rekonstruktiven Analyse kann jedoch festgehalten werden, dass es sich bei den beschriebenen Handlungen um Diskriminierungen und rassistische Akte handelt.

Im Weiteren wurde deutlich, dass die Familien und ihre Angehörigen im Umgang mit Rassismen, Ausschließung und Othering unterschiedliche Praxen entwickelt haben. Diese reichen von Ignorieren über höfliches Zur-Sprache-Bringen bis hin zu offenen und widerständigen Artikulationen und Praxen. Dabei kann davon ausgegangen werden, dass sich die Befragten durchaus bewusst waren, dass ihre Reaktion auf diskriminierendes Verhalten unter Umständen auch Konsequenzen für sie selbst haben könnte. Während das Ignorieren von Diskriminierungen als Schutzhaltung für sich und die Familie interpretiert werden kann, bedeutet das offene Zur-Sprache-Bringen von Diskriminierung ein Wagnis. Diese bewusst widerständige Praxis kann als risikoreich betrachtet werden, da durch sie berufliche Perspektiven (wie etwa bei Kaya Demir) eingeschränkt werden können – woraus sich eine existenzielle Bedrohung ergeben kann.

Es lässt sich im Weiteren ablesen, dass Rassismuserfahrungen im Diskursraum Familie in unterschiedlicher Weise angesprochen und verhandelt wurden. Es kam entweder zu einer offenen Thematisierung – oder eben zu einer Dethe-

M. Hill, *Migrationsfamilien und Rassismus*, Interkulturelle Studien,
https://doi.org/10.1007/978-3-658-30087-6_8

matisierung. Während einzelne Familienmitglieder sich bei der Benennung von Rassismuserfahrungen eher zurückhielten, diesen eventuell auch gar nicht benennen konnten oder wollten und Rassismus demnach negierten oder ignorierten, gab es andere, bei denen eine offene und bewusste Umgangsweise mit diskriminierenden Praxen deutlich wurde.

Von einzelnen Personen, die eher verhalten über erlebte Diskriminierungen sprachen (beispielsweise Lian Miftari), kann angenommen werden, dass sie ihre aktuelle Lebenssituation mit jener in ihrem Herkunftsland verglichen. Gerade Angehörigen von Migrationsfamilien, die bereits im Herkunftsland massiven Diskriminierungen ausgesetzt waren, kann das Sprechen über eigene Erfahrungen schwerfallen. Darüber hinaus scheinen die beschriebenen, meist subtilen Diskriminierungen in Österreich auf der einen Seite für einzelne Familienmitglieder – gemessen an den teilweise massiven Diskriminierungen im Herkunftsland – nicht erwähnenswert, weshalb sie erst gar nicht als Rassismen identifiziert werden. Auf der anderen Seite bringen Familienmitglieder Rassismuserfahrungen teils auch offen zur Sprache, diese Erfahrungen werden dann familial verhandelt. Indem Rassismus angeklagt und als gesellschaftliches Ungleichheitsverhältnis thematisiert wird, wird eine Konfrontation gewagt. Diese widerständige Praxis ist jedoch risikoreich, da durch sie Bildungs- und Berufschancen gefährdet werden können. Allerdings wird auch sichtbar, dass jene Subjekte, die Rassismen offen thematisieren, Gleichbehandlung einfordern und somit nicht (mehr länger) bereit sind, Ausschließungspraxen aufgrund eines bestimmten (zugeschriebenen) Herkunftskontextes hinzunehmen.

Wenn nun Rassismuserfahrungen im Kontext der Familie analysiert werden, so kann festgehalten werden, dass Familie sehr unterschiedliche Funktionen übernimmt. Einerseits kann sie als ein Ort der Sensibilisierung, des Austausches und somit als eine wichtige Ressource betrachtet werden. Andererseits kann Familie auch genau das Gegenteil darstellen: einen Ort des Negierens und Schweigens, nämlich dann, wenn Diskriminierungserfahrungen nicht thematisiert werden. Sowohl in der theoretischen als auch in der empirischen Auseinandersetzung mit Familie hat sich gezeigt, dass wir nicht davon ausgehen können, dass die Mitglieder einer Familie eine gemeinsame Strategie im Umgang mit Rassismuserfahrungen entwickeln. Vielmehr ist deutlich geworden, dass sie nur teilweise gemeinsame Strategien entwickeln, oftmals aber auch einen individuellen Weg einschlagen, ganz unabhängig von Eltern, Geschwistern oder anderen Angehörigen. Das bedeutet, dass sowohl familial-kollektive (generationen-/migrationserfahrungsübergreifend) als auch familial-individuelle Strategien und Umgangsweisen zur Anwendung gebracht werden. Dabei muss der Faktor Generation nicht zwangsläufig eine Differenzlinie darstellen.

Zusammenfassend lässt sich sagen, dass die InterviewpartnerInnen sich mit Rassismus auseinandersetzen *müssen*, da er als alltägliche und (potenziell) wiederkehrende Erfahrung betrachtet werden kann. Außerdem wurde sichtbar, dass in erster Linie Diskriminierungen angesprochen wurden, die sich auf individueller Ebene vollzogen, während institutionell und strukturell bedingte Ausschließungspraxen und Diskriminierungen, die auch mit sozialen Ungleichheitsverhältnissen verwoben sind, eher ausgeblendet bzw. nicht als solche benannt wurden.

Die Analyse der Rassismuserfahrungen sowie der damit zusammenhängenden Gegenstrategien legt nahe, auch nach den Gründen für die unterschiedlichen familialen Umgangsweisen zu fragen. Sicherlich kann ein Grund für das (Nicht-)Thematisieren von Diskriminierungserfahrungen in der individuellen Migrationsgeschichte der/des Familienangehörigen gesehen werden. Hierbei kann relevant sein, ob es sich um eine freiwillige oder unfreiwillige Migration nach Österreich gehandelt hat, ob man als Kind oder Erwachsene/r migriert ist oder ob das Projekt Migration beispielsweise im Zuge einer Heirat umgesetzt wurde. Im Weiteren kann auch ein (un-)sicherer Aufenthaltsstatus oder der Besitz der österreichischen Staatsangehörigkeit Einfluss auf die Umgangsweise mit Rassismus nehmen. So ist anzunehmen, dass Menschen, die über einen gesicherten Aufenthaltsstatus verfügen oder sogar die österreichische Staatsbürgerschaft besitzen, eher Rassismus thematisieren und soziale Ungleichheitsverhältnisse anklagen als jene, die einen unsicheren und eingeschränkten Aufenthaltsstatus haben. Letztere werden Diskriminierungen im Zweifelsfall eher nicht zur Sprache bringen – aus Sorge, dies könnte sich in negativer Weise auf ihren Status und ihre Lebenssituation auswirken.

Nur bedingt hängen die unterschiedlichen familialen Gegenstrategien mit dem Faktor Generation zusammen. Obwohl zu vermuten ist, dass die Kindergeneration eher dazu neigt, Rassismus anzuklagen und offen zu thematisieren, da sie im Aufnahmeland geboren oder aufgewachsen ist, kann dies nicht verallgemeinert werden. Hier kann die soziale oder juristische Zugehörigkeit zur Aufnahmegesellschaft eine wesentliche Rolle in der Bewertung von und im Umgang mit Rassismuserfahrungen spielen: Verstehe ich mich als Teil der österreichischen Gesellschaft, so bin ich womöglich eher bereit, Rassismus anzuklagen, anstatt diesen zu akzeptieren; schließlich geht es um gesellschaftliche Gleichbehandlung, die auch eingefordert wird. Hingegen sind jene Befragten, die sich nicht dezidiert als Teil der österreichischen Gesellschaft sehen, sondern sich mehr als „Ausländer" beschreiben, in der Benennung von Rassismus und Diskriminierung eher zurückhaltend.

Letztendlich ist die Art und Weise, wie mit Diskriminierung und Rassismus umgegangen wird, sehr individuell. Sie hängt unter anderem vom familialen Kontext, von aktuellen und früheren Lebensumständen, von aufenthaltsrechtlichen Bedingungen, von der Staatsangehörigkeit, vom Wissen über Rassismus und von persönlichen Erfahrungen ab. Somit können auch individuelle und familial-kollektive Umgangsweisen je nach Situation und Kontext variieren und sich im Laufe der Zeit verändern.

Es ist deutlich geworden, dass Migrationsfamilien sich mit Diskriminierungserfahrungen auseinandersetzen müssen und dass sie geeignete (Lebens-)Strategien im Umgang mit Rassismus und Diskriminierung entwickeln. Diese können durch unauffällige, sich anpassende oder auch widerständige Praxen vollzogen werden.

8 Schlussfolgerungen: Migrationsfamilien und Rassismus

Bei der Gesamtbetrachtung der Studie fällt unmittelbar auf, dass Familien im Kontext von Migration kreative Praxen im Umgang mit Rassismus entwickeln. In diesem Zusammenhang spielen Mobilität, Diversität und Pragmatismus eine konstitutive Rolle. Häufig suchen die Familien einen Ausweg, wenn sie auf Rassismus stoßen, und oft finden sie eine Lösung. Dabei entwickeln sie neue Wissensformen, die bislang kaum Beachtung gefunden haben. Oft bleiben Rassismuserfahrungen von Migrationsfamilien jedoch gesellschaftlich unberücksichtigt, sie werden tabuisiert oder gänzlich ausgeklammert. Dadurch finden auch diese neuen Wissensformen, die von Familien im Umgang mit Rassismus generiert wurden, keine Anerkennung. Die von ihnen entwickelten Gegenstrategien können deshalb als Antwort auf Othering, Ausschließungspraxen und Rassismuserfahrungen gelesen werden.

Betrachtet man die gesellschaftliche Realität, so gewinnen Mobilität und Wanderungsprozesse zunehmend an Bedeutung. Ein- und Auswanderung, Binnen- und Pendelmigration sind längst zu gängigen Phänomenen und Praktiken einer pluralen Gesellschaft geworden. Somit kann in Bezug auf Menschen, die eine eigene oder familiale Migrationsgeschichte aufweisen, nicht mehr von einer Ausnahme gesprochen werden. Stattdessen sollte Migration als Normalität anerkannt werden. Dennoch wird das Thema Migration gerade im öffentlichen Diskurs, etwa in Wahlkämpfen oder im Bildungskontext, immer wieder kontrovers und meist in skandalisierender Weise verhandelt. MigrantInnen und ihre Nachkommen werden dann häufig als „Andere", als Abweichung von der gesellschaftlichen Norm konstruiert und somit aus dem einheimischen „Wir" ausgeklammert. Es kommt zu einer binären Einteilung von Menschen, in der hybride und fluide Zugehörigkeitskonzepte nicht berücksichtigt werden. Die hegemonial geführten Diskurse über „InländerInnen" und „AusländerInnen", über „Wir" und „die Anderen" sind besonders wirkmächtig, da sie in immer wiederkehrender Weise die vermeintliche Andersartigkeit von Migrationsangehörigen beschwören (vgl. Beck-Gernsheim 2007).

In einem ähnlichen Duktus wird auch der Diskurs über Migrations*familien* geführt. Hier werden defizitär ausgerichtete Bilder über migrantische Familien entworfen, um sie in Abgrenzung zu einheimischen Familien darzustellen. Während die Familie in modernen westlichen Gesellschaften weitgehend als positiv konno-

M. Hill, *Migrationsfamilien und Rassismus*, Interkulturelle Studien,
https://doi.org/10.1007/978-3-658-30087-6_9

tierte Vergemeinschaftungsform und als Referenzrahmen gilt, scheinen Familien
mit Migrationsgeschichte aus diesem Konzept ausgeschlossen zu sein (vgl. Ham-
burger/Hummrich 2007: 112). Vielmehr werden diese als Teil einer „Gegengesellschaft" (Hamburger/Hummrich 2007: 112) betrachtet, der ein negatives Image anhaftet. Hierbei wird das Augenmerk vor allem auf muslimische Familien gerichtet,
denen pauschal – explizit oder implizit – fehlende Bildung, Integrationsunwilligkeit
oder patriarchale Strukturen unterstellt werden. Dementsprechend wird die Zugehörigkeit zu einer Migrationsfamilie oftmals in Verbindung gebracht mit schulischen
Problemen, Sozialisationsschwierigkeiten oder generell mit Rückständigkeit.

Für Migrationsfamilien sind diese hegemonial verhandelten Bilder folgenreich, da sie „Wirklichkeit erzeugende Effekte" (Yildiz 2014: 59) mit sich bringen und ihr Leben in Österreich dadurch in negativer Weise beeinflusst werden
kann; sei es im Bereich der Bildung, der Arbeit oder des Wohnens – in zahlreichen alltäglichen Situationen werden Migrationsfamilien mit defizitär ausgerichteten Festschreibungen konfrontiert, zu denen sie sich positionieren (müssen).
Eine zentrale Rolle spielen dabei Schlagzeilen über Kriminalität, „Ghettos" oder
auch „Parallelgesellschaften", die Migrationsangehörige pauschal in offener und
diskursiver Weise diskreditieren. Im Umgang mit diesen Bildern, aber auch mit
diskriminierenden Praxen, kann – so hat die vorliegende Arbeit gezeigt – die
Familie eine wichtige soziale Ressource darstellen und unterstützend für ihre
Angehörigen wirken, womit ihr eine bedeutende Rolle zukommt: Sie kann als
Rückzugsort und Schutz gebender Raum interpretiert werden (vgl. Beck-Gernsheim 2002: 338), der auch Bildungsprozesse vorantreibt. Diskurse, die Migrationsfamilien in marginalisierender Weise als „Un-Orte" darstellen und ihnen
keinerlei Potenzial zuschreiben, müssen deshalb dekonstruiert und umgedeutet
werden (vgl. Riegel/Stauber/Yildiz 2018b: 284).

Dass Migrationsfamilien im Alltag Erfahrungen mit ausschließenden Praxen,
Diskriminierungen und Rassismus machen, wird nur selten öffentlich thematisiert.
Schließlich müssten hierfür auch institutionelle und strukturelle Mechanismen in
den Blick genommen werden, die rassismusrelevante Effekte mit sich bringen.
Anstatt sich dieser Tatsache bewusst zu werden und Rassismus als gesamtgesellschaftliches Phänomen zu deuten, das sowohl strukturell und institutionell als auch
individuell bedingt ist und folglich „als ein umfassendes, strukturierendes Prinzip
gesellschaftlicher Wirklichkeit" (Scharathow 2014: 37) betrachtet werden kann,
wird Rassismus vielmehr als Ausnahmeerscheinung gesehen. Dabei wird meist nur
auf die individuelle Ebene geblickt: Rassismus wird als gesellschaftliches Randphänomen gedeutet, das von einigen wenigen ausgeht. Institutionelle und strukturelle Rassismen bleiben in dieser Sichtweise unberücksichtigt.

Tatsächlich sind Migrationsfamilien jedoch, wie einschlägige Studien belegen, auch institutionell und strukturell von Rassismus und Ausschließungspraxen

betroffen: zum Beispiel dann, wenn es um die Wahl des Wohnortes und die damit einhergehenden Auswirkungen auf die Zukunftsgestaltung geht (vgl. Riegel/Stauber/Yildiz 2018c; Yildiz 2016) oder wenn Fragen der Chancen(-un-)gleichheit im Bildungsbereich thematisiert werden (vgl. Gomolla/Radtke 2009). Gerade in Bezug auf den Wohnort kann festgestellt werden, dass Migrationsfamilien häufig keine andere Wahl haben, als sich in marginalisierten Stadtteilen, wie etwa in Bahnhofsgegenden oder Hochhaussiedlungen, niederzulassen. Sie leben also nicht deshalb dort, weil sie diese Stadtviertel präferieren, sondern weil ihre Wohnungssuche in anderen, meist privilegierteren Stadtteilen erfolglos war. Dass hierfür auch diskriminierende Praktiken (zum Beispiel Vermietung der Wohnung nur an „Einheimische") und Strukturen verantwortlich zu machen sind, ist zwar bekannt, wird im öffentlichen Diskurs aber nur selten thematisiert. Vielmehr wird hier von Ghetto-Bildung oder von „Parallelgesellschaften" gesprochen, die durch die BewohnerInnen evoziert würden (vgl. kritisch dazu Yildiz 2017: 19ff.). Der Nachteil dieser marginalisierten Stadtteile liegt darin, dass ihnen oft ein schlechter Ruf vorauseilt, infrastrukturelle Mängel vorherrschen, die Wohnungen meist veraltet sind und deshalb nur Substandard aufweisen. Vor allem der negative Ruf eines Stadtteils kann sich auch hinderlich auf die Bildungs- und Berufschancen von Migrationsfamilien auswirken. Festzuhalten ist damit, dass der Wohnort einen direkten Einfluss auf gelingende oder scheiternde Bildungsprozesse haben kann (vgl. El Mafaalani/Kurtenbach/Strohmeier 2015).

Migrationsfamilien gehen auf verschiedene Weise mit diesen Ausschließungspraxen um. Während sich einige von ihnen mit ihrer Wohnsituation und den damit verbundenen eingeschränkten Bildungs- und Berufsmöglichkeiten arrangieren und diese als gegeben hinnehmen, versuchen andere, über Umwege weiterzukommen, etwa durch den Besuch eines Abendgymnasiums, den Wechsel an eine „bessere" Schule in einem anderen Stadtteil oder den Umzug in eine angesehenere Wohngegend. Hier werden vielfältige Lebensstrategien der Familien sichtbar, die zum Ziel haben, neue Perspektiven für sich und die Kindergeneration zu gestalten. In diesem Sinne kann von Pragmatismus als (Über-)Lebensstrategie gesprochen werden.

Migrationsfamilien – handelnde Subjekte in gesellschaftlichen Ungleichheitsverhältnissen

Ein Anliegen meiner Arbeit war es, eine Blickverschiebung in der Auseinandersetzung mit Migrationsfamilien vorzunehmen. Dabei sollten hegemonial verhandelte und meist defizitär ausgerichtete Perspektiven, die auch einen Einfluss auf das Leben der Familien haben können, hinterfragt werden und zugunsten von alternativen Lesarten weichen. Wichtig ist in diesem Zusammenhang, Migrationsfamilien nicht als Opfer ihrer Lebensumstände, sondern als aktiv und kreativ handelnde Subjekte zu betrachten. Auch wenn Angehörige von Migrationsfamilien häufig unter erschwerten sozio-ökonomischen Bedingungen leben und ihnen der Zugang zu einer guten Schul- und Berufsausbildung verwehrt oder erschwert wird, entwickeln sie vielfältige Lebensstrategien. Hierfür nutzen sie vor allem familiale und transnationale Netzwerke, die beispielsweise dabei helfen, eine neue Arbeitsstelle zu finden, aufenthaltsrechtliche Vorgaben zu klären oder Unterstützung in Bildungsfragen zu erhalten. Das bedeutet, dass Migrationsfamilien – trotz eines insgesamt begrenzten Möglichkeitsraumes – im Rahmen der ihnen zur Verfügung stehenden familialen Ressourcen bestmöglich und zukunftsgerichtet handeln. Nicht immer gelingt dies, auch Erfahrungen des Scheiterns, der Dequalifizierung oder des Ausschlusses wurden in meiner Untersuchung sichtbar. Insgesamt generieren Familien im Migrationsprozess jedoch ein immenses Wissen, das ihnen dabei hilft, eigene Wege einzuschlagen und (Überlebens-)Strategien zu entwickeln. Insbesondere im Umgang mit Othering, Ausschließungspraxen und Rassismus positionieren sie sich eigenständig und aktiv. Ihr Handeln umfasst ein weites Spektrum von offenen und selbstbewussten, zurückhaltenden und angepassten, ambivalenten und widersprüchlichen Praktiken. Je nach Situation und Kontext werden somit vielfältige Umgangsweisen und Positionierungen sichtbar, die familial verhandelt und auch am Displaying Family (vgl. Finch 2007) deutlich werden. Dabei muss stets berücksichtigt werden, dass die Art und Weise, wie einzelne Familienmitglieder auf diskriminierende Praxen reagieren, folgen- und risikoreich sein kann. In meiner Untersuchung konnte festgestellt werden, dass Migrationsfamilien sowohl familial-kollektive als auch individuelle Strategien im Umgang mit Rassismus anwenden. Darüber hinaus wurde aber auch deutlich, dass diese Umgangsweisen durch folgende Faktoren beeinflusst werden können:

- Aufenthaltsdauer in Österreich
- Aufenthaltsstatus (gesicherter oder ungesicherter)
- Staatsangehörigkeit (inländische oder ausländische)
- Frage der Zugehörigkeit zur österreichischen Gesellschaft
- Ursache der Migration (Flucht, Familie, Heirat, Bildung, Arbeit etc.)
- Diskriminierungserfahrungen im Herkunftsland
- Sozialer Status etc.

Ein weiteres Anliegen dieser Arbeit war, nicht lediglich *über* Migrationsfamilien zu forschen und zu schreiben, sondern *mit* ihnen ins Gespräch zu kommen und den Befragten im Sinne einer subjektwissenschaftlichen Forschung eine Stimme zu geben. In Form von Gruppendiskussionen und Einzelinterviews hatten die

InterviewpartnerInnen die Möglichkeit, ihre Sicht der Dinge, ihre subjektive Perspektive auf das Thema Migration, auf eigene Migrationserfahrungen und auf ihr Leben in Österreich zu artikulieren. Vor allem im Hinblick auf ausschließende Praxen und Diskriminierungserfahrungen lieferte dieser Forschungsansatz wichtige Erkenntnisse, da die Familien selbst ihre Positionierungen, ihre Sichtweisen und ihren Umgang damit darlegen konnten. Dabei waren die diesbezüglichen Äußerungen und Bewertungen nicht immer eindeutig, sondern beinhalteten auch widersprüchliche, brüchige und ambivalente Aspekte. So argumentierten die einzelnen Familienangehörigen teils in unterschiedlicher Weise und distanzierten sich zuweilen von Äußerungen anderer Familienmitglieder. Dies zeigt zum Beispiel die Fallanalyse der Familie Lukic, in der konträre Perspektiven (der Eltern-/Kindergeneration) auf das familiale Migrationsprojekt sichtbar wurden: Während die Mutter ihre einstige Migration in der Retrospektive trotz der damals großen Entbehrungen nach wie vor nicht bereut und diese letztendlich als gelungen betrachtet – zumal damit vor allem für ihre Kinder ein sozialer Aufstieg einhergegangen ist –, sieht die befragte Tochter die Migration in einem weit kritischerem Licht und mit ambivalenten Gefühlen. An derartigen unterschiedlichen Bewertungen des Migrationsprojektes wird deutlich, dass familiale Migrationsentscheidungen von den Mitgliedern einer Familie mitunter voneinander abweichend, zum Teil auch kontrovers betrachtet und ausgehandelt werden und sich diese Erfahrungen nachhaltig auf die Lebensgestaltung auswirken können.

Die Perspektiven und Positionierungen der Migrationsfamilien entwickeln sich jedoch nicht in einem luftleeren Raum, sondern stehen in direktem Zusammenhang mit gesellschaftlichen Macht- und Ungleichheitsverhältnissen. Einerseits sind die Familien den äußeren gesellschaftlichen Verhältnissen unterworfen, werden also im Alltag mit Ausschließungspraxen und Diskriminierungen konfrontiert. Andererseits sind sie diesen Gegebenheiten nicht machtlos ausgeliefert: Sie positionieren sich, entwickeln eigene, kreative Strategien und erweitern dadurch ihren Möglichkeitsraum. Somit sind die familial-kollektiven sowie individuellen Umgangsweisen und Orientierungen der Befragten immer auch im Lichte gesellschaftlicher Verhältnisse zu sehen. Das bedeutet, dass sowohl die Familie und ihre Praxen als auch die Gesellschaft in den Blick zu nehmen ist und in diesem Sinne beide Perspektiven zusammengedacht werden müssen. Nur so kann auf deren Verschränkung hingewiesen und dadurch eine aussagekräftige Analyse entwickelt werden.

Blickverschiebung – Migrationsfamilien als Pioniere betrachten

In meiner Arbeit ist deutlich geworden, dass Migrationsfamilien über vielfache Kompetenzen verfügen, die gesellschaftlich jedoch kaum Anerkennung finden. Hier sind beispielsweise die Mehrsprachigkeit, transnationale Lebenserfahrungen und das Wissen der Familien in Bezug auf den Umgang mit Rassismus zu nennen, das auch als „praktisches Wissen" (Riegel/Stauber/Yildiz 2018c: 287) bezeichnet werden kann. Gerade im Hinblick auf das Wissen der Familie ist festzuhalten, dass es sich, gesellschaftlich betrachtet, um eine „unterworfene Wissensart" (Terkessidis 2006: 124) handelt: Die Nicht-Anerkennung oder gar Abwertung der transnationalen und familialen Kompetenzen von Migrationsangehörigen dient dazu, hegemoniale Strukturen aufrechtzuerhalten und diese gleichzeitig zu legitimieren. Auch wird dadurch das Phänomen der Sesshaftigkeit als Norm erhoben; Migrationserfahrungen werden zum Sonderfall deklariert, obwohl ein großer Teil der in Österreich lebenden Bevölkerung über eine familiale Migrationsgeschichte berichten kann.

Drehen wir die Perspektive jedoch einmal um, privilegieren also jene Wissensformen und machen sie zum Ausgangspunkt weiterer Überlegungen, so wird deutlich, dass Migrationsfamilien große Potenziale aufweisen, die eine global ausgerichtete Welt vorantreiben. In diesem Sinne führt eine Blickverschiebung auch zur Verschiebung von gesellschaftlichen Machtverhältnissen und hilft dabei, binäre Konstruktionen wie jene des „Wir und die Anderen" (vgl. Beck-Gernsheim 2007) aufzubrechen oder zumindest zu irritieren. Wenn also Migration und familiale Migrationserfahrungen als Normalität und produktive Kraft betrachtet werden, so können Migrationsfamilien als Pioniere der Vielfalt und Transnationalität beschrieben werden.

Als zentrales Ergebnis der Arbeit kann festgehalten werden, dass Migrationsfamilien in gesellschaftlichen und öffentlichen Diskursen zwar permanent als vormodern und rückständig diskreditiert werden, in Wirklichkeit jedoch als VorreiterInnen der Transnationalisierung der Alltagswelt betrachtet werden können. Sie schaffen es – trotz teilweise prekärer Lebensverhältnisse und trotz der Erfahrung von Rassismus –, für sich und ihre Familien eine Zukunft in Österreich zu gestalten. Hierbei nutzen sie familiale und transnationale Netzwerke und Verbindungen, greifen auf Kompetenzen wie Mehrsprachigkeit zurück und können der gesellschaftlichen Nicht-Anerkennung auf diese Weise etwas entgegensetzen. Sie werden zu WegbereiterInnen der Transnationalisierung, die nicht auf eine Nation oder auf einen Ort fixiert sind, sondern sich multilokal orientieren und verorten können.

In meiner Arbeit haben sich folgende wesentliche Erkenntnisse herauskristallisiert:

- Die Erforschung von Rassismus in Bezug auf Familienerfahrungen ist ein Forschungsdesiderat.
- Migrationsfamilien werden in öffentlichen Diskursen meist defizitär und in Abgrenzung zur „einheimischen" Familie beschrieben.
- Die Erfahrungen, insbesondere auch hinsichtlich Rassismus und Diskriminierung, sowie das Wissen der Familien werden nicht anerkannt, sondern permanent aus dem gesellschaftlichen Bewusstsein ausgeklammert.
- Migrationsfamilien entwickeln wichtige Gegenstrategien (zum Beispiel transnationale familiale Praktiken), die als Antwort auf Othering, Ausschließungspraxen und Rassismuserfahrungen gelesen werden können.
- Durch die Privilegierung des marginalisierten Familien- und Migrationswissens findet eine Blickverschiebung statt, welche die (Überlebens-)Kompetenzen von Migrationsfamilien zum Ausgangspunkt wissenschaftlicher Betrachtungen macht.
- Durch die Anerkennung des Wissens der Migrationsfamilien wird Rassismus aus einer Empowerment-Perspektive betrachtet und mit der Kontinuität von defizitären (Opfer-)Diskursen gebrochen.
- Durch den Bruch mit hegemonialen Wissensarten in familialen Kontexten entstehen neue Perspektiven und Mehrdeutigkeiten, welche vorher unsichtbar waren und nun alternative Ideen und Betrachtungsweisen zulassen.

Kritisch-reflexive Migrationsforschung

Immer wieder werden Migrationsfamilien zum Gegenstand in öffentlichen Debatten gemacht. Nur selten wird dabei explizit ausgeführt, wer genau mit „Migrationsfamilie" gemeint ist. Dies ist in vielerlei Hinsicht problematisch: Zunächst muss konstatiert werden, dass es *die* Migrationsfamilie nicht gibt – genauso wenig, wie es *die* österreichische Familie gibt. Deshalb ist es obsolet, Migrationsfamilien als homogene Gruppe zu definieren. Schließlich können Herkunfts-, Bildungs- und Berufskontexte so unterschiedlich sein, dass Migrationsfamilien nur eines verbindet: das Faktum der Migration – und eventuell der damit einhergehende Status, den sie im Aufnahmeland haben (denn allein dadurch, dass sie migriert sind, können sie gesellschaftlich zurückgeworfen werden). Allerdings ist auch darauf hinzuweisen, dass sich anhand der (geteilten) Migrationserfahrungen auch Gemeinsamkeiten herauskristallisieren können; bezogen auf Lebensweisen, Lebensformen und Familienpraktiken etc. Deshalb ist es sinnvoll, nicht nur im öffentlichen Diskurs, sondern auch in der Migrationsforschung selbst bei den Erfahrungen der Familien anzusetzen. In diesem Zusammenhang kann relevant sein, wann und warum Familien bzw. die einzelnen Mitglieder einer Familie nach Österreich migriert sind: ob sie im Zuge einer Arbeits- oder Fluchtmigration nach Österreich kamen oder ob sie aus anderen Gründen, wie zum Beispiel Bildung oder Heirat, migrierten. Diese Faktoren haben einen Einfluss auf das Leben der Familien in Österreich und auf ihren Umgang mit gesellschaftlichen Macht- und Ungleichheitsverhältnissen sowie mit Rassismen.

Die beschriebenen Ergebnisse der empirischen Arbeit können sowohl für die Migrationsforschung als auch für die Migrationspädagogik (Stichwort: rassismuskritische Bildung) wichtige Hinweise und Impulse liefern: Das Sprechen über Rassismuserfahrungen muss enttabuisiert, Rassismus als Alltagserfahrung anerkannt werden; Gegenstrategien sind als „praktisches Wissen" (Riegel/Stauber/Yildiz 2018c: 287) zu deuten und anzuerkennen. Auch in pädagogischen und beraterischen Settings ist diese Grundhaltung wichtig: Angehörige der Mehrheitsgesellschaft müssen sich vermehrt mit Macht- und Ungleichheitsverhältnissen auseinandersetzen und dies in ihrer pädagogischen Arbeit berücksichtigen. Hierfür ist auch eine Sensibilisierung der eigenen Privilegien dringend notwendig, da sie meist als selbstverständlich und allgemeingültig vorausgesetzt werden. In diesem Zusammenhang wird demnach auch die Frage nach der eigenen gesellschaftlichen Positionierung und nach Mehrfachzugehörigkeiten relevant. Deshalb ist es zu kurz gedacht, sich in der pädagogischen Praxis lediglich mit rassismuskritischen Theorien auseinanderzusetzen. Vielmehr müssen jegliche Erfahrungen rassistischer Diskriminierung von allen Beteiligten (Klientinnen wie auch Professionelle) zusätzlich fokussiert werden, damit gegenhegemoniales Handeln wirksam wird und die Stimmen der von Rassismus Adressierten überhaupt hörbar werden. Hierbei kann der Empowerment-Ansatz im Kontext rassismuskritischer Arbeit hilfreich sein, wenn er alle Ebenen berücksichtigt und somit Strukturen, Institutionen, Diskurse und Subjekte gleichermaßen miteinbezogen werden (vgl. Gardi 2018: 89). Letztendlich muss auch eine theoretische, kritisch-reflexive Auseinandersetzung mit Rassismus und Rassismuserfahrungen stattfinden, damit Rassismen auf unterschiedlichen Ebenen identifiziert und Handlungsmöglichkeiten aufgezeigt werden können.

Vor allem in der Erziehungswissenschaft und der Sozialen Arbeit ist es wichtig, einen vertieften Blick auf unterschiedliche Ausprägungen und Formen von Rassismus zu werfen und dabei explizit die Theorie- und die Praxisperspektive zusammenzudenken. Nur durch die Verbindung von Theorie und Praxis, von Wissen und Erlebtem kann eine konstruktive rassismuskritische Auseinandersetzung entstehen. Darüber hinaus bedarf es einer nachhaltigen Verankerung dieses Schwerpunkts in den Curricula der Hochschullandschaft sowie in der Ausbildung von ErzieherInnen. Des Weiteren muss es in der erziehungswissenschaftlichen Auseinandersetzung auch darum gehen, diskursiv verhandelte Gewissheiten über binäre Differenzlinien zwischen „Wir" und „die Anderen" zu dekonstruieren und diese Dekonstruktion in der pädagogischen Praxis adäquat umzusetzen.

Im Hinblick auf transnationale Familienpraktiken kann abschließend gesagt werden, dass Migrationsfamilien in flexibler und kreativer Weise Netzwerke nutzen, neue Lebenswege gehen und Strategien im Umgang mit Rassismus entwickeln, um ihr Leben multilokal zu gestalten und zukunftsorientiert zu agieren. In diesem Sinne können jene Familien als WegbereiterInnen der Globalisierung betrachtet werden.

Literaturverzeichnis

Adorno, Theodor W. (1955): Schuld und Abwehr. In: Soziologische Schriften II. Zweite Hälfte (Gesammelte Schriften Band 9.2.). Frankfurt am Main 1975, S. 121–324.

Allport, Gordon Willard (1971): Die Natur des Vorurteils. Köln.

Antidiskriminierungsverband Deutschland (advd): https://www.antidiskriminierung.org/ [Zugriff: 28.07.2017].

Apitzsch, Ursula (2009): Die Macht der Verantwortung. Aufstiegsprozesse und Geschlechterdifferenzen in Migrationsfamilien. In: Löw, Martina (Hrsg.): Geschlecht und Macht. Analysen zum Spannungsfeld von Arbeit, Bildung und Familie. Wiesbaden, S. 81–94.

Apitzsch, Ursula (2006a): Die Migrationsfamilie: Hort der Tradition oder Raum der Entwicklung interkultureller biografischer Reflexivität? In: Badawia, Tarek/Luckas, Helga/Müller, Heinz (Hrsg.): Das Soziale gestalten. Über Mögliches und Unmögliches der Sozialpädagogik. Wiesbaden, S. 249–264.

Apitzsch, Ursula (2006b): Kulturelle Entbettung und gegenhegemoniale Netzwerke. Das Argument, 48. Jahrgang. Heft 3. Hamburg, S. 365–380.

Apitzsch, Ursula (1999): Traditionsbildung im Zusammenhang gesellschaftlicher Migrations- und Umbruchsprozesse. In: Apitzsch, Ursula (Hrsg.): Migration und Traditionsbildung. Opladen, S. 7–20.

Apitzsch, Ursula/Siouti, Irini (2008): Transnationale Biographien. In: Homfeldt, Hans Günther/Schröer, Wolfgang/Schweppe, Cornelia (Hrsg.): Soziale Arbeit und Transnationalität. Herausforderungen eines spannungsreichen Bezugs. Weinheim/München, S. 97–111.

Attia, Iman (2014): Rassismus (nicht) beim Namen nennen. In: Bundeszentrale für politische Bildung (Hrsg.): Aus Politik und Zeitgeschichte. Nr. 64. Bonn, S. 8–14.

Bakondy, Vida (2016): Von der Angstfigur „Südländer" und ihrer Wiederkehr. In: Stimme. Zeitschrift der Initiative Minderheiten. Nr. 99. Innsbruck, S. 31.

Balibar, Étienne (1990): Gibt es einen „Neo-Rassismus"? In: Balibar, Étienne/Wallerstein, Immanuel (Hrsg.): Rasse, Klasse, Nation. Ambivalente Identitäten. Hamburg/Berlin, S. 23–38.

Balibar, Étienne (1989): Gibt es einen „neuen Rassismus"? In: Das Argument. Zeitschrift für Philosophie und Sozialwissenschaften. 31. Jahrgang. Heft 3. Hamburg, S. 369–381.

Baros, Wassilios/Baumann, Tanja (2016): Familienverhältnisse. In: Mecheril, Paul (Hrsg.): Handbuch Migrationspädagogik (unter Mitarbeit von Veronika Kourabas und Matthias Rangger). Weinheim/Basel, S. 262–276.

Baykara-Krumme, Helen (2015): Migrantenfamilien. In: Hill, Paul B./Kopp, Johannes (Hrsg.): Handbuch Familiensoziologie. Wiesbaden, S. 709–736.

© Springer Fachmedien Wiesbaden GmbH, ein Teil von Springer Nature 2020
M. Hill, *Migrationsfamilien und Rassismus*, Interkulturelle Studien,
https://doi.org/10.1007/978-3-658-30087-6

Beck-Gernsheim, Elisabeth (2010): Restriktive Migrationsgesetze und die Entstehung transnationaler Heiratsmärkte. In: Soeffner, Hans-Georg (Hrsg.): Unsichere Zeiten. Herausforderungen gesellschaftlicher Transformationen. Wiesbaden, S. 183–189.

Beck-Gernsheim, Elisabeth (2007 [2004]): Wir und die Anderen. Vom Blick der Deutschen auf Migranten und Minderheiten. Frankfurt am Main.

Beck-Gernsheim, Elisabeth (2006): Transnationale Heiratsmuster und transnationale Heiratsstrategien. Ein Erklärungsansatz zur Partnerwahl von Migranten. Soziale Welt. 57. Jahrgang. Baden-Baden, S. 111–129.

Beck-Gernsheim, Elisabeth (2002): Transnational, nicht traditional. Ein anderer Blick auf die Lebenswirklichkeit von Migranten. In: Burkart, Günter/Wolf, Jürgen (Hrsg.): Lebenszeiten. Erkundungen zur Soziologie der Generationen. Opladen, S. 335–352.

Beck, Ulrich/Beck-Gernsheim, Elisabeth (2013): Fernliebe. Lebensformen im globalen Zeitalter. Berlin.

Bhabha, Homi K. (2000): Die Verortung der Kultur. Tübingen.

BMFSFJ (Bundesministerium für Familie, Senioren, Frauen und Jugend) (Hrsg.) (2012): Achter Familienbericht. Zeit für Familie – Familienzeitpolitik als Chance einer nachhaltigen Familienpolitik. Berlin, https://www.bmfsfj.de/blob/93196/b8a3571f0 b33e9d4152d410c1a7db6ee/8--familienbericht-data.pdf [Zugriff: 28.07.2017].

BMFSFJ (Bundesministerium für Familie, Senioren, Frauen und Jugend) (Hrsg.) (2000): Familien ausländischer Herkunft in Deutschland. Leistungen, Belastungen, Herausforderungen. Sechster Familienbericht 14/4357 vom 20.10.2000. Berlin.

Bohnsack, Ralf (2013 [1997]): Gruppendiskussionsverfahren und dokumentarische Methode. In: Friebertshäuser, Barbara/Langer, Antje/Prengel, Annedore (Hrsg.): Handbuch Qualitative Forschungsmethoden in der Erziehungswissenschaft. 4., durchgesehene Auflage Weinheim/Basel, S. 205–218.

Bohnsack, Ralf (2003 [1991]): Rekonstruktive Sozialforschung. Einführung in die Methodologie und Praxis qualitativer Forschung. 5. Auflage Opladen.

Bohnsack, Ralf (2000): Gruppendiskussion. In: Flick, Uwe/Kardoff, Ernst v./Steinke, Ines (Hrsg.): Qualitative Forschung. Ein Handbuch. Reinbek bei Hamburg, S. 369–384.

Bohnsack, Ralf (1989): Generation, Milieu und Geschlecht. Ergebnisse aus Gruppendiskussionen mit Jugendlichen. Opladen.

Boos-Nünning, Ursula (2011): Migrationsfamilien als Partner von Erziehung und Bildung. Bonn, http://library.fes.de/pdf-files/wiso/08725.pdf [Zugriff: 28.07.2017].

Bourdieu, Pierre (2013 [1987]): Die feinen Unterschiede. Kritik der gesellschaftlichen Urteilskraft. Frankfurt am Main.

Bourdieu, Pierre (1998 [1994]): Praktische Vernunft. Zur Theorie des Handelns. Frankfurt am Main.

Broden, Anne/Mecheril, Paul (2010): Rassismus bildet. Einleitende Bemerkungen. In: Broden, Anne/Mecheril, Paul (Hrsg.): Rassismus bildet. Bildungswissenschaftliche Beiträge zu Normalisierung und Subjektivierung in der Migrationsgesellschaft. Bielefeld, S. 7–24.

Bukow, Wolf-Dietrich (1996): Feindbild: Minderheit. Zur Funktion von Ethnisierung. Opladen.

Butler, Judith (2001): Psyche der Macht. Das Subjekt der Unterwerfung. Frankfurt am Main.

Castro Varela, Maria do Mar/Mecheril, Paul (2016): Die Dämonisierung der Anderen. Rassismuskritik der Gegenwart. Bielefeld.

Bryceson, Deborah/Vuorela, Ulla (2002): Transnational Families in the Twenty-first Century. In: Bryceson, Deborah/Vuorela, Ulla (Hrsg.): The Transnational Family. New European Frontiers and Global Networks. Oxford, S. 3–30.

Chamakalayil, Lalitha/Tschuggnall, Julia (2018): Lebensstrategien im Kontext von (Erwerbs-)Arbeit. In: Riegel, Christine/Stauber, Barbara/Yildiz, Erol (Hrsg.): Lebens-WegeStrategien. Familiale Aushandlungsprozesse in der Migrationsgesellschaft. Opladen/Berlin/Toronto, S. 203–223.

Clayton, Dimitria/Castro Varela, Maria do Mar (2002): Alltagsrassismus und Beratungsangebote. In: IZA. Zeitschrift für Migration und Soziale Arbeit. Nr. 3/4. Frankfurt am Main, S. 34–40.

Dausien, Bettina/Mecheril, Paul (2006): Normalität und Biographie. Anmerkungen aus migrationswissenschaftlicher Sicht. In: Bukow, Wolf- Dietrich/Ottersbach, Markus/Tuider, Elisabeth/Yildiz, Erol (Hrsg.): Biographische Konstruktionen im multikulturellen Bildungsprozess. Wiesbaden. S. 155–175.

El-Mafaalani, Aladin/Kurtenbach, Sebastian/Strohmeier, Klaus Peter (Hrsg.) (2015): Auf die Adresse kommt es an. Segregierte Stadtteile als Problem- und Möglichkeitsräume begreifen. Weinheim/München.

Espahangizi, Kijan/Hess, Sabine/Karakayali, Juliane/Kasparek, Bernd/Pagano, Simona/Rodatz, Mathias/Tsianos, Vassilis S. (2016): Rassismus in der postmigrantischen Gesellschaft. Zur Einleitung. In: Espahangizi, Kijan/Hess, Sabine/Karakayali, Juliane/Kasparek, Bernd/Pagano, Simona/Rodatz, Mathias/Tsianos, Vassilis S. (Hrsg.) (2016): Rassismus in der postmigrantischen Gesellschaft. In: movements. Journal für kritische Migrations- und Grenzre-gimeforschung. Jg. 2, Heft 1/2016. Bielefeld. S. 9–23.

Essed, Philomena (2002): Everyday Racism. A New Approach to the Study of Racism. In: Essed, Philomena/Goldberg, David Theo (Hrsg.): Race Critical Theories. Text and Context. Oxford, S. 176–194.

Fanon, Frantz (1985): Schwarze Haut, weiße Masken. Frankfurt am Main.

Ferreira, Grada (2003): Die Kolonisierung des Selbst – der Platz des Schwarzen. In: Steyerl, Hito/Gutiérrez Rodriguez, Encarnación (Hrsg.): Spricht die Subalterne deutsch? Münster, S. 146–165.

Filsinger, Dieter (2011): Integration von Familien mit Migrationshintergrund. In: Fischer, Veronika/Springer, Monika (Hrsg.): Handbuch Migration und Familie. Grundlagen für die Soziale Arbeit mit Familien. Schwalbach am Taunus, S. 48–67.

Finch, Janet (2007): Displaying Families. In: Sociology, S. 65–81, http://soc.sagepub. com/content/41/1/65.full.pdf+html [Zugriff:19.12.2014].

Fischer-Rosenthal, Wolfram/Rosenthal, Gabriele (1997): Warum Biographieanalyse und wie man sie macht. In: Zeitschrift für Sozialforschung und Erziehungssoziologie. 17. Jahrgang. Heft 4, S. 405–427.

Flick, Uwe (2004): Qualitative Sozialforschung. Eine Einführung. 2., vollständig überarbeitete und erweiterte Auflage Reinbek bei Hamburg.

Friebertshäuser, Barbara/Panagiotopoulou, Argyro (2013 [1997]): Ethnographische Feldforschung. In: Friebertshäuser, Barbara/Langer, Antje/Prengel, Annedore (Hrsg.):

Handbuch Qualitative Forschungsmethoden in der Erziehungswissenschaft. 4., durchgesehene Auflage Weinheim/Basel, S. 301–322.

Fuchs, Burkhard (2008): Zur Geschichte der Familie. In: Ecarius, Jutta (Hrsg.): Handbuch Familie. Wiesbaden, S. 17–35.

Gardi, Nissar (2018): Peers of Color – Empowerment als reflexive, kollektiv bewegende Praxis. In: Hunner-Kreisel/Wetzel, Jana (Hrsg.): Rassismus in der Sozialen Arbeit und Rassismuskritik als Querschnittsaufgabe. Neue Praxis. Zeitschrift für Sozialarbeit, Sozialpädagogik und Sozialpolitik. Sonderheft 15. Lahnstein, S. 78-90.

Geisen, Thomas (2014): Multilokale Existenzweisen von Familien im Kontext von Migration. Herausforderungen für Forschung und Theorieentwicklung. In: Geisen, Thomas/Studer, Tobias/Yildiz, Erol (Hrsg.): Migration, Familie und Gesellschaft. Beiträge zu Theorie, Kultur und Politik. Wiesbaden, S. 27–57.

Gilliéron, Gwendolyn/Güneş, Sevda Can/Riegel, Christine (2018): Biographie und Positionierung – zur Rekonstruktion subjektiver Möglichkeitsräume in der Migrationsgesellschaft. In: Riegel, Christine/Stauber, Barbara/Yildiz, Erol (Hrsg.): LebensWege-Strategien. Familiale Aushandlungsprozesse in der Migrationsgesellschaft. Opladen/Berlin/Toronto, S. 26–36.

Girtler, Roland (2001): Methoden der Feldforschung. Wien.

Glaser, Barney (2007) (with the assistance of Judith Holton): Remodeling Grounded Theory. Historical Social Research, Supplement 19. S. 47–68. https://nbn-resolving.org/urn:nbn:de:0168-ssoar-288341   [Zugriff: 01.12.2017].

Glaser, Barney/Strauss, Anselm (2010): Grounded Theory. Strategien qualitativer Forschung. Bern.

Glaser, Barney/Strauss, Anselm (1967): The Discovery of Grounded Theory. Strategies for Qualitative Research. Chicago.

Goffman, Erving (1969): Wir alle spielen Theater. Die Selbstdarstellung im Alltag. München.

Goltz, Jutta (2015): Der klebrige Migrationshintergrund. In: Diakonie Württemberg (Hrsg.): Woher komme ich? Reflexive und methodische Anregungen für eine rassismuskritische Bildungsarbeit. Stuttgart. S. 10–13.

Gomolla, Mechthild (2006 [2005]): Institutionelle Diskriminierung im Bildungs- und Erziehungssystem. In: Leiprecht, Rudolf/Kerber, Anne (Hrsg.): Schule in der Einwanderungsgesellschaft. Ein Handbuch. 2. Auflage Schwalbach am Taunus, S. 97–109.

Gomolla, Mechthild/Radtke, Frank-Olaf (2009 [2003]): Institutionelle Diskriminierung. Die Herstellung ethnischer Differenz in der Schule. 3. Auflage Wiesbaden.

Hall, Stuart (2000): Rassismus als ideologischer Diskurs. In: Räthzel, Nora (Hrsg.): Theorien über Rassismus. Hamburg, S. 7–16.

Hall, Stuart (1989): Die Konstruktion von ‚Rasse' in den Medien. In: Räthzel, Nora (Hrsg.): Ausgewählte Schriften. Ideologie, Kultur, Rassismus. Hamburg, S. 150–171.

Hamburger, Franz/Hummrich, Merle (2007): Familie und Migration. In: Ecarius, Jutta (Hrsg.): Handbuch Familie. Wiesbaden, S. 112–136.

Herwartz-Emden, Leonie (2000a): Einleitung. Geschlechterverhältnis, Familie und Migration. In: Herwartz-Emden, Leonie (Hrsg.): Einwandererfamilien: Geschlechterverhältnisse, Erziehung und Akkulturation. Osnabrück, S. 9–52.

Herwartz-Emden, Leonie (Hrsg.) (2000b): Einwandererfamilien: Geschlechterverhältnisse, Erziehung und Akkulturation. Osnabrück.

Herzog-Punzenberger, Barbara (2017): Selektion in der Bildungslaufbahn (= Migration und Mehrsprachigkeit. Wie fit sind wir für die Vielfalt? Policy Brief Nr. 6). Wien.

Hildenbrand, Bruno (1999): Fallrekonstruktive Familienforschung. Anleitungen für die Praxis. Opladen.

Hill, Miriam/Tschuggnall, Julia (2018a): Transnationales Leben – von familialen Praktiken im Kontext von Migration. In: Riegel, Christine/Stauber, Barbara/Yildiz, Erol (Hrsg.): LebensWegeStrategien. Familiale Aushandlungsprozesse in der Migrationsgesellschaft. Opladen/Berlin/Toronto, S. 250–264.

Hill, Miriam/Tschuggnall, Julia (2018b): „Nicht nach Österreich gekommen, um herumzuspazieren …" Von den Anstrengungen einer Migrationsfamilie, sich zu etablieren – Fallanalyse Familie Hasic. In: Riegel, Christine/Stauber, Barbara/Yildiz, Erol (Hrsg.): LebensWegeStrategien. Familiale Aushandlungsprozesse in der Migrationsgesellschaft. Opladen/Berlin/Toronto, S. 105–121.

Hill, Miriam/Tschuggnall, Julia (2016): ‚Kofferkinder'– Wenn Eltern migrieren und Kinder zurückbleiben. Zeitliche Trennung als Lebensstrategie von Migrationsfamilien. In: Carvill Schellenbacher, Jennifer/Dahlvik, Julia/Fassmann, Heinz/Reinprecht, Christoph (Hrsg.): Migration und Integration – wissenschaftliche Perspektiven aus Österreich. Jahrbuch 3. Wien, S. 153–166.

Hill, Paul B./Kopp, Johannes (2013 [1995]): Familiensoziologie. Grundlagen und theoretische Perspektiven. 5., grundlegend überarbeitete Auflage Wiesbaden.

Holzkamp, Klaus (1983): Grundlegung der Psychologie. Frankfurt am Main.

Hormel, Ulrike/Scherr, Albert (2004): Bildung für die Einwanderungsgesellschaft. Perspektiven der Auseinandersetzung mit struktureller, institutioneller und interaktioneller Diskriminierung. Wiesbaden.

Irigaray, Luce (1980): Speculum. Spiegel des anderen Geschlechts. Frankfurt am Main.

Janßen, Andrea (2011): Migration und familiäre Netzwerke. In: Fischer, Veronika/Springer, Monika (Hrsg.): Handbuch Migration und Familie. Grundlagen für die Soziale Arbeit mit Familien. Schwalbach am Taunus, S. 23–35.

Jonuz, Elizabeta (2009): Stigma Ethnizität. Wie zugewanderte Romafamilien der Ethnisierungsfalle begegnen. Opladen.

Jurczyk, Karin (2014): Doing Family – der Practical Turn der Familienwissenschaft. In: Steinbach, Anja/Hennig, Marina/Arránz Becker, Oliver (Hrsg.): Familie im Fokus der Wissenschaft. Wiesbaden, S. 117–138.

Jurczyk, Karin/Lange, Andreas/Barbara, Thiessen (2014a): Doing Family als neue Perspektive auf Familie. Einleitung. In: Jurczyk, Karin/Lange, Andreas/Barbara, Thiessen (Hrsg.): Doing Family. Warum Familienleben heute nicht mehr selbstverständlich ist. Weinheim/Basel, S. 7–48.

Jurczyk, Karin/Lange, Andreas/Barbara, Thiessen (Hrsg.) (2014b): Doing Family. Warum Familienleben heute nicht mehr selbstverständlich ist. Weinheim/Basel.

Kalpaka, Annita/Räthzel, Nora (Hrsg.) (1994): Die Schwierigkeit, nicht rassistisch zu sein. Köln.

King, Vera/Koller, Hans-Christoph (2009 [2006]): Adoleszenz als Möglichkeitsraum für Bildungsprozesse unter Migrationsbedingungen. Eine Einführung. In: King, Vera/Koller, Hans-Christoph (Hrsg.): Adoleszenz – Migration – Bildung. Bildungsprozesse Jugendlicher und junger Erwachsener mit Migrationshintergrund. 2., erweiterte Auflage Wiesbaden. S. 9–26.

Krüger-Potratz, Marianne (2013): Vier Perspektiven der Beobachtung im Themenfeld Migration – Familie – Bildung. In: Geisen, Thomas/Studer, Tobias/Yildiz, Erol (Hrsg.): Migration, Familie und soziale Lage. Beiträge zu Bildung, Gender und Care. Wiesbaden, S. 13–36.

Kuhnt, Anne-Kristin/Steinbach, Anja (2014): Diversität von Familie in Deutschland. In: Steinbach, Anja/Hennig, Marina/Arránz Becker, Oliver (Hrsg.): Familie im Fokus der Wissenschaft. Wiesbaden, S. 41–70.

Lamnek, Siegfried (2005 [1988]): Qualitative Sozialforschung. 4., vollständig überarbeitete Auflage Weinheim/Basel.

Lamnek, Siegfried (1998): Gruppendiskussion. Theorie und Praxis. Weinheim.

Lanfranchi, Andrea (1999): Stagnation statt Wandel in Einwandererfamilien: Folge erlebter Diskriminierung sowie biographiegeleiteter Wirklichkeitskonstruktion. In: Buchkremer, Hansjosef/Bukow, Wolf-Dietrich/Emmerich, Michaela (Hrsg.): Die Familie im Spannungsfeld globaler Mobilität. Zur Konstruktion ethnischer Minderheiten im Kontext der Familie. Opladen, S. 143–160.

Leiprecht, Rudolf (2006 [2005]): Zum Umgang mit Rassismen in Schule und Unterricht: Begriffe und Ansatzpunkte. In: Leiprecht, Rudolf/Kerber, Anne (Hrsg.): Schule in der Einwanderungsgesellschaft. Ein Handbuch. 2. Auflage Schwalbach am Taunus, S. 317–345.

Leiprecht, Rudolf (2005): Rassismen (nicht nur) bei Jugendlichen. Beiträge zu Rassismusforschung und Rassismusprävention (= Arbeitspapiere des Interdisziplinären Zentrums für Bildung und Kommunikation in Migrationsprozessen [IBKM], Nr. 9). Oldenburg.

Leiprecht, Rudolf (2001): Alltagsrassismus. Eine Untersuchung bei Jugendlichen in Deutschland und den Niederlanden. Münster.

Leiprecht, Rudolf (1990): „… da baut sich ja in uns ein Haß auf …" Zur subjektiven Funktionalität von Rassismus und Ethnozentrismus bei abhängig beschäftigten Jugendlichen – eine empirische Untersuchung. Hamburg.

Loos, Peter/Schäffer, Burkhard (2001): Das Gruppendiskussionsverfahren. Theoretische Grundlagen und empirische Anwendung. Qualitative Sozialforschung. Band 5. Opladen.

Lutz, Helma (2010): Gender in the Migratory Process. In: Journal of Ethnic and Migration Studies. Volume 36, Issue 10. London, S. 1647–1663.

Lutz, Helma (2007): Vom Weltmarkt in den Privathaushalt. Die neuen Dienstmädchen im Zeitalter der Globalisierung. Opladen.

Macpherson of Cluny, William (1999): The Stephen Lawrence Inquiry. Report of an Inquiry. London, https://assets.publishing.service.gov.uk/government/uploads/system/uploads/attachment_data/file/277111/4262.pdf [Zugriff: 14.08.2019].

Mannheim, Karl (1980): Strukturen des Denkens. Hrsg. von Kettler, David/Meja, Volker/Stehr, Nico. Frankfurt am Main.

Markom, Christa (2014): Rassismus aus der Mitte. Die soziale Konstruktion der „Anderen" in Österreich. Bielefeld.

Mecheril, Paul (2010): Migrationspädagogik. Hinführung zu einer Perspektive. In: Mecheril, Paul/Kalpaka, Annita/Castro Varela, Maria do Mar/Dirim, Inci/Melter, Claus (Hrsg.): Migrationspädagogik. Bachelor/Master. Weinheim/Basel, S. 7–22.

Mecheril, Paul (2006) [2005]: Was Sie schon immer über Rassismuserfahrungen wissen wollten. In: Leiprecht, Rudolf/Kerber, Anne (Hrsg.): Schule in der Einwanderungsgesellschaft. Ein Handbuch. Schwalbach am Taunus, S. 462–471.

Mecheril, Paul (1997): Rassismuserfahrungen von Anderen Deutschen. Eine Einzelfallbetrachtung. In: Mecheril, Paul/Teo, Thomas (Hrsg.): Psychologie und Rassismus. Reinbek bei Hamburg, S. 175–201.

Mecheril, Paul/Scherschel, Karin (2009): Rassismus und „Rasse". In: Melter, Claus/Mecheril, Paul (Hrsg.): Rassismuskritik. Band 1. Rassismustheorie und -forschung. Schwalbach am Taunus, S. 39–58.

Mecheril, Paul/Teo, Thomas (1997): Einleitung. In: Mecheril, Paul/Teo, Thomas (1997) (Hrsg.): Psychologie und Rassismus. Reinbek bei Hamburg, S. 7–16.

Melter, Claus (2009): Rassismusunkritische Soziale Arbeit? Zur (De-)Thematisierung von Rassismuserfahrungen Schwarzer Deutscher in der Jugendhilfe(forschung). In: Melter, Claus/Mecheril, Paul (Hrsg.): Rassismuskritik. Band 1. Rassismustheorie und -forschung. Schwalbach am Taunus, S. 277–292.

Melter, Claus (2006): Rassismuserfahrungen in der Jugendhilfe. Eine empirische Studie zu Kommunikationspraxen in der Sozialen Arbeit. Münster/New York/München/Berlin.

Melter, Claus/Mecheril, Paul (2009a): Rassismustheorie und -forschung in Deutschland. Kontur eines wissenschaftlichen Feldes. In: Melter, Claus/Mecheril, Paul (Hrsg.): Rassismuskritik. Band 1. Rassismustheorie und -forschung. Schwalbach am Taunus, S. 13–22.

Melter, Claus/Mecheril, Paul (Hrsg.) (2009b): Rassismuskritik. Band 1. Rassismustheorie und -forschung. Schwalbach am Taunus.

Memmi, Albert (1992): Rassismus. Frankfurt am Main.

Messerschmidt, Astrid (2010): Distanzierungsmuster. Vier Praktiken im Umgang mit Rassismus. In: Broden, Anne/Mecheril, Paul (Hrsg.): Rassismus bildet. Bildungswissenschaftliche Beiträge zu Normalisierung und Subjektivierung in der Migrationsgesellschaft. Bielefeld, S. 41–58.

Miles, Robert (1991): Rassismus. Einführung in die Geschichte und Theorie eines Begriffs. Hamburg.

Miles, Robert (1989): Bedeutungskonstitution und der Begriff des Rassismus. In: Das Argument. Zeitschrift für Philosophie und Sozialwissenschaften. 31. Jahrgang. Heft 3. Hamburg, S. 353–368.

Morgan, David H. J. (2011): Rethinking Family Practices. Hampshire.

Morgan, David H. J. (1996): Family Connections. An Introduction to Family Studies. Cambridge.

Nave-Herz, Rosemarie (Hrsg.) (2014): Familiensoziologie. Ein Lehr- und Studienbuch. München.

Nave-Herz, Rosemarie (2013): Ehe- und Familiensoziologie. Eine Einführung in Geschichte, theoretische Ansätze und empirische Befunde. 3., überarbeitete Auflage Weinheim/Basel.

Nohl, Arnd-Michael (2012) [2006]: Interview und dokumentarische Methode. Anleitungen für die Forschungspraxis. 4., überarbeitete Auflage Wiesbaden.

Parsons, Talcott (1968): Sozialstruktur und Persönlichkeit. Frankfurt am Main.

Pries, Ludger (2011): Familiäre Migration in Zeiten der Globalisierung. In: Fischer, Veronika/Springer, Monika (Hrsg.): Handbuch Migration und Familie. Grundlagen für die Soziale Arbeit mit Familien. Schwalbach am Taunus, S. 23–35.

Pries, Ludger (2010): Transnationalisierung. Theorie und Empirie grenzüberschreitender Vergesellschaftung. Wiesbaden.

Pries, Ludger (2008): Die Transnationalisierung der sozialen Welt. Sozialräume jenseits von Nationalgesellschaften. Frankfurt am Main.

Pries, Ludger (1997): Neue Migration in transnationalen Räumen. In: Pries, Ludger (Hrsg.): Transnationale Migration. Soziale Welt. Sonderband 12. Baden-Baden, S. 15–44.

Projektskizze „Remittances as Social Practice“, https://www.uibk.ac.at/geschichte-ethno logie/ee/projekte/projektbeschreibung-fuer-homepage.pdf [Zugriff: 01.12.2017].

Przyborski, Aglaja (2004): Gesprächsanalyse und dokumentarische Methode. Qualitative Auswertung von Gesprächen, Gruppendiskussionen und anderen Diskursen. Wiesbaden.

Przyborski, Aglaja/Wohlrab-Sahr, Monika (2014 [2008]): Qualitative Sozialforschung. Ein Arbeitsbuch. 4., erweiterte Auflage München.

Riegel, Christine (2004): Im Kampf um Zugehörigkeit und Anerkennung. Orientierungen und Handlungsformen von jungen Migrantinnen. Eine sozio-biografische Untersuchung. Frankfurt am Main/London.

Riegel, Christine/Stauber, Barbara (2018): Familien im Kontext von Migration – theoretische Überlegungen zu familialen Aushandlungsprozessen im Kontext gesellschaftlicher Dominanz- und Ungleichheitsverhältnisse. In: Riegel, Christine/Stauber, Barbara/Yildiz, Erol (Hrsg.): LebensWegeStrategien. Familiale Aushandlungsprozesse in der Migrationsgesellschaft. Opladen/Berlin/Toronto, S. 36–51.

Riegel, Christine/Stauber, Barbara/Yildiz, Erol (2018a): Überlegungen zur Konzeptionalisierung des Begriffs der Lebensstrategie – Verschiebungen und Transkodierungen im Kontext hegemonialer Diskurse. In: Riegel, Christine/Stauber, Barbara/Yildiz, Erol (Hrsg.): LebensWegeStrategien. Familiale Aushandlungsprozesse in der Migrationsgesellschaft. Opladen/Berlin/Toronto, S. 17–26.

Riegel, Christine/Stauber, Barbara/Yildiz, Erol (2018b): Was gegen einen „Methodologischen Nationalismus“ spricht. In: Riegel, Christine/Stauber, Barbara/Yildiz, Erol (Hrsg.): LebensWegeStrategien. Familiale Aushandlungsprozesse in der Migrationsgesellschaft. Opladen/Berlin/Toronto, S. 284–285.

Riegel, Christine/Stauber, Barbara/Yildiz, Erol (Hrsg.) (2018c): LebensWegeStrategien. Familiale Aushandlungsprozesse in der Migrationsgesellschaft. Opladen/Berlin/Toronto.

Rommelspacher, Birgit (2009): Was ist eigentlich Rassismus? In: Melter, Claus/Mecheril, Paul (Hrsg.): Rassismuskritik. Band 1. Rassismustheorie und -forschung. Schwalbach am Taunus, S. 25–38.

Rose, Nadine (2012): Migration als Bildungsherausforderung. Subjektivierung und Diskriminierung im Spiegel von Migrationsbiographien. Bielefeld.

Rosenthal, Gabriele (2005): Die Biographie im Kontext der Familien- und Gesellschaftsgeschichte. In: Völter, Bettina/Dausien, Bettina/Lutz, Helma (Hrsg.): Biographieforschung im Diskurs. Wiesbaden, S. 46–64.

Scharathow, Wiebke (2014): Risiken des Widerstandes. Jugendliche und ihre Rassismuserfahrungen. Bielefeld.

Scharathow, Wiebke/Leiprecht, Rudolf (2009): Rassismuskritik. Rassismuskritische Bildungsarbeit. Band 2. Schwalbach am Taunus.

Scharathow, Wiebke/Melter, Claus/Leiprecht, Rudolf/Mecheril, Paul (2009): Rassismuskritik. In: Scharathow, Wiebke/Melter, Claus/Leiprecht, Rudolf/Mecheril, Paul (Hrsg.): Rassismuskritik. Band 1. Rassismustheorien und -forschung. Schwalbach am Taunus, S. 10–12.

Schatzman, Leonard/Strauss, Anselm L. (1973): Field Research. Strategies for a Natural Sociology. Englewood Cliffs, New Jersey.

Scherschel, Karin (2006): Rassismus als flexible symbolische Ressource. Eine Studie über rassistische Argumentationsfiguren. Bielefeld.

Schier, Michaela/Jurczyk, Karin (2007): „Familie als Herstellungsleistung" in Zeiten der Entgrenzung. In: Bundeszentrale für politische Bildung (Hrsg.): Aus Politik und Zeitgeschichte. Nr. 34. Bonn, S. 10–17.

Schütze, Fritz (1983): Biographieforschung und narratives Interviews. In: Neue Praxis. Zeitschrift für Sozialforschung. 13. Jahrgang. Heft 3, S. 283–293.

Spindler, Susanne (2011): Feminisierung von Migration. Formen und Folgen weiblicher Wanderungsprozesse. In: Hentges, Gudrun/Platzer, Hans-Wolfgang (Hrsg.): Europa – quo vadis? Ausgewählte Problemfelder der europäischen Integrationspolitik. Wiesbaden, S. 171–188.

Statistik Austria (2017): Bevölkerung mit Migrationshintergrund seit 2008, http://www.statistik.at/web_de/statistiken/menschen_und_gesellschaft/bevoelkerung/bevoelkerungsstruktur/bevoelkerung_nach_migrationshintergrund/069443.html [Zugriff: 15.01.2018].

Statistik Austria (2015): Migration und Integration. Zahlen. Daten. Indikatoren. 2015, http://www.integrationsfonds.at/fileadmin/content/Statistisches_Jahrbuch_migration_integration_2015_.pdf [Zugriff: 06.09.2017].

Statistisches Bundesamt der Bundesrepublik Deutschland (Destatis) (2012): Familien mit Migrationshintergrund: Traditionelle Werte zählen, 13.03., https://www.destatis.de/DE/Publikationen/STATmagazin/Bevoelkerung/2012_03/2012_03Migrationshintergrund.html [Zugriff: 06.09.2017].

Strasser, Elisabeth/Kraler, Albert/Bonjour, Saskia/Bilger, Veronika (2009): Doing Family. Responses to the Constructions of 'the Migrant Family' across Europe. In: The History of the Family. Volume 14. Issue 2. London, S. 165–176.

Strauss, Anselm (1991 [1987]): Grundlagen qualitativer Sozialforschung. Datenanalyse und Theoriebildung in der empirischen soziologischen Forschung. München.

Strauss, Anselm/Corbin, Juliet (1996): Grounded Theory. Grundlagen qualitativer Sozial-forschung. Weinheim.

Terkessidis, Mark (2004): Die Banalität des Rassismus. Migranten zweiter Generation entwickeln eine neue Perspektive. Bielefeld.

Träger, Jutta (2009): Familie im Umbruch: Quantitative und qualitative Befunde zur Wahl von Familienmodellen. Wiesbaden.

Velho, Astride (2010): (Un-)Tiefen der Macht. Subjektivierung unter den Bedingungen von Rassismuserfahrungen in der Migrationsgesellschaft. In: Broden, Anne/Meche-ril, Paul (Hrsg.): Rassismus bildet. Bildungswissenschaftliche Beiträge zu Normali-sierung und Subjektivierung in der Migrationsgesellschaft. Bielefeld, S. 113–137.

Vuorela, Ulla/Bryceson, Deborah (2002): Transnational Families in the Twenty-first Century. In: Vuorela, Ulla/Bryceson, Deborah (Hrsg.): The Transnational Family: New European Frontiers and Global Network. London/Oxford/New York, S. 3–30.

Weiß, Anja (2001): Rassismus wider Willen. Ein anderer Blick auf eine Struktur sozialer Ungleichheit. Wiesbaden.

Welsch, Wolfgang (2012): Was ist eigentlich Transkulturalität? In: Kimmich, Dorothee/Schahadat, Schamma (Hrsg.): Kulturen in Bewegung. Beiträge zur Theorie und Pra-xis der Transkulturalität. Bielefeld, S. 25–40.

Westphal, Manuela (2018): Transnationaler Bildungsort Familie: Elterliche Erziehung und Bildung in der Migration. In: Glaser, Edith/Koller, Hans-Christoph/Thole, Wer-ner, Krumme, Salome (Hrsg.): Räume für Bildung – Räume der Bildung. Beiträge zum 25. Kongress der Deutschen Gesellschaft für Erziehungswissenschaft. Opla-den/Berlin/Toronto, S. 161–171.

Yildiz, Erol (2017): Postmigrantische Perspektiven auf Migration, Stadt und Urbanität. In: Geisen, Thomas/Riegel, Christine/Yildiz, Erol (Hrsg.): Migration, Stadt und Urbanität. Perspektiven auf die Heterogenität migrantischer Lebenswelten. Wiesbaden, S. 19–34.

Yildiz, Erol (2014): Migrationsfamilien: Vom hegemonialen Diskurs zur (transnationalen) Alltagspraxis. In: Geisen, Thomas/Studer, Tobias/Yildiz, Erol (Hrsg.): Migration, Fa-milie und Gesellschaft. Beiträge zu Theorie, Kultur und Politik. Wiesbaden, S. 59–72.

Yildiz, Erol (2013): Die weltoffene Stadt. Wie Migration Globalisierung zum urbanen Alltag macht. Bielefeld.

Yildiz, Erol (2010): Die Öffnung der Orte zur Welt und postmigrantische Lebensentwür-fe. In: SWS Rundschau. 50. Jahrgang. Heft 3. Wien, S. 318–339

Yildiz, Erol/Heydarpur, Sepideh (2018): Vom Methodologischen Nationalismus zu einem postinklusiven Bildungsverständnis: Kontrapunktische Betrachtungen. In: Erziehung und Unterricht. 168. Jahrgang, Heft 5/6, S. 464–474.

Yildiz, Miriam (2016): Hybride Alltagswelten. Lebensstrategien und Diskriminierungser-fahrungen Jugendlicher der 2. und 3. Generation aus Migrationsfamilien. Bielefeld.

Anhang

Transkriptionsregeln	
Zeichen	**Bedeutung**
[	Das „Häkchen" markiert den Beginn einer Überlappung bzw. den direkten Anschluss beim SprecherInnenwechsel
(.)	Kurzes Absetzen, Zeiteinheiten bis knapp unter einer Sekunde
(3)	Anzahl der Sekunden, die eine Pause dauert. Ab 4 Sekunden Pause erfolgt die Notation in einer Extrazeile. Auf diese Weise wird beim Lesen des Transkripts das Schweigen allen an der Interaktion Beteiligten zugeordnet.
<u>Ja</u>	Betonung
Ja	Laut gesprochen in Relation zur üblichen Lautstärke
damals°	Sehr leise in Relation zur üblichen Lautstärke gesprochen
?	Deutliche Frageintonation
brau-	Abbruch eines Wortes bzw. eines Satzes
oh=nee	Zwei oder mehr Worte, die wie eines gesprochen werden – Wortverschleifung
nei:n, ja::	Dehnung von Lauten. Die Häufigkeit der Doppelpunkte entspricht der Länge der Dehnung.
(danach)	Unsicherheit in der Transkription und schwer verständliche Äußerungen
( )	Unverständliche Äußerung, die Länge der Klammer entspricht in etwa der Dauer der unverständlichen Äußerungen.
((hustet))	Kommentar bzw. Anmerkungen zu parasprachlichen, nicht-verbalen oder gesprächsexternen Ereignissen. Soweit das möglich ist, entspricht die Länge der Klammer der Dauer des lauten Phänomens.

© Springer Fachmedien Wiesbaden GmbH, ein Teil von Springer Nature 2020
M. Hill, *Migrationsfamilien und Rassismus*, Interkulturelle Studien,
https://doi.org/10.1007/978-3-658-30087-6

Transkriptionsregeln

Zeichen	Bedeutung
@Arbeit@	Lachend gesprochene Äußerungen
@(.)@	Kurzes Auflachen
@(5)@	Längeres Lachen mit Anzahl der Sekunden in Klammern

Bei der Erstellung der Transkripte habe ich mich weitgehend an den Transkriptionsregeln von Przyborski/Wohlrab-Sahr (2014: 168f.) orientiert, wobei die stark und schwach sinkende Intonation sowie die schwach steigende Intonation herausgenommen wurden.

CPSIA information can be obtained
at www.ICGtesting.com
Printed in the USA
LVHW040411270420
654483LV00006B/1401